武汉商学院休闲体育一流专业建设基金项目

现代休闲健身运动概论

XIANDAI XIUXIAN JIANSHEN YUNDONG GAILUN

程锡森　著

图书在版编目(CIP)数据

现代休闲健身运动概论/程锡森著. —武汉:中国地质大学出版社,2024.4
ISBN 978-7-5625-5851-4

Ⅰ.①现… Ⅱ.①程… Ⅲ.①健身运动-概论 Ⅳ.①G883

中国国家版本馆 CIP 数据核字(2024)第 096794 号

现代休闲健身运动概论		程锡森 著
责任编辑:韦有福	选题策划:王凤林	责任校对:张咏梅

出版发行:中国地质大学出版社(武汉市洪山区鲁磨路388号)	邮编:430074
电 话:(027)67883511 传 真:(027)67883580	E-mail:cbb@cug.edu.cn
经 销:全国新华书店	http://cugp.cug.edu.cn
开本:787 毫米×1092 毫米 1/16	字数:314 千字 印张:12.25
版次:2024 年 4 月第 1 版	印次:2024 年 4 月第 1 次印刷
印刷:湖北睿智印务有限公司	
ISBN 978-7-5625-5851-4	定价:58.00 元

如有印装质量问题请与印刷厂联系调换

前　言

"新时代"人的发展质量标准,将定位于人的生存质量、生命质量以及人的全面发展。21世纪,相对于物质财富,人们更加追求充实的精神生活。"休闲"就是20世纪最后年头闯进中国人精神家园的一种社会文化现象,它的到来契合了中国的社会转型和经济的高速增长,迎合了从劳动生产型经济向休闲生活型经济的转化势头,引起了人们对传统文化中休闲缺失的反思,也激发了人们对未来休闲社会的憧憬。

休闲健身正好适应了人们对休闲时代的期盼和更高层次的需求,是实现自我价值的一种体现,是满足人们身心健康、娱乐需要而产生的文化体育活动。这种活动可以使自己的人生价值得到升华,而这种行为(指参与休闲健身运动)所产生的结果是内心世界的畅爽、形体的健硕和完美,这与现代社会所倡导和发扬的体育人文精神是一致的。

休闲健身是人们为了丰富生活、调节情绪、谋求身体满足、善度余暇而进行的自由自在的体育健身娱乐活动。人们在业余闲暇时间,经过充分自由选择和纯粹兴趣所致,用于自我享受、调整身心和采用发展的观念、态度、方法和手段来体验人生的乐趣。它使人在精神的自由中历经审美的、道德的、创造的、超越的生活方式,并借助休闲体育所承载的文化和健身价值,推进社会的文明进步,从而提高人类的生活质量。

休闲健身作为一种特殊的体育文化和表现形态,是以休闲健身活动为载体,运用自由的可支配时间,为不断满足人的多方面需要而处于的一种身体建设、文化创造、文化欣赏、文化建构的生命状态和行为方式,是一个身心塑造工程。它能彰显中国特色社会主义"新时代"体育人文精神和文化建设的精髓,达到强身健体的目的。

体育健身是休闲运动最主要的活动方式。休闲健身开展的社会载体主要是学校、家庭及各类社团和群体。而青年人又是传播时尚、健康、文明休闲健身运动和生活方式的主力军,这是因为体育休闲或健身休闲不仅能强健人们的身体,也能陶冶情操……,正如当代中国休闲运动及其休闲理论的倡导者卢元镇教授认为休闲是中国现代化进程的一部分,它渗透进现代化的过程,也表达了现代化的目的。追求文明、健康、科学的休闲,有助于实现社会公平,有助于医治愚昧和浮躁,有助于对人的存在和价值做出全新的解释。没有中国的现代化,就谈不上中国人的休闲,这个命题大多数人认为是成立的;而没有中国式的休闲,中国的现代化就变得缺少血性,这个命题还需要去证明,赢得更多人的赞同。

2020年,国家发展和改革委员会、科学技术部、工业和信息化部、财政部等四部门联合印发了《关于扩大战略性新兴产业投资 培育壮大新增长点增长极的指导意见》明确了体育是战略性新兴产业,体育是经济发展的新增长点和增长极。休闲健身运动所关联的产业需求作为体育产业的重要组成部分,必然会在体育产业发展中起到巨大推动作用。

为此,著者试着编写了《现代休闲健身运动概论》一书,此书涵盖了目前普及率较高的一些休闲健身运动项目的理论和方法,共分健身健美运动和形体训练、经典健身休闲运动和时尚健身休闲运动三篇,虽谈不上十分完善,但至少我们在向这个方向迈步和努力。

本书主要内容包括:健身健美运动概述、现代健身健美训练的最佳动作与锻炼技法、形体训练概述、形体训练的内容及分类、徒步穿越运动、自行车运动、定向运动、水上运动、极限休闲运动(含山野和空中极限运动——攀岩运动、蹦极运动、滑翔伞运动,陆地极限运动——滑板运动、小轮车运动、直排轮滑运动,水上极限运动——冲浪运动、摩托艇运动、探险性漂流运动、潜水运动,铁人三项运动)、健身休闲运动(匹克球运动、高尔夫球运动、门球运动、台球运动、壁球运动)等。

本书既可以作为休闲体育产业研究的参考资料,又可以作为社会体育指导员、健身教练员和社会体育工作者的参考用书,还可以为广大民众参与休闲健身运动提供一些理论与实践上的科学指导。本书在编写过程中参阅了国内外大量的文献资料及有关专家的最新研究成果,在此一并表示真挚的谢意!

由于著者水平所限,不足之处,诚望学者同仁不吝指正。

程锡森
2024 年 3 月

目 录

第一篇 健身健美运动和形体训练

第一章 健身健美运动概述 (2)
第一节 健身运动概述 (2)
第二节 健美运动概述 (5)
第三节 健身运动与健美运动的关系与区别 (14)

第二章 现代健身健美训练的最佳动作与锻炼技法 (16)
第一节 健美颈部肌群的锻炼动作 (16)
第二节 健美肩部肌群的锻炼动作 (18)
第三节 健美臂部肌群的锻炼动作 (24)
第四节 健美胸部肌群的锻炼动作 (31)
第五节 健美背部肌群的锻炼动作 (36)
第六节 健美腰腹部肌群的锻炼动作 (40)
第七节 健美臀部肌群的锻炼动作 (46)
第八节 健美腿部肌群的锻炼动作 (49)

第三章 形体训练概述 (57)
第一节 形体训练概念 (57)
第二节 形体训练的目的和意义 (57)
第三节 形体训练的特点和作用 (58)
第四节 人体形态美的标准 (60)

第四章 形体训练的内容及分类 (63)
第一节 形体训练的内容 (63)
第二节 形体训练的分类 (63)

第二篇 经典健身休闲运动

第五章 徒步穿越运动 (80)
第一节 徒步穿越运动概述 (80)

第二节　徒步穿越运动的组织要点 …………………………………………………（82）
　　第三节　徒步穿越运动路线图的制作与使用方法 …………………………………（83）
　　第四节　徒步穿越运动的方法与原则 ………………………………………………（83）
　　第五节　徒步穿越运动的装备和器材 ………………………………………………（88）

第六章　自行车运动 …………………………………………………………………（95）
　　第一节　自行车运动概述 ……………………………………………………………（95）
　　第二节　自行车的骑行技术 …………………………………………………………（97）
　　第三节　自行车健身自助游指南 ……………………………………………………（101）

第七章　定向运动 ……………………………………………………………………（108）
　　第一节　定向运动概述 ………………………………………………………………（108）
　　第二节　定向运动的器材和装备 ……………………………………………………（112）
　　第三节　定向运动的基本技能 ………………………………………………………（113）
　　第四节　定向运动的训练竞赛与裁判 ………………………………………………（120）
　　第五节　定向运动欣赏 ………………………………………………………………（124）

第八章　水上运动 ……………………………………………………………………（127）
　　第一节　水上运动概述 ………………………………………………………………（127）
　　第二节　水上运动实用基本技术 ……………………………………………………（127）
　　第三节　水上休闲健身运动 …………………………………………………………（146）

第三篇　时尚健身休闲运动

第九章　极限休闲运动 ………………………………………………………………（152）
　　第一节　山野和空中极限运动 ………………………………………………………（152）
　　第二节　陆地极限运动 ………………………………………………………………（156）
　　第三节　水上极限运动 ………………………………………………………………（160）
　　第四节　铁人三项运动 ………………………………………………………………（165）

第十章　健身休闲运动 ………………………………………………………………（167）
　　第一节　匹克球运动 …………………………………………………………………（167）
　　第二节　高尔夫球运动 ………………………………………………………………（173）
　　第三节　门球运动 ……………………………………………………………………（178）
　　第四节　台球运动 ……………………………………………………………………（181）
　　第五节　壁球运动 ……………………………………………………………………（184）

主要参考文献 …………………………………………………………………………（189）

第一篇

健身健美运动和形体训练

第一章　健身健美运动概述

现代健身健美是在场馆、俱乐部等健美基础上发展起来的充满时尚、内容日益丰富的大众体育锻炼项目,更是一个前景广阔的朝阳产业。健身活动起源于人类的健康意识。进入现代社会以后,健身活动日益成为一类目的明确、目标多元、形式多样、特征鲜明的以科学、合理、安全、有效为基本原则的运动项群。发展至今,"健身"不仅已经成为特定的广义的健身、健美、健心、健智的活动,而且形成了内涵不断拓宽的一些独立运动竞技项目及其训练。而健美运动、集体健身项群、体能的专项练习等是健身运动技术方法和理论体系的中坚项目。健美是健身和健康运动的升华与提高,其中健身运动则是健美运动的母体,它孕育了现代健美运动。从概念上说,一切有益于身心健康的活动皆可划归为健身体育的范畴。

第一节　健身运动概述

一、健身运动的概念

1. 健身的概念

健身是指为促进人体健康,达到理想生活质量的一种行为方式。健身包括智力、机体的行为,这种行为的目的是达到身体健康。健康的人有较强的智力敏感性,有良好的社会交往,有合理的体脂,有充沛的体力及灵活性的机体。经常性地进行健身锻炼,加上健康的饮食,避免滥用药品及不断提高摆脱压力的能力便可以达到这种健康的状态。

"健身"与我国传统的"养生"有着共同的含义。我们认为,用"健身"这一现代汉语用词,既代表了古汉语中养生这层含义,也概括了当今世界各国所用的"增强体质""发展身体""完善人体"之类的词语含义。所以我们选用"健身"一词来标记"养生""增强体质""发展身体"和"完善人体"这些词语,它具有强健身体和健全身心的综合含义。人类的身体建设,既要由弱到强,又要在种族的遗传变异中由不完善到完善。

2. 健身锻炼的概念

以强身健体、健全心智为目的而进行的一切身体活动,都可以称为健身锻炼。随着人类社会的发展及人类文明的进步,健身锻炼已成为一种有目的、有组织、有计划地促进身心全面发展、增强体质、健美体形、延缓衰老、提高和丰富生活质量的手段。它不以夺取比赛优胜及实现个人功利为主要目的,而是以增强体质、提高健康水平和生活质量、谋求身心愉快、延年益寿为主要目的,有时含有提高劳动效率等意义。

3. 健身运动的概念

健身运动是根据人体生命科学的原理,运用不同的运动方式,通过各种形式练习,以增强人们体质、提高生活质量、延长人类生命为目的的体育运动。它不是某一个单一的项目,而是一个广义的概念,是所有益于身心的运动项目的概括,包括健美、康复健身、形体修塑及娱乐与休闲健身等。

二、健身运动锻炼项目的分类及其价值

(一)按从事健身运动锻炼的目的分类

根据年龄、性别、职业、爱好和身体健康状况的不同,人们参加健身锻炼的目的分别有强身健体、增强体质、疗疾康复、健美减肥、消遣娱乐及提高运动技能等。从锻炼的目的性切入,对活动进行分类,有助于我们有针对性地选择和运用适当的方式开展健身锻炼。

1. 健身运动

这里是指狭义的健身运动,主要指普通健康人群为强身健体、延年益寿而从事的身体锻炼。它的目的是通过练习,增强身体各器官、系统的机能,提高身体素质和基本运动能力,延缓人体的衰老。健身运动可根据个人特点和爱好,选用适合的锻炼手段,既可采用竞技性运动项目,也可采用日常生活中的一些动作,如走、跑、跳、爬、投、举、拉、抬等,以及利用阳光、空气和水等自然因素进行锻炼。

2. 健美运动

健美运动是在健身运动的基础上,为增加身体美感而进行的建设性的身体锻炼。它是健身运动的升华和提高。当然,健美运动也属于广义的健身运动范畴,通过长期练习,可以形成良好的体形和姿态。健美锻炼的针对性较强,如发展肌肉体积,可采用负荷和器械练习;为了养成端庄优美的体形,增加身体的协调性和韵律感,可进行艺术体操、健身操、健美操和体育舞蹈及轻器械练习等。在体系上,健美运动又可分为以下两个方面。

(1)竞技健美:包括健美比赛(也称传统健美竞赛)、古典健美比赛、健体比赛和健身比赛(健身先生、小姐竞赛)、形体比赛、健身模特比赛、健身比基尼小姐比赛等。

(2)大众健美:为改善形体与健康状况而进行的包括徒手练习,如自抗力锻炼、健身操、健美操和有氧练习及器械练习等。

3. 康复健身

康复健身又称康复体育和医疗体育,是指疾病患者为了治愈某些疾病或恢复身体机能而进行的健身锻炼。康复健身的内容应根据疾病性质采用适宜的锻炼方法,如动作缓慢、负荷

较小的散步、慢跑、太极拳、气功、按摩、保健操等。为提高康复效果,锻炼活动常与药物治疗相结合,在医生的指导下按运动处方要求进行定量锻炼。

4. 形体修塑

形体修塑又称矫正畸形或矫正体育,特指为了弥补身体某些缺陷或克服功能障碍或使身体更趋完美而进行的身体锻炼。目前,形体修塑已拓展为功能性极强的在健身房较受欢迎的健身健美项目,如整体塑造、局部修塑等。形体修塑练习的内容应根据身体的特殊情况进行专门的设计,如轻度驼背可做脊柱弯曲矫正操,"鸡胸""后缩背"可做俯卧撑进行矫正等。

5. 休闲健身

休闲健身亦称闲暇体育、余暇体育、休闲体育、娱乐体育等。它是人们为了丰富生活、调节情绪、谋求身体满足、善度余暇而进行的自由自在的体育健身娱乐活动。休闲健身以消遣、娱乐、放松为目的,内容选择上以个人爱好为前提,如各种竞技比赛、游戏活动、球类活动、郊游、钓鱼、艺术欣赏、影视欣赏等。

此外,还有残疾人健身、防卫健身等锻炼项目。

(二)按运动时的能量代谢特点分类

有氧运动:如强度适宜的步行、慢跑、骑行、网球、高尔夫球、远足、健身操和健美操等。有氧运动对人们的心肺机能、耐力素质以及身体耐受力的提高都具有积极作用。

无氧运动:如短距离全力跑、举重、拔河、跳跃、投掷、肌肉锻炼、潜泳等。无氧运动是人体功能水平、基本活动能力不断进步的基础。

混合运动:如足球、橄榄球、手球、篮球、冰球、间歇锻炼等。

在健身锻炼实践中,两者不规则而混合存在的锻炼项目较多,而且也有同一项目由于方法强度的改变而成为有氧运动或无氧运动,例如长跑、放松慢跑是有氧运动,而竞赛时全力跑则为无氧运动。按体力水平,同样的速度,体力强的人为有氧运动,而体力差的人则成为无氧运动等。因此,只按项目本身不能一概判定是否属有氧运动或无氧运动,需要具体问题具体分析。

三、健身运动锻炼项目的选择

练习者选择最适宜的运动项目进行健身锻炼,是达到其身心健康状态的前提。

1. 选择健身项目的前提

选择健身项目的前提条件包括:①经过医学检查后,认为身体条件许可;②运动强度、运动量(也称运动负荷)适合本人的体力;③为本人喜爱的项目,并有此项目的运动经验;④进行运动锻炼的环境适宜、方便,有就近锻炼的场所;⑤运动锻炼设备、器械、用具齐全;⑥有同伴;⑦有指导者。

2. 最佳健身锻炼项目

新概念健身锻炼要求包括3种运动,即有氧运动、伸展运动和力量性运动。

(1)有氧运动的耐力性锻炼:如步行、慢跑、走跑交替、游泳、骑行、滑冰、越野滑雪、划船、跳绳、爬楼梯及健美操、健身操等。

(2)伸展运动:如专门的伸展操、太极拳、太极功、气功、瑜伽、普拉提、五禽戏、八段锦及各种医疗体操和校正体操等。

(3)力量性运动:中强度的,足以发展和维持去脂体重、发达肌肉、健美体格的力量性锻炼,它已成为成人身体锻炼计划中的重要组成部分。美国运动医学学会推荐的力量锻炼形式为有主要肌肉群参与,每组练8～10组,每组重复8～12次,每周至少锻炼2次。

科学合理地选择并安排好上述锻炼项目及内容,处理好有氧、伸展和力量练习之间的比例关系,是获得最佳健身锻炼效果的基础。

四、健身锻炼的特征

健身锻炼的目的是增强体质、提高健康水平。因此,健身锻炼必须具备3个基本条件:一是安全;二是效果好;三是有兴趣。健身锻炼的特征是:注重健康的结果,锻炼的结果不利于健康则无意义,没有效果或效果小的锻炼活动,不论如何爱好、如何安全,也不符合增进健康的目的。而从运动心理学角度来看,科学、有效的锻炼活动如果不愉快、不喜欢,也难以持久进行。不能持之以恒地坚持锻炼,也就不能达到真正的健身健美效果。

第二节 健美运动概述

一、健美运动的概念

(一)健美的概念

所谓健美,用审美的观念来看,顾名思义就是健康而优美、健壮、美观。它是根据健康原则,美学原则以及年龄、性别特征对人体毛发、肤色、体形、姿态、动作和风度等进行的综合评价,通常指人体内外健康无病,身体外表优美协调,整体匀称,并具艺术感。作为专业概念,健美是指通过各种重力练习以发展全身肌肉、塑造体形为目的的体育运动项目。

(二)健美运动的概念

健美运动意思为身体建设,是通过徒手和运用各种器械,通过专门的动作方式和方法进行的锻炼,并根据人类遗传学、运动解剖学、运动生理学、运动保健学、营养学、运动医学、美学等学科原理,以锻炼身体、增强体质、发达肌肉、修塑体形、陶冶情操、促进人体健美为目的的体育运动。它可简单地用6个字概括,即重力、营养和恢复。

二、健美运动的发展概况

1. 国际健美运动的发展简况

健美运动最早始于古希腊和古罗马,并深受古希腊人审美观念的影响。早在公元前6世纪,古希腊就已盛行"赤身运动"。为了生存和应对城邦国之间的战争,古希腊人提出了"青年的胸膛便是我们的国防"的豪迈格言。著名的古希腊哲学家苏格拉底(公元前469—前399年)认为:人的一切活动不能脱离身体,身体必须能保持高效率的工作,力量与肌肉的美只有通过身体才能体现。衰弱是耻辱。苏格拉底的学生柏拉图(公元前427—前347年)更是提出:要为保卫城邦而练成体魄刚健的战士,为造就完美的人而献身。柏拉图的学生,即著名的哲学家亚里士多德(公元前384—前322年)也提出:要养成健美的体格而不是野蛮的兽性性格。古希腊人主要是通过体育运动来塑造和发展健美人体的。4年一届的古代奥林匹克运动会其实就是展示人体力量和健美的场所。

古希腊人还喜欢在运动场上从事裸体运动,欣赏裸体的力量、健康、活泼的形体和姿态。他们认为:健美的人体应具有发达的胸部、灵活而强壮的脖子、健硕的躯干和块块隆起的肌肉。这种追求在艺术上表现为在绘画和雕塑上注重塑造健、力、美三者结合的人体。至今仍非常著名的雕塑"掷铁饼者"(古希腊雕塑家米隆制作),就是这一时期的健美代表作。后来在米洛斯岛上挖掘的维纳斯雕像,更是古希腊女性美的化身。

公元130—200年,古罗马著名的医生盖伦,倡导健身运动。他将运动分为臂部、躯干和腿部运动,并倡导开展一些运动项目,如搬动和高举重物、爬绳等。到了18世纪,德国著名的体育活动家艾绎伦(公元1792—1846年)开设了培训体育师资的课程,开创了哑铃、吊环等运动。这些锻炼形式既是现代竞技举重的起源,也是现代健美运动和力量举的起源。那时从事锻炼的人们主要追求力量的增长,而在形体上并无特殊的要求。这些大力士们力大无比,肩宽腰粗,肌肉非常发达。

从19世纪起,大力士们的体形逐渐有了改变。德国大力士山道(1867—1925年)是健美运动的创始人,他的原名叫法德勒·穆勒,山道是他的艺名。他少年时体弱多病,十岁时还不知道什么是"体育",有一次山道随父亲去罗马旅游,在参观佛罗林美术展览时,被古代角斗士健美雕像的雄健体魄所感染,从此走上了健美之路。山道集健、力、美于一身,他既是体育家,又是表演家、艺术家。他每天锻炼身体,并从实践中摸索出一整套锻炼肌肉的方法。后来他又学习了运动解剖学,终于练就了一身硬功夫。到22岁时,他的全身肌肉已非常发达,先后到英国、澳大利亚、新西兰和南美洲等地表演各种健美技艺与用力技巧,演毕再显露其全身发达的肌肉,并塑造出各种优美姿势的人体形象,受到广泛的赞誉。他还创办体育学校,宣传健美运动,创立健身函授班,向世界各地的健美爱好者传播健身训练方法,并著有《体力养成法》等著作。山道于1901年9月14日在英国伦敦皇家阿尔勃特剧院组织了世界首届健美大力士比赛,晚年创办了世界第一所健美运动学校。山道为创建和发展现代健美运动做出了卓越的贡献。由于他力大无穷,竟能和雄狮搏斗而取胜,更由于他对国际健美运动的开创性贡献,后人一致公认他为现代健美运动的开山鼻祖。

20世纪初期,健美运动在英、美等国得到了广泛的开展,但后来美国成为开展这项运动最广泛的国家。美国医学专家列戴民早在1920年前就开办了健身函授班,是当时美国各种健身组织中历史最为悠久、影响最大的一个组织。他还著有《肌肉发达法》和《力之秘诀》等高水平专著。此后,《体育》《力》《大力士》《健与力》《超人》等健身杂志在美国相继问世,尤其美国《体育》健身杂志主编麦克法登,他一人就著有健身、健美著作50余部,对健身、健美运动的开展作出了巨大贡献。1903年,他在纽约麦迪森广场花园举行了"世界体格最完美人"的比赛,由于他在1928年12月倡导了世界上有史以来的第一次全美男子健美大赛,故被称为"美国健美之父"。

20世纪30年代中期,加拿大健美运动的创始人本·韦德(1924—2008年)和乔·韦德兄弟联合创办了《您的体格》等杂志,他们在世界范围内积极推广和宣传健美运动。在美国和加拿大等国的支持下,他们于1946年发起创建了国际健美联合会(the international fitness and bodybuilding federation,IFBB),总部设在加拿大的蒙特利尔,制定了健美比赛的国际规则,并开始举行正式的国际业余健美锦标赛。如今,国际健美联合会已经拥有190多个会员国(含地区)。由于本·韦德的卓越贡献,他被推举为该组织的终身主席而名垂青史。

1947年美国鲍勃·霍夫曼的约克杠铃俱乐部,借在美国举行世界举重锦标赛之际,同时举行了第一次以"环球先生"为称号的国际健美比赛。20世纪60年代,职业健美运动开始崛起,并与业余健美运动一起发展。1965年,乔·韦德开始创办了每年一度世界水平最高的职业运动员参加的"奥林匹亚先生"大赛。1971年,国际健美联合会开始举行环球先生世界业余健美锦标赛。1980年,每年一度的"奥林匹亚小姐"大赛开始正式举行。1995年开始举行每年一度的"奥林匹亚健身小姐"大赛。

从健美运动技术水平看,无论是职业选手还是业余选手都是美国选手的水平最高。例如出现过的阿诺·斯瓦辛格、李·汉尼等优秀选手,他们都曾先后数次获得"奥林匹亚先生"桂冠,其后英国的耶茨以其卓越的体格和宏大的肌肉多次夺得冠军,从而显示了他强劲的实力。

世界女子健美起步较晚,20世纪40年代,女子仅穿着游泳衣进行"选美"比赛,主要比身段、体姿和容貌,冠军可获"××小组"或"××皇后"称号。20世纪50年代开始,女子进行肌肉训练已被越来越多的人所承认,到了20世纪60年代美国的一些大学开始把女子健美作为体育选修课内容之一,1977年10月在美国俄亥俄州举行了世界上第一次穿"比基尼"的比赛。1980年,国际健美组织正式成立了妇女委员会。至今,女子健美早已风靡全球,各国水平中仍然是美国最高。美国曾出现6次获得"奥林匹亚小姐"称号的科林娜·埃弗荪。其他欧洲国家也出现过一些优秀女运动员,如荷兰的埃里卡·梅斯及玛丽·泽格林等。

同时,"健身先生/小姐"竞赛也受到了广大青年人的追捧,它源于健美又有别于健美,是国际健美联合会新设的项目,是展示人体通过健身锻炼而获得的健美体格的竞赛。该项赛事源于1993年,由阿诺·施瓦辛格发起。到今天,它已成为与肌肉健美等量齐观并倍受推崇的运动项目之一。

1998年1月31日,在日本长野召开的国际奥林匹克委员会执委会会议上正式承认国际健美联合会,接纳健美运动为奥林匹克大家庭的一员,从此世界健美史翻开了崭新的一页。

2. 中国健美运动的发展简况

中华民族是世界古代文明的发源地之一,曾经创造了灿烂的古代体育文化,尤其是具有较高医疗和保健价值的导引养生术和各种民间体育健身游戏更是受到世人推崇。同时,我们的祖先也是崇尚健美、崇尚力量、崇尚英武。

古代劳动生活的特点需要有强健的体魄,频繁的部落征战更需要有强壮有力的身体,所以我国古代早就提倡将健、力、美三者结合在一起。举鼎、翘关(提举城门杠)、举石等健身活动已有了几千年的历史,至今山海关还保留着古时候军队习武用过的质量达50千克的大铁刀。北京故宫门午城楼上现存的一块质量达250千克的方石,两侧刻有凹槽以便于提拉,它是清朝官员用来考武举的工具。我国民间流传的石担、石锁,是今天杠铃和壶铃的雏形。由此,可以看出,我国的健美运动历史悠久。

现代健美运动是一项较年轻的体育运动项目,虽然20世纪30年代才在我国正式诞生,但在20世纪之初欧美等国健美运动的信息就已传入中国。1917年4月,年轻的毛泽东(1893—1976年)在《体育之研究》一文中介绍过德国的山道(当时译为孙棠),他把山道(孙棠)称为"由柔弱变为强健"的世界体育家。到20世纪20年代前后,国外的健美函授学校甚为活跃,并于20年代末影响我国。健美函授学校最初仅在上海、广州等沿海城市兴起,1924年上海沪江大学学生赵竹光(1907—1991年)为了寻求健身之道,参加了美国查尔斯·阿脱拉斯举办的健身函授课,开始进行自抗力锻炼的练习,进而使用杠铃和哑铃作为发达肌肉和改善体形的现代器械,因效果显著,吸引了大量爱好者参加练习。1930年经学校批准,沪江大学健美会成立了。后因该组织的训练效果好,校方还做出了凡是参加健美会的同学都可把其训练成绩作为体育课的成绩而免修体育课的规定。沪江大学健美会是中国乃至亚洲的第一个健美运动组织,它的出现为近代中国健美运动理论与实践的发展奠定了基础。

1940年5月赵竹光和他的学生曾维琪一起创办了上海健身学院,当时的校训是"健全的身体、健全的人格、健全的头脑、健全的灵魂",为我国健美运动的发展培养了一批骨干力量。赵竹光还积极宣传健美、健身运动,利用他在商务印书馆工作之机,先后翻译并出版了《体格锻炼大全》等著作,并创办了《健力美》杂志。1942年,曾维琪也在上海成立了"现代体育馆",培养了一名健美冠军柳颐庵,并创办了《现代体育》期刊,他们都为推动我国健美运动的发展做出了巨大贡献。当时,上海的娄琢玉、胡维予等也相继在上海中华基督教青年会和精武体育会开展了健美运动,并利用业余时间担任教练员。

广州南洋归侨谭文彪创办了"谭氏健身学院",吸引了不少学员。北京体操界比较有名的林仲英先生还专程到上海取经,并向曾维琪先生借用一副模具,仿造制作了北京第一副铁杠铃,利用他在北京青年会的地下室开办了健美举重班。后来,他成为新中国第一名举重运动健将。此外,李钧祥在苏州开展了健美活动,戴毅在南京创立了"首都健身院"等。

1944年6月10日,在上海八仙桥青年会小礼堂举行了我国第一次男子健美比赛,比赛按身高分为甲、乙、丙3组,共有20多名运动员参加。柳颐庵获得这次比赛的全场冠军,黄辉和茅冠卿分别获得第二名、第三名。参加裁判的有我国著名健美专家赵竹光、梁兆安、曾维琪、著名雕塑家张充仁以及印度摄影家泰泰5人。

最初健美运动在我国并不流行,这是和广大劳动人民的生活状况分不开的。人民的温饱问题尚未解决,没有更多精力去进行健美运动。加之,社会对健美运动存在片面的看法,因此,中华人民共和国成立前的健美运动技术水平不高。

1949年中华人民共和国成立后,健美运动深受广大青年人的欢迎,尤其在上海、广州等地得到蓬勃发展。

1980年前后,上海、广州、北京、武汉等地先后恢复了健美运动。1981年开始,《健与美》等专业杂志相继问世,很多体育场馆和大专院校开办了健美训练班。全国部分体育学院和国际关系学院、武汉教育学院(现合并为江汉大学)、深圳大学等高校率先开设了健美选修课。清华大学、北京大学等高校大学生的业余健美活动也很活跃,江汉大学的健身健美队还多次参加过国内及国际健身健美比赛,取得了数十枚金牌。山东、四川等体育院校还开设健美专业,江汉大学体育学院更是在国内高校中率先开设了健身专业方向。健美运动迅速在大学及中学中积极开展。

1983年6月2日至4日,在时任国际健美协会主席本·韦德的热情帮助和上海市体育委员会的积极支持下,娄琢玉先生在上海筹备并组织了"全国第一届力士杯健美邀请赛"。

1985年11月,在瑞典歌德堡举行的第39届国际健美联合会年会上,我国被正式接纳成为国际健美联合会第128个会员国。1986年10月由国家体育委员会主持,正式选举产生了"中国举重协会健美委员会"。

1986年,在深圳举行的第4届"力士杯"健美锦标赛中正式增加了女子个人和男女混双比赛。女运动员第一次按照《国际健美比赛规则》的规定,着"比基尼"泳装参赛。四川杂技演员陈静成为中国第一个女子健美全场冠军。

从1987年10月在安徽屯溪市举行的第5届全国健美锦标赛开始,国家体育委员会将"力士杯全国健美邀请赛"更名为"全国健美锦标赛"。

1988年9月,中国高等教育委员会决定将"健美运动"列入全国高等院校学生必修的体育科目。

1989年9月20日中国健美协会正式加入亚洲健美联合会,并参加了当年的亚洲健美锦标赛。

1994年我国在上海成功举办了第48届世界男子业余健美锦标赛。

2005年11月,在上海举办的第59届世界健美锦标赛上,我国选手钱吉成夺得60公斤(50~60千克)级冠军并获得进步最快奖,实现了中国选手在世界健美锦标赛上的历史性突破。2006年12月,在卡塔尔多哈第15届亚运会健美比赛中,钱吉成再次夺得60公斤级金牌,实现了中国选手在亚运会健美项目上金牌零的突破。

2006年11月,在武汉举办了中国大学生健康活力大赛暨首届大学生健身健美锦标赛,来自全国78所高校的1200余名健儿参加了健身健美、健美操、健康街舞、艺术体操、啦啦队五大运动项目的激烈角逐。该健身健美锦标赛共设健康明星和健美明星10个项目组,实力雄厚的江汉大学队夺得了此次健身健美锦标赛全国省区团体总分第一名和全国高校团体总分第一名,并获得本次大赛唯一的一个最佳团队奖。全国首届大学生健身健美锦标赛的成功举办,标志着我国高校健身健美运动水平又上了一个新的台阶,有力地推动了我国高校健身健美运动的发展。

目前,我国男子健美水平与国际先进水平的差距在逐渐缩小,进步显著,但是高级别运动员与国际先进水平差距较大。而女子健美水平在亚洲则名列前茅,上海马拉松运动员出身的张平成为六连冠"亚洲小姐"。另外,1990年在新加坡举行的第7届亚洲女子健美锦标赛上,她因获得了52公斤级金牌,而成为我国第一位亚洲女子健美冠军。达坂城的姑娘曹新丽也多次获得亚洲健美比赛的冠军称号。

随着世界健美运动水平的高速发展和普及,我国于20世纪90年代中期开始与国际健身竞赛机制接轨,开设了中国的"健身小姐"竞赛,随之"健身先生"竞赛也加入其中。此时我国尤其鼓励女子从事健身训练,塑造形体,但不同于侧重展示肌肉与力量的健美比赛,也与侧重外表和形体的选美比赛有着本质区别。它是展示女性或男性通过健身锻炼而获得健美体格的竞赛。健身小姐的特点是健美匀称的形体、综合的身体素质、较好的表演能力、具有一定的文化素养等。评判规则中充分地体现了这些要求,因而更贴近大众的健美理念,为参赛运动员和观众所接受。

1996年,我国举行了"信华杯"首届中国健身小姐大赛,北京体育大学的刘令妹成为我国第一个健身小姐冠军。2001年,"无锡广电杯"全国健身先生、健身小姐大赛首设男子项目。内蒙古自治区选手冀锋荣和四川省选手谢黎明分别夺得A组、B组桂冠。此外,我国选手程丹彤2001年9月在韩国釜山举行的第3届亚洲健身小姐锦标赛上夺得1.60米以上组桂冠,成为我国第一位亚洲健身小姐冠军。

2006年9月,我国派出了以王瑞霞为领队、陈静为教练的4名运动员(两男两女),参加了在西班牙苏珊娜举行的世界健身健美锦标赛健身项目的比赛(过去只有世界女子健身锦标赛,此次大赛首设男子健身赛项目,故这也是世界首届男子健身锦标赛),中国男女运动员首次走进国际健身赛的大门。

2006年11月,我国在广州举行的全国健身大赛中融进了"健身模特和形体竞赛"等项目,标志着我国健身健美运动进入了一个全新的发展时代。

2014年起,我国健美比赛已完全与国际健美健身联合会的比赛项目接轨,增设了男子古典健美(IFBB的比赛始于2005年),取消了女子健美而以健体(IFBB的比赛始于2012年)比赛项目代之,还增设了女子健身比基尼比赛(IFBB的比赛始于2010年)和一些时尚健身项目。

因为近年来,世界健美健身比赛的审美标准发生了巨大变化,由开始的寻求肌肉无限发达向形体优美方向发展,尤其注重身高体重的比例与身形的均衡发展。这样的体形更符合大众的审美要求也更具魅力。以男子健美为例,传统健美只以体重定级别,运动员寻求的是无限发达的男性肌肉形态;而古典健美则注入了身高和体重比例两项重要指标,以便把运动员的身形控制在匀称范围内,这样舞台上呈现给裁判和观众的身形就更加和谐完美(评价标准详见第五章第二节中的健身健美竞赛规则与裁判法简介)。又如女子健体与比基尼小姐比赛的区别也较明显,比基尼小姐比的是整个身材的匀称美观,而女子健体更讲究在女性柔美的基础上展现肌肉线条,这也符合普通锻炼女性的审美观念。

如今,年复一年、水平越来越高的全国健身健美比赛,其意义已远大于胜负的结果,不论是比肌肉线条的和谐还是形体的健美,运动员通过比拼与展示,都是在向人们推崇健康的生活方式,展示身体建设的一面和向上的生活态度。它的发展趋势可喜可贺!

三、健美运动的作用与动作分类

（一）健美运动的主要作用

健美运动的每一个动作虽然都是专门为了训练身体的某一个部位而设计和编排的,但人体是一个完整的有机体,任何一个局部的活动都会对全身产生影响。因此,长期进行科学系统的健美运动不但能增强体质和体能、发达肌肉、强健体格、增进健康,而且能调节和改善人体的生理机能、陶冶情操、健美体形体态、防治和矫正畸形,有健身、健美、健心、健智的重要价值。健美运动的主要作用归纳起来主要表现为以下几方面。

1. 能有效地发达人体肌肉

人体各器官系统是按照生物界"用进废退"的自然规律变化的。健美运动中的许多动作,特别是那些用哑铃、杠铃等器械进行的练习,都是直接针对肌肉进行的锻炼。长期科学的健美运动,能使运动器官,特别是肌肉产生适应性变化,肌肉明显发达且显著增大。同时它可以促进骨骼的新陈代谢,提高骨骼的灵活性,对关节韧带的生长发育也有良好的促进作用。

2. 能改善和提高内脏器官的机能水平

健美运动可增大心脏的容积,增强血管的弹性、心脏的收缩力和血管的舒张能力,从而使心脏的每搏输出量增加。这样心脏在安静时会产生"心搏徐缓"现象,而承担大强度负荷的能力却大大提高。

健美运动锻炼需要供给更多的氧、排出更多的二氧化碳,这就要求呼吸肌更加有力地收缩。经常进行健美运动可提高呼吸系统的机能水平。另外,健美运动对提高消化系统的机能也有良好的作用。

3. 能提高中枢神经系统的机能

健美运动和其他活动一样,都是在中枢神经系统的支配调节下进行的,这就能有效地改善和提高神经系统的功能,提高大脑神经过程的强度、均衡性和灵活性,以及身体对内外环境的适应能力。

4. 能改善体形和体态

健美运动的各个动作均有很强的针对性,能对身体相应部位的生长发育产生重要影响。科学的健美锻炼,能有目的地改变体形、体态的现状,使男子的体格魁梧、肌肉发达、英姿勃勃、风度翩翩,使女子体态丰满、线条优美、亭亭玉立。

5. 能调节人的心理状态,陶冶美的情操

现代社会节奏的加快,容易使人产生压抑感或其他不良情绪。紧张的脑力和体力劳动之后,机体也会产生疲劳累积。经常进行健美运动,有助于消除不良心理,提高人的自信心、自豪感和感受成功的乐趣。特别是在优美轻快的音乐伴奏下进行协调运动,更有着积极的心理影响,陶冶人的道德情操,使人产生积极向上、追求美好未来的健康情绪。

随着社会体育的发展和人们体育价值观念的更新,各种类型的健身健美俱乐部和培训中心正在我国广大城乡普遍兴起,健身健美运动产业作为我国体育产业的一部分也呈上升趋势。同时,参加健美运动训练和比赛表演能够有效地丰富人民的文化生活,为广大人民群众提供健康向上的体育精神产品。

(二)健美运动的动作技术特点与分类

动作练习是健美运动的基础,健美练习技术强调最大限度地集中局部肌肉即目标肌群或肌肉群的目标部位肌纤维的收缩力量,尽可能不借助或少借用其他肌群或肌肉部位的力量来进行克阻试举,完成动作。把练习的目标部位独立出来进行最大限度地锻炼刺激,这是健美动作的基本技术特点,为了确保目标肌群在时空上皆能受到充分的刺激,动作节奏的"快收缩、慢伸展"即融在上举收缩肌肉的动作过程中,速度可相对快些,而在还原动作适应阻力方向伸展肌肉的过程时,速度宜相对慢些,以实现肌肉退让性工作时对肌肉的特殊刺激,有效率的动作发力方式也是健美锻炼的重要技术环节之一。此外,动作的全过程用力方式、意念的运用皆是健美练习的特别之处。比较举重项目或一般意义上力量训练的"举重若轻",同样的技术要求,健美训练表现的技术实践多为"举轻若重"。

根据目标肌群的结构,一般可将健美训练的技术动作分为(基本的)两类:一类为"双关节"动作或称基本动作,另一类为"单关节"动作,或称孤立动作。所谓基本动作,主要是发达肌肉块和力量的训练动作。它是指在一个动作中有两个关节同时进行活动。双关节动作在训练局部位肌肉时,会产生主动肌和其他协同肌群同时参与用力,这些关节的活动类似机械结构的杠杆运动。由于协同肌群用力的结果,练习者采用的重量可更重些。例如卧推时,主要是训练胸大肌,在上推动作中,由于肩和肘关节产生的杠杆作用,因此三角肌前束和肱三头肌也会协同用力。而孤立动作主要是训练肌肉块的线条和形态的训练动作。它能使肌肉的"分离度"更加清晰,单个肌肉"块"更突出,在一个动作中只有一个关节进行活动,是以局部肌肉群集中用力,其他部位肌肉群很少或不产生协同肌群用力,这样可以集中加深局部位肌肉的刺激。因此,采用的重量较轻些。在单关节动作中,虽然是使局部位肌肉群处于孤立的情况下进行用力,但在试举到最后几次时,局部位肌肉群无法再用力,容易造成协同用力,在健美训练中,称为助力训练。例如,在站立杠铃弯举时,主要是集中以肱二头肌的收缩力将杠铃举起,在采用准确的技术动作时,不允许有任何借力。但是在举到最后1~2次时,不能再以单独靠肱二头肌的收缩力来完成,允许借助以背和腿的协同用力,把杠铃举起,这就是采用借助发力来完成最后几次试举。

在实践中,不论基本动作或是孤立动作,对目标肌肉进行"孤立"性刺激都是一种技术追求,健美训练动作的分类表如表1-2-1所示。

表 1-2-1　健美训练动作的分类表

健美局部位肌肉群		健美训练动作类型		关节运动形式
		单关节动作(孤立动作)	多关节动作(基本动作)	
斜方肌	上部	耸肩	直立提拉、颈后向上推举、哑铃肩上推举	肩带上旋
	中部	躬身侧平举	体侧下拉	肩水平伸
三角肌群	前束	前平举	双杠屈臂撑起、仰卧推举、扩胸举、过头推举	屈肩
	中束	侧平举	直立提拉、哑铃交替推举、颈后向上推举	肩外展
	后束	躬身侧平举	躬身提拉、颈后引体向上	肩水平屈、肩带内收
肱二头肌		杠铃弯举、单臂哑铃弯举、哑铃交替弯举、斜托肘弯举	直立提拉、躬身提拉、引体向上	屈肘
肱三头肌		躬身单手持铃肘屈伸、站姿颈后双手持铃肘屈伸、站姿双臂胸前屈肘下压	仰卧推举、哑铃交替推举、颈后向上推、双杠屈臂撑起	伸肘
前臂肌		腕(正、反、侧)弯举、拉力器交替握		屈腕、伸腕、旋后、旋前
胸大肌		仰卧扩胸(飞鸟)、侧下拉(夹胸)	仰卧推举、俯卧撑、双杠屈臂撑起、仰卧上拉	肩水平屈、肩内展、肩内收
腰腹肌		仰卧起坐、俯身转体		屈体、侧屈体
背阔肌			躬身提拉、体侧下拉、颈后引体向上、坐姿对握腹前平拉	肩水平伸、肩内收、肩外展
竖脊肌			蹲起、硬拉、躬身展体、俯卧挺身展体	伸躯干
臀大肌			蹲起、硬拉	伸髋
股四头肌		坐姿脚踝负重伸膝	蹲起、硬拉	伸膝
股二头肌		俯卧脚踝负重屈膝	蹲起、硬拉	屈膝

第三节　健身运动与健美运动的关系与区别

一、健身运动与健美运动的关系

1. 健身运动是健美运动的母体

从历史的演进过程来看,健身运动孕育了健美运动。虽然关于体育健身运动的起源有"劳动说""游戏说"和"活动说"之争,但它是健美运动之母却毋庸置疑。而且它的起源也绝不是单一的,而是多元的。它不但与生产劳动和生活(如狩猎、捕鱼、采集、种植、农耕等)有关,也与军事、宗教、医学、娱乐和教育(如格斗、奔跑、跳跃、投掷、攀爬、游戏、杂技、舞蹈、娱乐、祭祀、礼仪、艺术)等紧密相连。有关学者认为,人类体育健身运动的3个最直接的渊源应该是最初的教育、文化娱乐和医疗卫生。总之,上述所有活动的发展及其综合因素推动了体育健身运动的发展,并且孕育了古代健美运动(如古希腊的裸体运动、古罗马的搬动和高举重物)与现代健美运动;反过来,健美运动的发展又极大地丰富了现代健身运动的内涵,促进了健身运动的发展。

2. 健美是健身和健康的升华

健身、健美都属于体育的范围,都是一种社会现象和社会体育活动的形式,也都是以身体运动为基本手段。顾名思义,前者侧重于健身,后者侧重于健美;前者是一种行为和方式,后者则还是一种体育运动项目。同时,它们也都属于体育科学的范畴,但健身运动并非指某一个单一的项目,而是一个广义的概念,是所有健身运动项目的概括,其中当然也包括健美运动。

从健身、健美运动的宗旨来看,两者都以健身教育与身体活动的方式来促进人们身心的发展及维持身体的健康,但前者以全民健身为主体,后者则是在健康的前提下以肌肉(竞技)健美为主轴。

从所倡导的精神来看,健身运动注重全民健身,更追求身心健康,并以健康、活力、长寿为根本。竞技(肌肉)健美运动则要求不断地提升健康、技能、技术水平,以体现"更快、更高、更强、更健美"的目标,重在超越自我及他人。

在实施方法及教育方式上,健身运动以科学锻炼为主,并结合娱乐、休闲、旅游及竞赛等多功能活动方式来增强其趣味性及目的性。竞技健美主张利用树立榜样的方式来鼓励进取和参与,并强调以"运动精神"为主,"夺取金牌"为辅,以求建立在努力中求欢乐及一般理伦原则所推崇的新型、健康、科学的生活方式。

从运动水平和层次来看,健身和健康是健美的基础,而健美则是健身的升华和健康的标志。

二、健身运动与健美运动的区别

1. 目的相近,侧重点不同

健身运动是通过各种方式的身体锻炼,达到心理、生理(各内脏器官及系统)的机能平衡,最终达到增强体质、延年益寿的目的。健美运动则是在健康的基础上,运用不同的器械和各种训练方法,达到增强体质、发达肌肉、修塑健美体形的目的。

从两者的目的看,它们都可以增强体质,但健身运动侧重于健康,诸如强身健体、疗疾康复、消遣、娱乐、延年益寿等。而健美运动则侧重于身体外形美观,诸如发达肌肉(本质性特点)、增强肌力、修塑体形体态、矫正畸形、减肥、增高等。同时,两者都可以不同程度地改善和提高人体心血管、呼吸、消化及中枢神经系统等机能水平,调节心境、陶冶情操和培养良好的气质与融洽的社会关系,以及养成良好的生活习惯等。

2. 锻炼内容和方式方法各异

从锻炼的内容、方式、方法及锻炼效果的评价看,广义的健身运动包含了健美运动,两者有着非常紧密的联系;但从狭义分析,两者又有所区别,有时甚至是质的区别,如表 1-3-1 所示。

表 1-3-1　健身健美锻炼方式方法区别

项目	健身	健美
器械使用	徒手为主,器械为辅	徒手为辅,器械为主
锻炼方式	集体为主,个人为辅	集体为辅,个人为主
锻炼方法	重复次数较多,负荷较轻	重复次数较少,负荷较重
供能系统	有氧供能为主,无氧为辅	有氧供能为辅,无氧为主
锻炼内容	按不同的器官系统锻炼	按不同的部位锻炼

此外,在锻炼效果的测量与评价方面,两者也各不相同。健美运动侧重于人体形态,尤其肌肉的围度和质量等;健身运动则侧重于生理功能,如器官系统的机能水平及身体、心理素质与适应能力。

3. 服务对象有别

健身运动和健美运动的区别还体现在各自的教练及其所教的对象上,竞技健美运动员需要服从教练员;而健身教练(尤其私人健身教练)则恰恰相反,他们是以锻炼者为主,需要为对象提供人性化、个性化、多样化的教学和服务,即做到以人为本,全心全意地为对象提供健身技能、技术等全方位的指导。

第二章　现代健身健美训练的最佳动作与锻炼技法

第一节　健美颈部肌群的锻炼动作

早在古希腊时代，人们就认为："健美的人体应具有发达的胸部、灵活而强壮的脖子、块块隆起的肌肉。"由此可见，颈部的强壮与否直接关系到一个人雄健、英武和健美的形象。颈部强健的胸锁乳突肌，能显示出男性的阳刚之气；女性颈部两侧对称修长、脖颈圆润而富有弹性、皮肤白皙细腻，再搭配一些装饰，摆动下腰臀，会增添无限魅力。如果颈部脂肪堆积，则显得臃肿，颈部保持良好的姿态和曲线会增添人的风度和气质美。

要想使颈部变得强健漂亮，就必须锻炼胸锁乳突肌、斜方肌、颈阔肌、夹肌、头长肌、颈长肌等与颈部健美有关的肌肉。

一、锻炼颈部肌群的常规练习

1. 站姿颈屈伸

作用：主要发展和健美颈部斜方肌和胸锁乳突肌等肌群。

要领：以发展颈后肌群为例，两脚自然开立，两手放在脑后，手指交叉托住头部，头稍向后仰。先两手用力将头向前下屈，至下颌贴近胸前。稍停后，在施以压力的情况下，抬头还原，如图 2-1-1 所示。如此重复。如锻炼颈前肌群，则两手交叉，双手手掌按在前额，双手和头颈用力方向与上述动作相反。下压时呼气，抬头时吸气。

提示：体姿要固定，动作要平稳，两手所给予的压力要适当。

2. 侧向颈屈伸

作用：主要发展和健美胸锁乳突肌及颈侧肌群。

要领：两脚自然开立，先以左手托住头部左侧，头向右侧倾斜。然后，用左侧颈部的肌肉力量把右倾的头部还原，如图 2-1-2 所示。如此重复。左侧练完后练右侧，用力方向相反，动作要领相同。亦可采用坐姿练习。用力时吸气，还原时呼气。

提示：体姿要相对固定，手用力不要过猛，逐渐增加相应的作用力。

图 2-1-1　站姿颈屈伸　　　　　图 2-1-2　侧向颈屈伸

3. 仰卧颈屈伸

作用：主要发展和健美胸锁乳突肌。

要领：仰卧长凳上，后脑颈部露出凳端，使颈部肌肉放松后仰下垂，然后抬头，至下颌紧贴前胸，稍停后放下还原。如此重复。亦可戴"练颈帽"负重练习。抬头时吸气，放下还原时呼气，如图 2-1-3 所示。

提示：下肢姿势要固定不动，头颈部伸出凳端，放下还原时动作要缓慢。

4. 俯卧颈屈伸

作用：主要发展和健美颈部后群肌。

要领：俯卧长凳上，使头部露出凳端，以两手托住后脑（或者两手托住重物）。先使头部放松下垂，再将头部抬起，稍停后，头下垂还原。亦可戴"练颈帽"负重练习。抬头时吸气，还原时呼气，如图 2-1-4 所示。

提示：头在用力抬起或放松下垂时，动作起伏要平稳、稍慢，用力均匀。

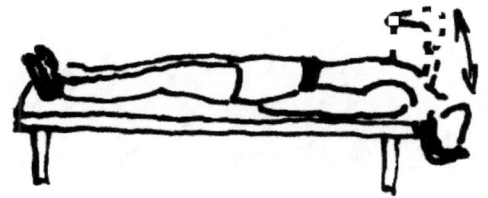
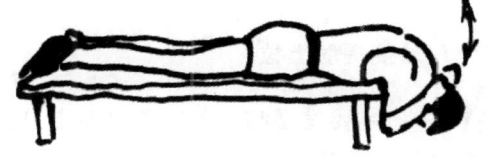

图 2-1-3　仰卧颈屈伸　　　　　图 2-1-4　俯卧颈屈伸

5. 俯立颈屈伸

作用：主要发展和健美颈后肌群和胸锁乳突肌。

图 2-1-5 俯立颈屈伸

要领:把"练颈帽"戴在头上,在下垂绳上悬挂重物,两脚自然开立,上体前倾,两手掌按于膝上,或扶住支撑物,挺胸紧腰收腹,然后使头向上抬起,稍停,再缓慢地放下还原。抬头时吸气,下垂时呼气,如图 2-1-5 所示。

提示:上体姿势固定不动,颈部屈伸动作要缓慢,着力点应集中在颈部。

二、颈部肌群锻炼方法建议

(1)锻炼的初级阶段,一般只进行徒手颈绕环和左右转颈等练习,也可不安排专门的颈部练习,6 个月后每次课选择 1~2 个动作,每个动作练习 2~4 组,每组 10~12 次左右。

(2)在没有专门器械的情况下,可以以徒手(或毛巾)的自抗力练习为主;6 个月至 1 年后,可加重量练习,如负重颈屈伸等,以使颈部肌群与全身肌群平衡发展。

第二节 健美肩部肌群的锻炼动作

假若现代女性拥有一副丰满圆滑的双肩,现代男子拥有一副宽阔厚实的肩膀,则无疑是独具魅力的。而决定肩膀宽度和健美与否的条件有两个:一是锁骨和肩胛骨的长短与大小;二是锁骨末端附着的三角肌的丰满程度。肩窄的一个根本原因是锁骨和肩胛骨周围附着的肌肉群不发达而无力,使得锁骨和肩胛骨远端下垂;另一原因是两个横面的肌肉发展不平衡,前紧后松继而形成扣肩凹胸。锁骨和肩胛骨的长短大小除先天的遗传因素外,与后天缺乏锻炼、不注意保持正确姿态也有重要关系。

男性要想展示肩的宽度和力度,体现"倒三角形"体型,女性要想体现肩的圆滑感,展现柔美的曲线,并弥补"塌肩""窄肩""瘦肩"和"锁骨窝太显"等先天的不足,唯一的办法就是加强肩部肌肉锻炼。

一、锻炼肩部肌群的常规练习

1. 站姿提肘上拉

作用:主要发展和健美三角肌前束、后束及斜方肌,它与胸上部的肌群配合锻炼,构成上胸部挺拔饱满的姿势。

要领:两腿自然开立,正握杠铃,两手间距约肩宽,持铃下垂于腿前。先慢慢贴身上提杠铃至最高点,稍停后,慢慢贴身还原,以此重复。握距可采用并握、窄握、中握、宽握等握法练习。提杠时用力吸气,放下时呼气,如图 2-2-1 所示。

提示:提拉杠铃时沿胸腹走,不得有向前抛振、摆动动作。杠铃杆抬至与锁骨平行时,肘关节应高于肩关节和腕关节。

2. 站姿侧平举

作用：主要发展和健美三角肌中束、冈上肌、斜方肌，增加两肩的宽度。

要领：两脚自然开立，两手拳眼向前，持铃下垂于体侧。先用力向两侧平举，稍停后,慢慢放下还原体侧。如此重复。侧平举时吸气，放下时呼气，如图2-2-2所示。

提示：侧平举时挺胸收腹，上体不得摆动，侧举高度不得低于肩部位置。

图 2-2-1　站姿提肘上拉

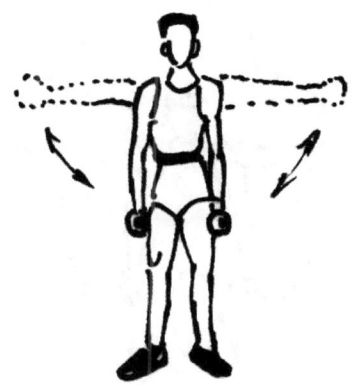
图 2-2-2　站姿侧平举

3. 站姿前平举

作用：主要发展和健美三角肌前束、斜方肌。

要领：两腿自然开立，正握杠铃下垂于腿前，两手握距与肩同宽，先直臂持铃经体前举起与肩高，稍停后直臂慢慢放下还原。如此重复。前平举时吸气，放下还原时呼气，如图2-2-3所示。

提示：举铃时肘关节伸直，上体不能前后摆动或耸肩借力，还原过程要直臂、挺胸、收腹、紧腰用力控制下落。

图 2-2-3　站姿前平举

4. 躬身侧平举

作用：主要发展三角肌后束、大圆肌、小圆肌、肩胛下肌、冈下肌等肌群。

要领：两脚开立稍宽于肩，俯身向前屈体至上体与地面平行。背部保持平直，头部稍抬起，两腿自然伸直，持铃下垂于体前，先用力向两侧举起至最高点，稍停后，慢慢放下还原至预备姿势。如此重复。也可俯卧在长凳上做上述动作。此外躬身提拉亦可发展三角肌后束。举铃时吸气，放下还原时呼气，如图 2-2-4 所示。

提示：侧举起时两臂不能弯曲，上体不能上下摆动。臂放下垂直后肌肉放松。

图 2-2-4　躬身侧平举

5. 俯立飞鸟

作用：主要发展和健美三角肌后束和上背肌群。

要领：两脚站立与肩宽，两手各持一只哑铃，上体向前屈成 90°，两手垂直，手心相对，两臂向身体两侧尽量上举。上快落慢，如此重复。用力平举时吸气，还原时呼气，如图 2-2-5 所示。

提示：向侧上方边屈肘举起最高点时，前臂与上臂的夹角控制在 130°左右。躯干不得上下起伏，两腿站直，膝关节收紧，挺胸，不得振摆借力。还原时两哑铃不得碰撞。

图 2-2-5　俯立飞鸟

6. 颈后推举

作用：主要发展和健美三角肌中束、肱三头肌、斜方肌。

要领：两脚开立（或坐凳上），两手正握杠铃置于颈后肩上，上体保持挺胸收腹紧腰。先推铃至头后臂伸直，稍停后慢慢放下还原至准备姿势。如此重复。如使用推举器练肩动作亦相同。上推时吸气，放下时呼气，如图 2-2-6 所示。

提示：始终保持挺胸收腹，调整杠铃重心与身体重心平衡。

图 2-2-6　颈后推举

7. 颈前推举

作用：主要发展和健美三角肌前束、肱三头肌、斜方肌。

要领：两脚开立（可坐凳上），两手持铃提至肩胸上（哑铃提起置手臂外侧）。上体保持挺胸收腹紧腰，全身直立。先垂直向上推铃至臂直，稍停后，两臂慢慢还原至预备姿势。如此重复。上举时吸气，放下时呼气，如图 2-2-7 所示。

提示：上举时用力方向应垂直向上，头部保持正直。如用哑铃练习时还可以交替上举。不准借助于上体摆动或躯干屈伸的力量来完成动作。

8. 坐姿推举哑铃

作用：主要发展和健美三角肌、肱三头肌、背部肌群。

要领：坐在有靠背的椅子上，紧腰，收腹，挺胸，双手握哑铃屈臂置于两肩外侧，拳眼向后。两臂同时用力向头的左右外侧上方推举至完全伸直为止，稍停，接着屈肘，使哑铃下落于肩后还原成预备姿势。如此重复。上举时吸气，放下时呼气，如图 2-2-8 所示。

提示：做动作时上身要挺直靠在椅背上，双臂同时呈直线式向上推举。

9. 平举下拉橡皮带

作用：主要发展和健美三角肌、大圆肌、小圆肌。

图 2-2-7　颈前推举　　　　　　图 2-2-8　坐姿推举哑铃

要领:将橡皮条中段挂在头上方的固定物上,两脚开立(也可坐着),两手抓紧橡皮条两端,两臂伸直侧平举,拳眼向前。两臂保持伸直,用力向下拉至贴紧身体,稍停。然后两臂慢慢放松还原成准备姿势,如此重复。用力向下拉时吸气,还原放松时呼气,如图 2-2-9 所示。

提示:橡皮条的长短与松紧,应根据每个人的力量而定,还原时应控制橡皮条回拉的速度。

10.侧上拉橡皮带

作用:主要发展和健美三角肌。

要领:两脚踩住橡皮条的中段,两脚间距 20 厘米,身体成正立姿势,重心微下沉,两手分别抓住橡皮条两端,直臂垂于体侧。开始练习时,三角肌用力收缩,两臂保持伸直做侧平举,将橡皮条拉至与肩同高稍停。然后,慢慢回落成预备姿势,如此重复。用力侧平举时吸气,回落时呼气,如图 2-2-10 所示。

提示:拉至侧平举回落时不得屈肘,用三角肌的力量控制回落速度。

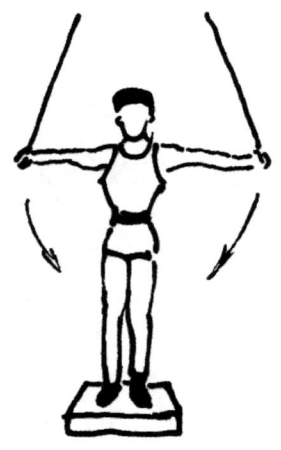

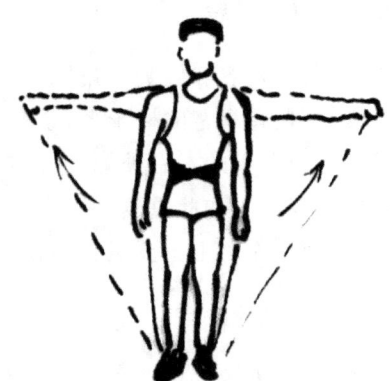

图 2-2-9　平举下拉橡皮带　　　　　　图 2-2-10　侧上拉橡皮带

11. 站立耸肩

作用：主要发展和健美斜方肌、肩胛提肌、三角肌。

要领：两脚开立，正握杠铃，持铃下垂于腿前(或持哑铃于体侧)，先向上提肩将杠铃提起至最高点，稍停后，再还原。如此重复。提铃时吸气，放下时呼气，如图 2-2-11 所示。

提示：耸肩时动作幅度要大，肩峰像是要触及耳朵那样。主要是肩部用力，不得屈臂借力。除可以直接向上耸肩外，也可以做成两肩由前向上、向后、向下的绕环动作，对矫正驼背和两肩前倾有良好效果。

12. 俯立耸肩

作用：主要发展和健美三角肌后束、斜方肌、上背肌群。

要领：两脚开立，两手持铃下垂于腿前，两臂肌群完全放松。先使两肩向上耸起至最高点，稍停后慢慢放松，下垂还原，如此重复。向上耸起时吸气，放下时呼气，如图 2-2-12 所示。

提示：耸肩要充分，动作过程中两臂肘关节不能弯曲借力。上体也不准摆动。

图 2-2-11　站立耸肩

图 2-2-12　俯立耸肩

二、肩部肌群锻炼方法建议

(1)初练时按不同的锻炼部位，每次课可安排 1 个动作，每个动作可做 2～3 组；半年至一年的锻炼课，每次可选择 2 个动作为一组合，每个动作做 2～4 组；一年以后应根据实际情况，选择 3 个动作为一组合，每周练 2 次，每次每个综合组做 8～10 组。

(2)一般男女肩部锻炼的方法大致相同，只是由于锻炼的要求和目的不同，在试举的重量和运动量的选择上有所区别。对要求减肥的女子而言，其试举的重量要轻些，次数可多些，每组动作一般做 14 次以上；对那些为了练出发达肌肉的男子而言，其试举的重量应大些，次数可少些，每组动作一般做 8～12 次。在锻炼中，还必须根据肩部的生理特点，把每个动作按不同的部位(如肩部的前中后)合理地安排在训练课中，以使"肩膀"周围的肌群都能得到锻炼。

第三节 健美臂部肌群的锻炼动作

自古以来,胳膊被视为力量的象征,它是人完成基本活动的重要器官。在我国历史上也一直把臂力过人的英雄作为崇拜的偶像,如楚霸王力能扛大鼎、鲁智深倒拔垂杨柳。

在现代生活中虽有各种起重机能举起数以吨计的重物,但有一双灵巧的手和健美粗壮的胳膊还是很重要的,因为能有"力拔千斤"的力量,仍是令人羡慕的。

一、锻炼臂部肌群的常规练习

1. 站姿反握弯举

作用:主要发展和健美肱二头肌、肱桡肌及前臂前群肌。

要领:站立,两腿间距与肩宽,两手反握杠铃或哑铃垂于腿前(手心朝前,拳眼向外)。握距稍宽于两肩距离。动作开始时用前臂及肱二头肌的力量慢慢向身体方向弯举至肱二头肌完全收紧。稍停后,再慢慢放下还原。如此重复。向上弯举时吸气,放下时用口呼气。用胸式呼吸,如图 2-3-1 所示。

提示:练习时肘关节应悬空,离开身体 5 厘米,不得借力和放在髂骨上。初练者在动作过程中上臂可以紧贴体侧不准前后移动。

2. 坐姿托肘固定弯举

作用:主要发展和健美肱二头肌及前臂屈肌群。

要领:两脚开立,上体稍前倾,两臂伸直搁在斜板上,拳心向前,两手握杠铃与肩同宽。两臂以肘关节为轴用力弯举,使杠铃尽量靠近锁骨,收紧肱二头肌并稍停,然后用肱二头肌控制慢慢放下还原。此动作也可用哑铃单臂呼气,如图 2-3-2 所示。依次或交替进行练习。向上弯举时吸气,放下还原时呼气。

提示:上体要固定,大臂保持不动,伸臂时缓慢。

图 2-3-1 站姿反握弯举

图 2-3-2 坐姿托肘固定弯举

3. 俯身弯举

作用：主要发展和健美肱二头肌及增强背部肌肉力量。

要领：两脚开立，间距比肩略宽，上体前屈与地面平行，反握杠铃垂于腿前，握距稍宽于肩（握哑铃时手心朝前，拳眼朝外）。做动作时身体慢慢弯曲至肱二头肌收紧，稍停后，慢慢放下还原。如此重复。弯起时充分吸气，放下时呼气，如图2-3-3所示。

提示：弯举时上体保持前屈、挺胸、紧腰、头稍抬起。两上臂固定不动，完全依靠屈前臂的力量将杠铃举至胸前，不得借助上体摆动的惯性力。

4. 斜板单臂弯举

作用：主要发展和健美肱二头肌。

要领：一手反握持铃，上臂枕在斜板上固定。另一手扶住板的末端，使前臂弯起至上臂靠紧，稍停后伸直还原。如此重复，两手交替进行。向上弯起时吸气，放下还原时呼气，如图2-3-4所示。

提示：向上屈臂时尽量收紧肱二头肌，向前放下时尽量使臂伸直。

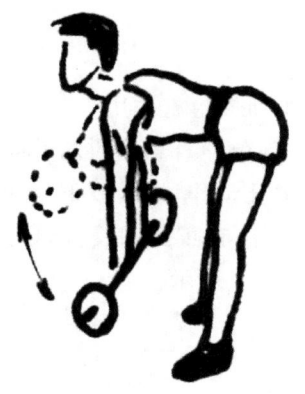

图 2-3-3　俯身弯举

图 2-3-4　斜板单臂弯举

5. 单臂坐弯举

作用：主要发展和健美肱二头肌及前臂屈肌群。

要领：坐在矮凳上，上体略前倾，一手臂放于膝（或腿）上。屈臂时应向上，尽量弯曲至肱二头肌收紧。稍停，然后慢慢放下至还原。如此反复，两手交替。向上弯曲时吸气，放下时呼气，如图2-3-5所示。

提示：身体不要前后摆动，屈肘不借助外力。

6. 斜卧弯举

作用：主要发展和健美肱二头肌。

要领:两手各持一只哑铃斜躺在斜板上,用前臂和肘关节的力量,将哑铃向上举起至最高点,稍停后,慢慢向下放至两手臂伸直。如此重复。向上弯曲时吸气,向下伸直时呼气,如图2-3-6所示。

提示:身体尽量保持不动,单纯靠臂力完成动作。

图2-3-5 单臂坐弯举

图2-3-6 斜卧弯举

7. 反握引体向上

作用:主要发展和健美肱二头肌,同时对发展肩、胸、背部肌肉也有作用。

要领:两手反握单杠,手背向前。握距与肩同宽,身体各部位伸直悬垂。两臂同时平稳用力拉起身体,直到下颌触到横杠为止,稍停。再用力控制作退让动作,慢慢放下至两臂完全伸直放松,重复再做。引体向上又分为颈前和颈后两种上拉,握法有正握和反握,握距分宽握、中握和窄握3种。引体向上时吸气,放下还原时呼气,如图2-3-7所示。

提示:身体上引时腰、腿放松,不摆振借力或收腹上拉。

8. 颈后臂屈伸

作用:主要发展和健美肱三头肌。

要领:坐在凳子上(也可站着),上体正直,胸微向前挺,两手正握或反握杠铃,置于颈后处。肘关节朝上,两上臂向内收缩。上臂保持固定不动,用肱三头肌收缩,并用前臂上举的力量将杠铃或哑铃举至头顶上方,两臂充分伸直,稍停。再屈臂下落到颈后成准备姿势。如此重复。用力前吸气,伸直后呼气,如图2-3-8所示。

提示:肘关节不可外展并始终高于肩。

9. 仰卧臂屈伸

作用:主要发展和健美肱三头肌及胸大肌等。

图 2-3-7　反握引体向上

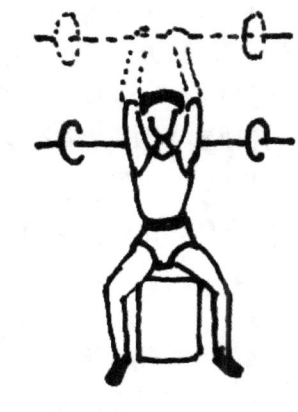

图 2-3-8　颈后臂屈伸

要领：仰卧在长凳上，正握杠铃，两臂伸直与地面垂直，先利用前臂和肱三头肌力量，慢慢向头部方向弯曲成 90°或更低些，这时上臂垂直固定，稍停后，用前臂和肱三头肌力量按原方向将杠铃向上举起，直至达到原来直臂姿势。如此重复。向下屈臂时呼气，向上伸臂时吸气，如图 2-3-9 所示。

提示：向下屈臂时动作要慢些，向上伸臂时也不要太快，上臂应始终与地面保持垂直状。

10. 俯立臂屈伸

作用：主要发展和健美肱三头肌。

要领：两手或单手握橡皮条、拉力器或哑铃俯立，站距与肩同宽，上体与地面平行，上臂贴身不动。先前臂向后向上尽量拉起至臂伸直。稍停后，再慢慢往回屈臂至原来姿势。如单臂可单腿跪在凳子上俯身向前，一手扶在凳上或膝盖上，另一手拳眼向前持哑铃或手握橡皮带，上臂提起紧贴体侧，动作同双臂练习。伸直时吸气，还原时呼气，如图 2-3-10 所示。

提示：前臂后拉时，上臂应保持不动，尽量使臂部伸直，还原时动作要慢。

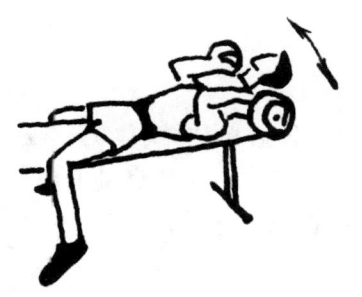

图 2-3-9　仰卧臂屈伸　　　　　　图 2-3-10　俯立臂屈伸

11. 站姿双臂胸前屈肘下压

作用：主要发展和健美肱三头肌及肘肌等肌群。

要领：两脚开立，与肩同宽，抬头、挺胸、收腹、紧腰，身体直立。两臂屈肘于胸前，两手正握住高滑轮拉绳横杠两端的把柄，手心向下，虎口相对，手腕必须与前臂保持直线状。两前臂用力伸肘向下拉压（压掌）至两臂伸直于腹前，稍停2～3秒。缓慢退让还原至胸前，如此重复。用力前吸气，还原时呼气，如图2-3-11所示。

提示：身体不借助力，两前臂伸直时，两手腕要做"立腕压手掌"的动作。

12. 仰卧撑

作用：主要发展和健美肱三头肌、大圆肌等。

要领：两手背后直臂支撑在凳上，两腿并拢伸直，髋关节也伸直，收腹紧腰，脚跟着地，身体成仰卧姿势。头正直或稍后仰。肘关节弯曲，使身体尽量下降，屈髋，到最低位后再向上伸臂将身体撑起成预备姿势。伸臂时吸气，放松还原时呼气，如图2-3-12所示。

提示：伸臂撑起身体时，应做到先撑臂再伸髋，臂和躯干充分伸直。

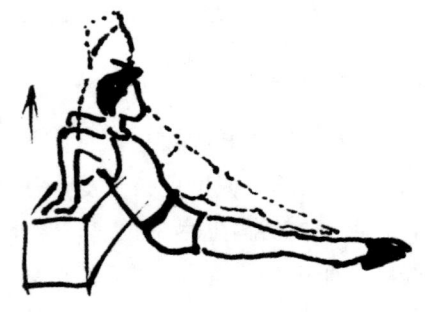

图2-3-11 站姿双臂胸前屈肘下压　　　图2-3-12 仰卧撑

13. 直臂后上拉举

作用：主要发展和健美肱三头肌、大圆肌、小圆肌、背阔肌。

要领：两脚左右平行开立，与肩同宽，身体挺直，两臂伸直下垂，体后握杠（或体侧握哑铃），拳心向前。收缩肱三头肌，两臂伸直用力向后上方拉至极限为止，同时，两腕尽量上翻，稍停，然后按原路慢慢还原成预备姿势。如此重复。用力前吸气，还原时呼气，如图2-3-13所示。

提示：用力向后上方拉时，躯干不可前倾，始终保持正直。还原成预备姿势时，杠铃不可贴住大腿后部，离开大腿后部3～5厘米。

14. 腕屈伸

作用：主要发展和健美前臂屈伸肌群。

要领：坐在凳子上，上体微前倾，两脚踏实，脚间距离与肩同宽，大小腿夹角成90°。两手反握或正握杠铃，两前臂分别搁在两大腿上，手腕伸出膝部，悬空，放松下垂。两腕用力向上屈起至不能再屈肘时为止，稍停。然后再松腕放下还原成预备姿势。如此重复。用力时吸气，放松还原时呼气，如图 2-3-14 所示。

提示：练习中，前臂始终紧靠在大腿上不得移动，手臂要充分屈伸。

图 2-3-13　直臂后上拉举

图 2-3-14　腕屈伸

15. 站姿双手卷棒

作用：主要发展和健美前臂桡侧和尺侧腕肌及前臂肌群。

要领：两手正握或反握圆木，两臂向前平举（与肩平）。用一条约40厘米长、5厘米粗的圆木块，系一条约1米长的绳子，绳子吊着的重物应离开地面。用指力将绳子卷上来又卷下去。如此重复。自由呼吸，如图 2-3-15 所示。

提示：卷上和卷下才算一次，不要卷上来后让绳子自由放直，手腕运动的幅度要大。

16. 重锤握力器交替握

作用：主要发展和健美前臂、手部肌群及手部力量。

要领：面对器械两脚开立，与肩同宽，躬身收腹、紧腰、挺胸，两臂下垂，左手大拇指握住练习器固定把柄，其余四指握住练习器阻力杠把柄，左手像"虎钳"似的用力地做抓握动作。左、右手交替进行，如此重复。自由呼吸，如图 2-3-16 所示。

提示：抓握练习器固定把柄和练习器阻力杠把柄时一定要充分贴紧，每组练到极限次数效果最佳。使用弹簧握力器时，应直臂用力抓握，不可屈肘摆动借力。

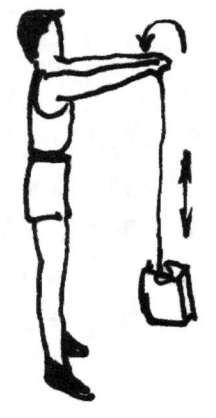
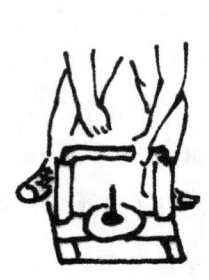

图 2-3-15　站姿双手卷棒　　　　　　　图 2-3-16　重锤握力器交替握

二、臂部肌群锻炼方法建议

胳膊肌肉的锻炼，重点应集中在上臂，以练肱二头肌和肱三头肌为主。其他的肌肉如前臂的屈肌和伸肌，只要适当安排 2~3 个动作就足以能与上臂肌肉协调发展。这是因为在练上臂的同时，前臂也加入了运动，从而得到了锻炼。锻炼胳膊时应充分注意以下几点。

（1）两手交替练习和依次练习的项目，其负荷应完全相同，既要练屈肌又要练伸肌，只有这样才能使臂肌发达对称。

（2）一般女子的锻炼，往往以增强臂力，提高肌肉的弹性和减缩多余的脂肪为目的。在锻炼中，练习重量常以中小重量为主，练习次数可多些。而男子的锻炼多数是以发达臂部肌肉、增强臂力为主要目的。练习重量应以大重量为主，练习次数可少些。在进行系统的锻炼时，各阶段训练课的内容安排如下。

第一个月的锻炼课安排：每块主要肌肉或肌群，如肱二头肌、肱三头肌、前臂肌群等，各选择一个动作，每个动作练 2 组。

第二个月至第三个月的锻炼课安排：应根据上述各肌肉或肌群另选择动作，每个动作练 3 组。

第三个月至第六个月的锻炼课安排：每块肌肉或肌群可选择两个不同方位或不同器械的动作，每个动作做 2~3 组。

6 个月以后的锻炼课安排：应根据臂部肌肉的增长情况，每块肌肉或肌群选择 2~3 个不同的动作，每个动作练 3~4 组，最多不超过 5 组。

锻炼一年左右，一般臂围会明显增粗；但一年后，臂围的增长幅度可能要稍慢些。为进一步增强训练效果，一年后的锻炼应根据实际情况，合理选择有效动作进行练习，并应适当地增加运动量。

第四节 健美胸部肌群的锻炼动作

人们在追求健美的体形时,往往把挺拔、丰满、结实的胸脯看作是"人体美"的主要标志。它象征着男性的力量和开阔的胸襟,它更是女性性特征最重要的部位和人体形体美审视的触目点。它可使小伙子显得格外魁梧健壮,并为自己的挺拔宽厚的胸脯感到自豪。姑娘们则把挺拔饱满、润泽而富有弹性、尖挺不垂、富有曲线的胸脯看作为"女性曲线美"的象征。练就宽厚的胸部,不仅可使体形变得健壮优美,而且有助于矫正低头含胸的缺陷,还可增强心肺功能使人充满青春活力。

一、锻炼胸部肌群的常规练习

1. 平卧推举

作用:主要发展和健美胸大肌、肱三头肌、三角肌等。

杠铃仰卧推举,分为平板卧推(全面发展胸大肌)、正斜(也称上斜)板卧推(发展胸大肌上部位)、倒斜(也称下斜)板卧推(发展胸大肌下部位)3种。杠铃握法又分宽握、中握和窄握。宽握的作用是把胸大肌拉宽,窄握练习是把胸大肌隆起。

要领:仰卧在长凳上,躯干以后肩部到臀部成"桥形",即腰背用力收紧,挺胸吸小腹,腰部离开凳面,只以上背肩部和臀部接触凳面。持铃两臂伸直,接着慢慢屈臂向下,将杠铃放到胸部第三肋骨处,然后发力向上推举,两臂伸直至原来姿势。如此重复。也可以在卧推器上练习。开始时用鼻吸一口气,杠铃向下时慢慢用口呼气,但不要呼尽,如把气呼尽,胸廓收缩会显得无力。用鼻尽量吸气时,用力向上推,如图2-4-1所示。

提示:试图推举时,胸大肌先收缩,然后才是手臂用力。推举起杠铃时,胸肌保持收紧,并意念胸大肌发力,做到挺胸沉肩。

图 2-4-1 平卧推举

2. 斜卧推举

作用:主要发展胸大肌外侧、上部和上胸连接三角肌前束等肌群及肱三头肌。

要领:仰卧长凳上,头背臀部平贴在凳面上,背臀成"桥形",两脚平踏在地面上。持铃后,先伸直两臂,杠铃放下至胸上部锁骨下沿处,稍停后,垂直向上推起至两臂伸直。如此重复。哑铃则放在两肩外侧。初练者还可在平推机上练习坐姿双手平推。杠铃放下时呼气,杠铃碰到胸部后吸气;用力上举时憋气,以扩大胸腔,如图2-4-2所示。

提示:放下杠铃要慢,吸气要充分,使胸腔尽量扩大,臀位不能离开凳面。

3. "仰卧飞鸟"式

作用:主要发展和健美胸部,扩大胸腔。

要领:仰卧在长凳上,两手各持哑铃,先向胸前举起至两臂伸直,手心相对,然后两臂分别向两侧慢慢分开,下垂(肘关节稍微弯曲)到最低点稍停。接着又由下向上还原到两臂举直。如此重复。此外还可做上斜飞鸟。分开向下时用鼻吸气,向上还原时用口呼气,如图2-4-3所示。

提示:两臂向身体两侧下降时应边降边屈肘,并使肘关节控制在110°~120°。但大臂应降至最低限度,以便将胸肌纤维充分拉开。为了便于集中胸大肌的用力收缩和放松,持铃要放松些,只要不脱手即可。

图2-4-2 斜卧推举

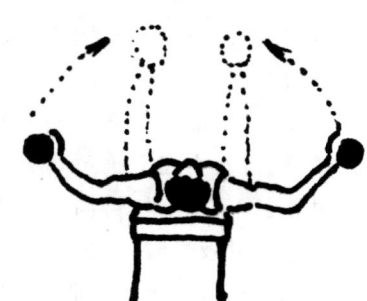

图2-4-3 "仰卧飞鸟"式

4. 俯卧撑

作用:主要发展胸大肌、肱三头肌和三角肌群,可使胸部(乳房)丰满挺拔。

要领:双手分别紧握俯卧撑架或徒手撑地(手指向前),可采用较窄或较宽的支撑。身体俯卧腰挺直,头保持正直,两手相距一般与肩同宽,或宽于肩。从直臂开始,屈肘向下,背部要低于肘关节,然后再撑起来还原。如此重复。如感觉轻松易做,可加高放脚的位置,使身体重心前倾,或背上放置重物,以此增加难度。还可采用正反波浪俯卧撑练习。屈臂向下时用口呼气,伸臂时用鼻吸气,如图2-4-4所示。

提示:动作过程始终保持头正、胸挺、腰直。

5. 双杠臂屈伸

作用:主要发展和健美胸肌下半部、三角肌、肱三头肌群。

图 2-4-4 俯卧撑

要领：两臂伸直支撑在双杠上，身体悬垂。开始时两臂屈肘，使身体下降至最大限度，稍停。然后两臂同时平稳用力推起，直至肘关节伸直为止。屈臂时动作稍慢，两肘外展，充分扩胸。伸臂时速度稍快，要夹肘、挺胸、抬头、收腹、不耸肩。可做施加助力或腰部负重或脚上负重的双杠臂屈伸。屈肘向下时呼气，向上撑起时吸气，如图 2-4-5 所示。

提示：不要借身体振摆助力完成动作，撑起时注意力集中在胸部肌群。

6. 仰卧屈臂上拉

作用：主要发展和健美胸大肌、肱三头肌。

要领：仰卧在长凳上，两手正握杠铃直臂胸前支撑，握距宽于肩。先慢慢屈臂放下过头后，然后慢慢拉起还原。如此重复。放下时呼气，拉起向上时吸气，如图 2-4-6 所示。

提示：练习时，主要用胸大肌和肱三头肌发力，腰部以下放松，屈臂放下时应使胸腔完全扩张为止。

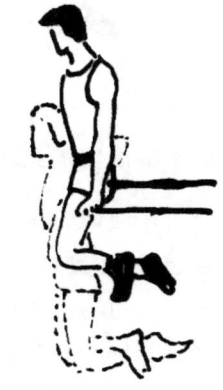

图 2-4-5 双杠臂屈伸

图 2-4-6 仰卧屈臂上拉

7. 仰卧直臂上拉

作用：主要发展和健美胸大肌、三角肌、臂部肌肉力量。

要领：仰卧在长凳上，挺胸沉肩成"桥形"，两手正握小杠铃，先将杠铃放于腿部位置，接着向上慢慢拉起,过头后,两臂伸直,慢慢下落到最低点,使胸部充分拉长伸展。然后,两臂用力向前上举起至于臂伸直还原。如此重复。上拉时用鼻吸气,还原时用口呼气,如图2-4-7所示。

提示:用腰背肌肉收缩力量控制身体平衡,用胸大肌的力量控制动作过程。

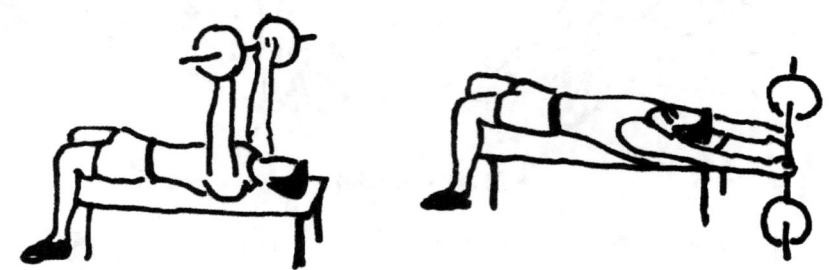

图 2-4-7　仰卧直臂上拉

8. 坐姿屈臂扩夹胸

作用:主要发展胸大肌和三角肌群,对塑造丰满挺拔的胸部、宽阔饱满的肩膀有特殊效果。

要领:坐在蝴蝶训练器固定椅上,上体直立,呈挺胸、收腹、紧腰的姿势,两臂屈肘,两前臂上举放在阻力器的护垫上,前臂与地面保持垂直,上臂与地面平行。以肩关节为轴,以两上臂为杠杆,两肘部同时用力水平向中间夹胸,使两个相分离的阻力器护垫尽可能地接触到一起,稍停。缓慢还原。如此重复。如无扩胸机,也可以用弹簧棒进行胸前内收练习。用力夹胸时吸气,当两个阻力器护垫相接触时稍停2~3秒,缓慢还原时呼气,如图2-4-8所示。

提示:练习时要一直挺直上身,完成动作要圆滑、从容,不借助外力,内夹时胸大肌(如胸部乳房)发力,放松还原时要和缓。

图 2-4-8　坐姿屈臂扩夹胸

二、胸部肌群锻炼方法建议

1. 各阶段胸部肌群锻炼的内容安排

(1)初练至第三个月的锻炼期:除掌握基本的动作要领外,应以发展胸部形状为主。可隔天练习,每周练三次,每次可选1~2个动作。此外,在练胸肌时最好同练背阔肌及大腿肌群结合起来,以取得更好的效果。

(2)第三个月以后至一年的锻炼期:即第一阶段是第三个月至第六个月,第二个阶段是第六个月至一年。一般在这个时期的训练中,以扩大胸腔、改变基本体形为主,促使胸肌发达,每次课练2~3组。

(3)一年以后的锻炼期:根据胸肌的发展情况,合理地选择发展不同部位的3~5个动作为一个组合。由于运动量逐渐增大,还要与身体其他部位的锻炼结合起来,每次课可选3~10个动作为一个组合,综合组数为3~4组。

2. 在进行胸部锻炼时,男、女锻炼方法的区别

男子的胸部外形,根据部位可分为"外侧翼""下缘沟""上胸部"等。如改变"排骨"体形的锻炼,主要从发达胸大肌、扩大胸腔、增强呼吸系统功能着手,然后结合肩、背、臂和腿部等肌肉群进行锻炼。前3个月的锻炼,以发展胸部的形状为主,即先发展"外侧翼""下缘沟"的肌群,然后由"外侧翼"逐渐向"中间沟""下缘沟""上胸部"发展,把三角肌前束肌群联系起来,以形成宽厚结实的胸脯。

女子的胸部主要是由"乳腺"外覆盖脂肪形成的。一般来说,胸部的大小与遗传和先天因素有关。女子在青春期(16~18岁)是胸部发育的顶峰,20岁以后脂肪逐渐增多,如果女性荷尔蒙分泌较多,胸部往往过于肥大。有些胸部过小的人,为使其变得丰满,采用按摩推拿的方法,但收效甚微;也有的服用荷尔蒙或食用高脂肪,扰乱了内分泌系统,会引起严重后果。如果经常采用徒手或器械的健美锻炼,可以防止脂肪增多和乳腺萎缩,使胸部丰满而富有弹性。锻炼时一般应采用轻器械的练习为主。

开始锻炼胸部时,应先从扩大胸腔、增强呼吸功能着手,同时发展胸大肌的两侧翼和周围肌群,一般锻炼3个月后,胸大肌用力收缩时会有结实饱满的肌肉感,乳腺的弹性也会有所改善,但女子在进行胸部锻炼时还是应该注意以下几点。

(1)一般每周锻炼3次为宜,即隔天练一次。

(2)锻炼前要求选择2套或3套形体健美操为准备活动项目,至少活动15分钟。

(3)每课可选择2~3个动作,每组所采用的重量以能举起8~12次为宜。如能超过12次,说明要适当加重;举不起8次,则应减轻重量。每课的次数与组数应随训练水平的提高作适当的增加。

(4)如果重点要求是减缩多余脂肪或以增强肌肉弹性为主的话,每组锻炼的次数至少要有15次,最多不超过20次;如果重点要求是扩大胸腔或增强胸大肌或使胸部永远保持"挺拔丰满",可以按照常规要求练习。

(5)有些乳房发育过大或胸部脂肪过多的人,要使胸部健美,首先应从控制饮食着手,日常注意摄取"低热能"和"低脂肪"的食物;要减缩脂肪,必须积极参加各种体育健身活动,如游泳、跑步、竞走、打球、骑自行车等,再配合侧重锻炼胸部的健美操,才能获得良好的效果。

对胸部平、乳房较小的女青年来说,应加强胸部锻炼,发达胸大肌,增强肺活量,扩大胸腔,这对乳房发育也能起到一定作用。如果在家里锻炼没有杠铃、哑铃,还可以用其他废旧物代替,同样能收到效果。

第五节　健美背部肌群的锻炼动作

背部肌肉宽阔、发达,不但使上肢强劲有力,给人以健壮、雄浑之感,而且能使躯干呈"V"字形,构成挺拔的体态,给人以美好的背影,也是现代男性健与美的综合反映。而女性背直腰硬,则是保持挺拔丰满胸脯的有力支柱,尤其在审视现代美女时,上背部宽于上胸部的"倒三角形"无疑更具女性魅力和时代风采。

要想使躯干上部肌肉发达,重点是要加强对胸大肌和背阔肌的锻炼。值得注意的是,在健美训练中有的人只注重对胸大肌的锻炼,认为锻炼胸肌同时会影响到背肌,笔者认为这种观点不全对。虽然锻炼胸肌会使背阔肌得到锻炼,但背阔肌面积大,要使背阔肌与胸大肌同步发展,或者说要想使背阔肌发展得快,必须做大量的专门练习,否则只注意发达胸肌,不做背阔肌专门练习,可能会导致胸廓畸形发展。例如俯卧撑对健美胸部和肩部有很好的效果;对"后缩肩"和"鸡胸"体型有矫正作用,即可使肩前伸;但对于"驼背""含胸""翼状肩"缺陷者则不宜练习,因为做俯卧撑反而增大了缺陷效果。所以发达胸大肌与背阔肌要交替进行,不可偏废。当然,在全面锻炼的基础上,各阶段可以有所侧重。

一、锻炼背部肌群的常规练习

1. 坐姿重锤颈后下拉

作用:主要发展背阔肌,其次对三角肌后束、肱二头肌、肱肌也有锻炼作用。可使肩膀、上臂部丰满、挺拔、结实、宽阔、秀丽动人。对防治含胸驼背、溜肩、窄肩等体姿有特效,还可防治腰酸背痛等症状。

要领:坐在综合训练器高滑轮背阔肌训练器下面的凳子上,用压腿架压住大腿,以便固定身体的位置而不致升高,两臂伸直,两手抓住背阔肌训练器横拉杆的两端,手心向前,使背阔肌充分伸展开。背部肌肉收缩,边屈肘边下拉,直至横杆触及肩部为止,稍停,然后两臂慢慢放松还原。如此重复。用力前先吸气,还原放松时呼气,如图2-5-1所示。

提示:主要是靠背阔肌收缩的力量和臂的力量将横杆拉至触及肩部,不得借用收腹、上体前倾下坠的力量。除颈后下拉外,也可拉至体前触胸,或是前后交替进行。

2. 单杠引体向上至颈后

作用:主要发展和健美背阔肌、冈下肌、大圆肌、肱二头肌及三角肌后束等。

要领:两手握住单杠,握距稍比肩宽,可采用正握或反握(初学者若力量不足,可采用此法)。先用两臂和背部肌肉的力量向上引拉,使肩部尽量能触到单杠(初学者可采用体前引体向上,横杆超过下颌),然后,慢慢落至两臂伸直,成垂直的悬吊姿势。如此重复。上拉时吸气,下落时呼气,如图2-5-2所示。

提示:屈臂上拉时,不得摆振借力。能拉 15 次以上时,应在腰或脚上挂杠铃片或其他重物进行练习。

图 2-5-1　坐姿重锤颈后下拉

图 2-5-2　单杠引体向上至颈后

3. 俯立划船

作用:主要发展和健美背阔肌,同时对斜方肌、三角肌后束有锻炼作用。另外,在做练习时为起到不同的锻炼效果,握距可作调整,如以下几种方式均可。

(1)窄握距:两手间握距约一掌宽。主要发达背阔肌上部,包括菱形肌、冈下肌、大圆肌和小圆肌等,使背部宽阔。

(2)中握距:两手间握距与肩同宽,主要发达背阔肌中上部位,使背部宽厚,适宜于初学者锻炼。

(3)宽握距:两手间握距比肩宽一至两掌,主要发展背阔肌的中下部。

要领:两脚左右开立宽于肩,膝伸直或稍屈,站在杠铃的后面,距离约 30 厘米。向前屈体与地面平行,臀部后移,两臂伸直下垂宽握杠铃。挺胸,抬头。上体保持前俯。两臂从垂直姿势开始慢慢屈肘,将杠铃拉起作弧线上升,即沿小腿到大腿到腹部上升到乳头后稍停,再沿原路推回至双臂伸直悬垂的预备姿势如图 2-5-3①所示。上拉时吸气,放下还原时呼气。

(4)并握划船:锻炼部位同窄握距。握持器械把横杠一端套上杠铃片,另一端装铃片,支撑在地面,不使其活动。把横杠置于两腿间,然后开始练习。动作要领同其他握法,如图 2-5-3②所示。

提示:练习时,上体与腿部的角度不要少于 90°,不得拱背弯腰,不得摆体借力。

4. 俯卧提拉

作用:主要发展和健美背阔肌、三角肌后束、斜方肌、肱二头肌等。

要领:俯卧在稍高的长凳上,两手握住凳下杠铃的横杠,握距与肩同宽,先两臂用力尽量把杠铃拉至板凳后,慢慢放下。如此重复。上拉时用鼻吸气,放下时用口呼气,如图 2-5-4 所示。

图 2-5-3　俯立划船

提示：两腿可放在凳上或踏在地板上，但要稳固放松，主要靠上背部力量拉铃。

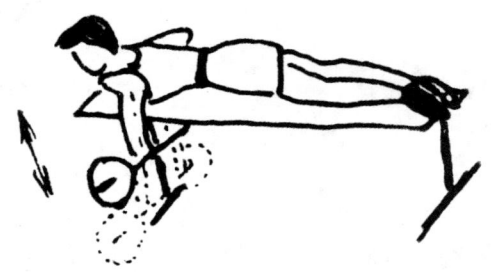

图 2-5-4　俯卧提拉

5.屈体硬拉

作用：主要发展背阔肌，对大圆肌、斜方肌及手臂力量也有较好的锻炼效果。

要领：两脚左右开立与肩同宽，屈两膝，抬头挺胸，两臂伸直抓住杠铃，握距与肩同宽或稍比肩宽。上体和下肢固定不动，腰背肌肉收缩，背阔肌先用力，随之两臂边屈肘边提拉杠铃至胸腹前，稍停后。用慢速度将杠铃下放还原成预备姿势。如此重复。用力时吸气，还原放松时呼气，如图 2-5-5 所示。

提示：屈肘提拉杠铃时，肘关节向后上方展开，使背阔肌肌纤维充分拉长，以得到彻底和较深度的锻炼。练习前最好系上宽腰带，以起加固作用，同时避免伤腰。

6.坐姿双手划船

作用：主要发展和健美背阔肌及三角肌后束等肌群。

要领：坐在划船器移动式结构的座椅上，两手握住划船机双桨把手，上体直立，同时屈膝固定两脚。两臂向后拉划双桨，同时上体挺胸后仰，两腿蹬直，稍停 2~3 秒。两臂向前推送桨柄，上体抬起直立，两腿屈膝还原，如此重复。用力前吸气，蹬直双腿后呼气，如图 2-5-6 所示。

提示：双臂划桨要有节奏，用力要均匀。双臂拉划时两脚要固定好，便于全身用力和两臂发力，注意力要集中在背部肌群。

图 2-5-5　屈体硬拉

图 2-5-6　坐姿双手划船

7. 坐姿对握腹前平拉

作用：主要发展和健美背阔肌、上背部肌群。

要领：面向低滑轮重锤拉力器，坐在垫子上，上体直立，挺胸、收腹、紧腰、两臂伸直，两手分别对握住低滑轮拉绳的两个把柄，手心相对，虎口朝上，同时直膝，两脚固定。两臂向后方拉动牵引绳，两肘尖向后超过躯干的垂线，两肩胛骨要充分夹紧。当拉绳的两个把柄触及腹部外侧后，稍停 2～3 秒。缓慢退让还原。如此重复。用力前吸气，还原时呼气，如图 2-5-7 所示。

提示：动作过程中上体不要前倾后仰借力完成。肌肉收缩要充分，注意力要集中在背部肌群上，要防止猛拉或猛放动作。

图 2-5-7　坐姿对握腹前平拉

二、背部肌群锻炼方法建议

1. 女性背部肌群锻炼方法建议

如前所述，女性应有一个背直腰硬的躯干，因为它是保持挺拔丰满胸脯的有力支柱。加强背部肌群的锻炼，对纠正脊柱前屈和侧屈等有较好的整形效果，同时还能有效地减缩背部和腰部的多余脂肪。一般各阶段的锻炼安排如下。

(1)在初级阶段主要应以掌握正确的锻炼背部的动作要领和改变背部的形状为主,其中第一个月主要掌握背部练习的动作要领。

(2)第二个月至第三个月改变背部的肌肉形状,使之形成良好的形体。

(3)第三个月至一年的锻炼主要是进一步改变背部的肌肉群和形状,巩固训练后所获得的形体,使肌肉坚实而富于弹性,胸部更为丰满挺拔,以体现出女性的"曲线美"。

(4)一年以后的锻炼应以加强背部重点肌肉群的锻炼为主。另外,在各阶段的锻炼中,要注意背部各肌群的平均发展。

2. 男性背部肌群锻炼方法建议

古人把"虎背熊腰"作为男性健美的标准,而现代男性则把"V"字形挺拔体姿作为衡量健美的尺度。人体的躯干是人体活动的支柱,人到中年、晚年后,如果缺乏体育健身锻炼,背部肌群的萎缩或脊柱的老化就会提前,导致躯干变成"含胸前屈"体姿。如能经常进行锻炼,背部肌群就能保持良好的体态。一般男子的背部锻炼,应从背阔肌的训练着手,先使其宽厚和形成良好的体形;一年后,再根据个人的背部肌肉发展的特点,合理地安排重点锻炼部位。在锻炼课中,一般在1~3个月内,每次课可选两个动作,做2~3组;三个月至一年内,每次课可选2~3动作,做5~8组。不论男女,发达肌肉的最佳次数都是每组8~12次;对着重减缩脂肪者,次数可多些;如果着重在发展力量者,次数应少于8次。

第六节 健美腰腹部肌群的锻炼动作

当我们赞美某一个人挺拔、利索时。"挺"是指胸部肌肉丰满而结实,"拔"是指腰部细壮而拔直有力和重心高,"利索"则是指腰部动作灵活。人体躯干挺拔、利索,不仅是健与美的体现,而且具有重要的生理功能与运动功能。腰部是连接人体上、下两部分的枢纽,是人体做前后屈、体侧屈及旋转等各方面运动的一架万能轴承,承担着各种生活技能和运动技能的繁重工作。人体的腰腹部位集中着人体消化、排泄、生殖等重要器官,真可谓是人体内脏的一个大"储藏箱"。

腰部是人体躯体的第二个生理弯曲,更是女性线条美中最富有变化的部位。如果腰腹部脂肪堆积,大腹便便,不仅体形不美,而且使人们行动不便,动作迟缓,给人以笨拙之感,甚至引起内脏器官功能紊乱,体虚乏力,心血管系统负担加重,体质下降,还有可能出现其他疾病。增强腰腹肌群的锻炼,不仅可以增强消化和排泄系统的功能,而且对消化不良、胃溃疡、胃炎、胃下垂和便秘等症状也有一定疗效,尤其对减缩腰腹部脂肪,更是一种很好的体育健身疗法。

要想使躯干强壮,就要发展竖棘肌和腰背伸肌以及股后肌群力量。要想使腹部曲线优美,肌肉结实而有力,就必须加强上腹部(腹直肌上部)、下腹部(腹直肌下部及髂腰肌)和腹部两侧(腹内外斜肌)肌群的锻炼。

一、锻炼腰部肌群的常规练习

1. 俯卧两头起

作用:主要发展和健美竖棘肌、腰背伸肌及股后肌群。

要领:俯卧在平板或垫子上,两腿并拢伸直,两手置于头的两侧上方或搁在背上。两手随背部肌肉收缩,两手臂、两腿夹紧同时向上抬起,接着同时下落还原。如此重复。挺身时吸气,还原时呼气,如图 2-6-1 所示。

提示:自然呼吸,不要屏气。身体尽量后伸,反弓越大,锻炼腰背肌效果越好。

2. 俯卧挺身

作用:主要发展骶棘肌和下背部肌群,对去除赘肉、美化腰部曲线和矫正驼背也有良好作用。

要领:俯卧、大腿搁在"山羊"上,上体悬空前屈,两手抱头,两腿伸直,脚跟勾住肋木横杠或由同伴站在两脚之间用臂夹住两小腿。上体挺身抬起,直至最大限度为止,成反弓形时稍停,然后上体下降,还原成预备姿势。如此重复。可徒手或负重练习。抬起时吸气,下降复原时呼气,如图 2-6-2 所示。

提示:伸展充分,抬起略快,放下还原时要慢,注意力集中在腰背肌群。

图 2-6-1 俯卧两头起　　　　图 2-6-2 俯卧挺身

3. 直腿硬拉

作用:以锻炼骶棘肌为主,同时对发展背阔肌、冈下肌也有一定作用。

要领:两脚站距与肩同宽,两腿伸直,上体前倾,挺胸抬头,紧腰,两臂伸直握杠,手背向前,握距略宽于肩。用腰背和腿部相协调的伸展动作,使全身慢慢站直,并把横杠拉至触及大腿上部为止。接着用腰背肌肉力量控制向前下屈体,放杠铃到最低点而未触及地面时稍停。如此重复。素质较高者还可进行负重挥举练习。用力前吸气,将杠铃提离地面,使身体充分伸直后再调整呼吸,如图 2-6-3 所示。

提示:拉起时用力不可太猛,以免受伤。手只起握杠作用,要把主要力量集中在腰背部。臂腿要保持伸直,前屈时尽量弯曲,杠铃不触地,抬起上体时可稍后仰。

4. 俯身展体

作用：主要发展腰背肌群力量，健美骶棘肌等腰部肌群，去除赘肉、美化腰部曲线。

要领：肩负杠铃，两手握杠，手心朝前（手可以握住杠铃片），两脚开立与肩同宽，上体保持挺胸姿势，背部收紧，先慢慢向前弯曲约成90°，稍停，然后向上还原至站立姿势。如此重复。素质较高者还可进行负重俯身转体弯起练习。前屈时呼气，还原时吸气，如图2-6-4所示。

提示：两腿伸直，膝关节紧锁，前屈时慢，还原时略快。

图2-6-3 直腿硬拉　　　　　图2-6-4 俯身展体

5. 负重体侧屈

作用：主要发展和健美腹内、外斜肌、髂腰肌群，减缩腰腹部多余脂肪。

要领：两脚左右开立与肩同宽，上体正直，一手直臂提哑铃或壶铃置于体侧，另一手屈肘在头后抱住头的异侧。随后，身体先向手握哑铃或壶铃的一侧屈体，直至最低位，再起立向另一侧屈体，直至最低位。如此重复。直立吸气，侧屈到最低点时呼气，如图2-6-5所示。

提示：身体不得前倾，腿直膝紧。手只起提铃的作用，不得用力上拉。

6. 侧卧弯起

作用：主要发展和健美腹内、外斜肌，减缩腰腹侧脂肪。

要领：侧卧在凳子（或垫子上），上体悬空，两手抱头，两脚伸入钉在凳子上的皮条圈内或由同伴按住双脚。随后上体向侧上方弯起至最高点，稍停后。接着上体慢慢下落还原。如此重复。左侧练完，再练右侧。弯起时吸气，下落还原时呼气，如图2-6-6所示。

提示：器械和身体要固定好，侧弯起时不要转体，身体各部紧张，弯曲要充分。

7. 负重转体

作用：主要发展和健美腹内、外斜肌、髂腰肌及骶棘肌群，减缩腰腹部脂肪。

图 2-6-5 负重体侧屈

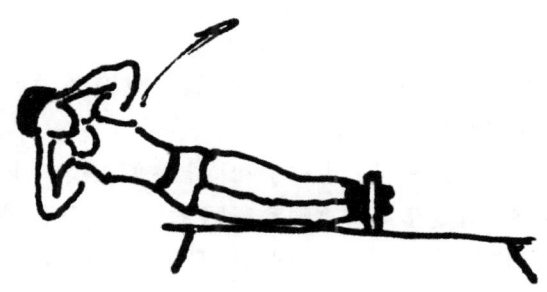

图 2-6-6 侧卧弯起

要领：两脚左右站立与肩同宽，挺胸收腹，将杠铃置于颈后肩上，两手抓住杠铃片。随后，用腰腹力量带动上体和杠铃先向左、再向右转体。如此重复。水平较高者，还可进行负重旋转和负重屈体左右转体练习。自然呼吸，不要憋气，如图 2-6-7 所示。

提示：动作平稳而缓慢，左右转动时脚跟不得离地。旋转时会产生一种离心力，此时应用腹内、外斜肌的力量加以控制。

8. 俯卧转体挺身

作用：主要发展骶棘肌、髂肌、下腰背部等肌群力量，减缩腰背部脂肪。

要领：同俯卧挺身，只是抬体挺身的同时，要使躯干转体 90°左右，并左右交替扭转上体。抬体时吸气，下降时呼气，如图 2-6-8 所示。

提示：转体后稍停，放下复原时慢，使上体扭转充分。

图 2-6-7 负重转体

图 2-6-8 俯卧转体挺身

二、锻炼腹部肌群的常规练习

1. 仰卧起坐

作用:主要发展腹直肌上腹部肌群,减缩多余脂肪,美化腹部曲线。女性经常做仰卧起坐,能预防子宫疾病。

要领:仰卧起坐可分为徒手和持器械两大类。徒手仰卧起坐分平姿仰卧起坐与斜板仰卧起坐,平姿仰卧起坐又有直腿和屈腿之分。平姿和屈腿仰卧起坐就手臂所置的部位而言,又有屈臂于胸前、直臂于头上方两侧、双手抱头和两手放于体侧4种。平姿和斜板仰卧起坐又都可持器械进行练习。初练者应先易后难,即先做徒手动作,后使用器械。这里以平姿仰卧起坐说明动作方法。

仰卧在地板、垫子或平凳子上,两腿伸直并拢,脚勾住凳子上的皮带或叫同伴按住脚背。两臂在头侧上方伸直。用腹直肌收缩的力量,使上体向前坐起,尽力将头接近膝部。接着上体后仰还原成预备姿势。如此重复。在向后仰卧的过程中开始吸气,当上体逐渐抬起至腹部有胀感时快速呼气,如图2-6-9所示。

提示:起坐时可快些,上体保持挺胸收腹,仰卧时稍慢,两腿保持伸直(开始练习时可以先在地板上做仰卧动作,如感到还有困难时,可借助两臂向上摆动的惯性,使上体坐起,等有一定基础后,再逐渐加大难度,如双手抱住头、仰卧斜板和颈后加重等)。

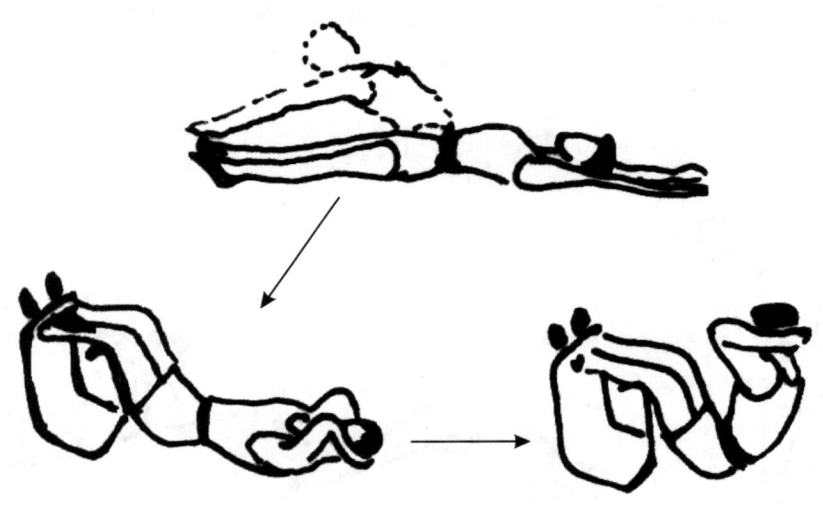

图2-6-9 仰卧起坐

2. 仰卧举腿

作用:主要发展腹直肌下部和髂腰肌及腿部肌群,减缩腹部多余脂肪。

要领:身体平卧在垫子(或仰卧在斜板上,注意头高脚低),两腿伸直(也可屈),两手抓住上背后的垫子(或斜板)上端。上体不动,收腹举腿至垂直部位,稍停。收紧腹肌,然后慢慢回落,当两腿下落快要接近垫子或斜板面时再重复上举。上举时吸气,放下还原时呼气,如图 2-6-10 所示。

提示:上举时快,放下时稍慢,注意力集中在下腹部肌群发力,上体和臀部不要抬离垫子。为了降低动作难度并延长运动时间,也可采用两腿轮流上举练习。

3.仰卧两头起

作用:主要发展和健美腹直肌、髂腰肌,减缩腹部多余脂肪。

要领:两头起有直臂、直腿两头起和屈腿、抱头两头起。这里以直臂、直腿两头起为例。仰卧,两腿伸直并拢,两臂向上伸直于头上两侧,手心向上。上体和两腿同时向上举起,两手拍脚背,也可两手在两膝后击掌。两腿尽量向胸部靠拢,然后上体和腿回落,快要接触垫子时再又快速上举。如此重复。用力时(亦可用力前)吸气,还原时呼气,如图 2-6-11 所示。

提示:动作过程应尽量慢些,还原过程要用力控制。手脚相触时稍停最好,初学者频率可慢些,动作熟练后再逐渐加快动作频率。

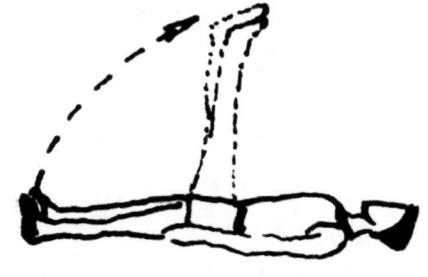
图 2-6-10 仰卧举腿

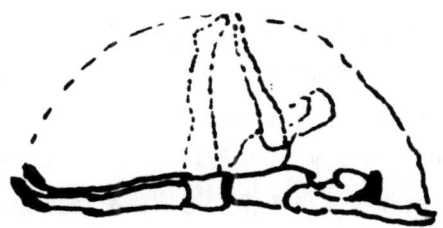
图 2-6-11 仰卧两头起

4.悬垂收腹举腿

作用:主要发展和健美腹直肌、髂腰肌等肌群,减缩腹部多余脂肪。

要领:两手正握单杠略比肩宽,两臂伸直,身体悬垂,两腿伸直并拢。腹肌收缩,两腿保持伸直向上举起,稍停,然后两腿慢慢下放还原。如此重复。用力收腹前吸气,还原时呼气,如图 2-6-12 所示。

提示:举腿时不得先做预摆。可直腿上举,也可屈腿上举,上举速度稍快,放下时缓慢控制。直腿上举时脚背尽量靠近单杠,屈腿上举时,大腿尽量触胸。

5.仰卧双腿绕环

作用:主要发展和健美腹内、外斜肌,减缩腹部多余脂肪。

要领:仰卧,两臂在头后伸直(或抓住头后侧的垫缘),两腿伸直并拢,沿逆时针方向,经头绕一大圈至开始位置,使整个腹部受到锻炼,还可以沿顺时针方向绕环练习。因为动作幅度大,最好采用自然呼吸的方法练习,如图 2-6-13 所示。

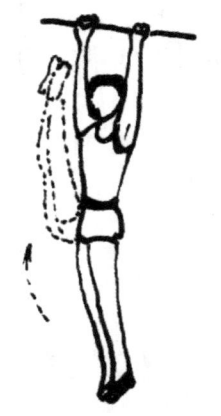
图 2-6-12　悬垂收腹举腿

图 2-6-13　仰卧双腿绕环

提示：准备活动应充分，以免发生损伤。初学者练习时，两手可抓住垫子边缘进行练习。

三、腰腹部肌群锻炼方法建议

(1)在男子健美体形匀称发展的要求中，腹部肌肉线条是体形美的主要部位。所以，腰腹部的锻炼除了减缩多余的脂肪之外，主要是发达腹直肌和腹外侧肌。

(2)女子腹部的锻炼应根据不同的训练要求，采用不同的训练方法

对重点减肥者：应包括腰周围的上腹、下腹、腹侧、腰背甚至胸部、臀部和大腿上部等部位的锻炼，每周安排5～6天训练，每次训练课至少60分钟以上，并以有氧运动为主。各部位的训练组数和次数也应相应增加。有条件的人每天还可练习两次。

对较瘦者：则采取加强重点部位锻炼的方法，以达到丰满体形、增强内脏器官机能的目的。对外形原来就比较匀称者，则以加强力量和肌肉弹性的练习为主，使其能达到增强体质、保持其健美体形的目的。

(3)腰腹肌的健美锻炼应与发达其他部位肌肉的锻炼严格区别开来。特别要注意：每次课应选择2～4个动作；练习的组数为3～5组；每组的次数不得少于20次；间歇时间最多不超过30秒；每周至少安排2～5天。动作频率稍快；初练时动作难度要求不必过高，从徒手到持器械，有一定基础后不断增加训练难度和增加器械的重量。从运动生理学的能量供应与热量的消耗来说，腰腹肌的锻炼应安排在每次训练课的最后，这是使腰腹健美的关键。

第七节　健美臀部肌群的锻炼动作

臀部是人体背面审美的焦点，是男性健和力的象征，是展示女性魅力最生动、最丰满的部位之一。女性的臀部、乳房和腰部是构成躯体曲线美的三大要素。高耸的胸部和后翘的美臀构成一种上下呼应关系，通过腰的柔和连接，交织成一曲起伏跌宕、丰满圆润的"三乐章"，形成女性形体的韵律美，尤其臀部和髋部更是人体的重心所在处。男性的臀部则应有丰满、鼓胀、富有弹性和立体感的肌肉群。显现出男性的强健的力感和阳刚之气。女性若要使体形丰

满、匀称、苗条,让臀部获得理想的曲线,必须与腰、腹、腿的训练结合起来,因为女性的肩、胸、腰、腹、臀、腿的曲线共同构成了"女性人体美"。如果臀部干瘪、无肌肉弹性或臀部太小,通过系统的训练可使臀部肌肉发达起来,并逐渐塑造成丰满结实的臀部;反之,如果臀部肥大或松弛下垂,亦可以通过健美训练加以修塑。俯卧直腿后上举、负重弓步蹲等练习是美化臀部曲线的最好方法。

一、锻炼臀部肌群的常规练习

1. 俯卧后举腿

作用:主要发展臀大肌及背肌和股后肌群,美化臀部曲线。

要领:上体俯卧在跳马或高长凳上,两手抓住马身或凳边,两腿并拢伸直,自然下垂。而后背肌、臀大肌用力收缩,两腿膝关节保持伸直,向后上方举起,至大腿与俯卧物水平面的夹角在30°左右为止,稍停,接着两腿慢慢下落还原。如此重复。腿后上摆时吸气,还原时呼气,如图2-7-1所示。

提示:两腿伸直绷紧,尽全力收缩后上举,下落时控制缓慢还原。

2. 俯卧交替后举腿

作用:主要发展臀部肌肉及力量,减缩多余脂肪。

要领:俯卧在垫子或长凳上,双手抱握器械两侧或置于垫面,然后伸直两腿交替用力向后上摆起,直至最高位,还原后再做。自然呼吸,如图2-7-2所示。

提示:上摆时尽力向上举腿至极点,然后慢慢放下,通过退让性动作来发达臀部肌肉。能轻松完成者,足部或小腿可绑上沙袋练习。

图2-7-1 俯卧后举腿

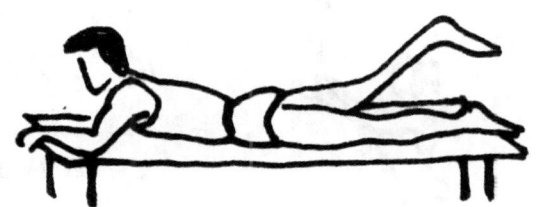
图2-7-2 俯卧交替后举腿

3. 站姿直腿前举、外侧举、内侧举、后举

作用:主要锻炼臀部和大腿部肌肉群,减缩多余的脂肪层,同时可以塑造臀部曲线。它对促进和改善排泄系统功能有较好的效果。为了达到理想的训练效果,训练者可在脚踝上绑上重物(0.5~2千克)。

要领：由于这4个动作做法简单容易，此略。一般举腿用力时吸气，放下还原时呼气，如图 2-7-3 所示。

提示：上体始终保持挺胸收腹直腰姿势，不准前后左右摆动借助力。注意力应集中在髋关节上。用力点（意念）在臀部和大腿部的肌群，膝关节和足弓部必须绷直，不准弯曲。直腿举起和放下，动作要平稳稍慢些，不要利用大腿摆动的惯性举起。

4. 站立支撑后摆腿

作用：主要发展臀部、腰背部肌群，减缩臀部多余脂肪；防止臀部下垂，美化臀部曲线。

要领：足负重，两手扶墙、肋木或扶山羊，然后向后摆腿至最高处，复原后再做。后上摆时吸气，还原时呼气，如图 2-7-4 所示。

提示：后上摆方向要正，注意力集中在髋关节、骨盆和臀部肌群。直腿后摆起时，头部应后仰，摆腿至最高点，使臀部肌肉群感到彻底收紧，并稍停 2～3 秒，平稳放下，不要依靠惯性摆动。为了达到锻炼效果，可在腿踝上绑上沙袋或重物。

图 2-7-3　站姿直腿前举、外侧举、内侧举、后举　　　　图 2-7-4　站立支撑后摆腿

图 2-7-5　站姿负重伸大腿

5. 站姿负重伸大腿

作用：主要发展臀、腿部肌群，减缩该部多余脂肪，使臀部浑圆丰腴，坚实上翘。

要领：面对臀腿部训练器单腿站立，脚套拉力器，两手扶住固定把手。用力向后上方伸摆大腿（紧张臀大肌），稍停，直腿慢慢放下还原，左右腿交替练习。还可进行负重弓步蹲练习（此略）。用力前吸气，放松还原时呼气，如图 2-7-5 所示。

提示：动作过程中，上体要保持挺直，练习腿尽量向后上伸摆、举，同时向后伸大腿时用力要均匀，注意力集中在臀部肌群发力上。也可以用上述器械进行外展大腿、内收大腿等练习（此略）。

二、臀部肌群锻炼方法建议

胸、腰及臀部是女性曲线美的核心。调查研究表明,腰臀围比例达到7∶10的女性被认为是最完美、最理想、也是最具吸引力的比例关系。修塑臀部并使臀部结实圆凸的最好办法有:一是发展臀部肌肉,如臀大肌、臀中肌和臀小肌;二是减缩全身和臀部多余的脂肪。在锻炼中,对要求达到减缩脂肪、增加肌肉弹性或发达肌肉群的锻炼者来说,由于锻炼部位相同,动作方法基本是相同的,只是试举的重量,练习的次数,练习的组数,动作速度、频率,动作幅度的大小和训练的强度、密度与运动量有所区别。

(1)对重点要求减肥者和增强肌肉群弹性者,应采用最多不超过60%的重量标准(指这个动作能举起最大重量的百分比)进行练习,练习次数可做到极限的最后一次。锻炼时注意力一定要集中在所练的肌肉部位,动作速度、频率可稍快些。

(2)对重点要求发达肌肉者,应采用最高为85%左右的重量标准进行练习,练习次数应比减肥者少些,组与组的间隙时间一般要比减肥者长些,组数要少些。通过一定时间的锻炼后,课程的内容可根据自己的特点进行合理选择,并根据体力和力量的增长情况适当增加试举的重量。

(3)在锻炼课的安排中,一般前3个月选择1~2个动作,每个动作可做2~3组;对重点减肥者还可适当增加。3个月后,除根据自己的特点选择动作外,每次训练课最多不能超过4个动作,每个动作练习的组数和次数可与前3个月基本相同。

第八节　健美腿部肌群的锻炼动作

如果说把人宽阔、厚实的胸部比作是"门面",挺拔、结实的腰部比作是一架"万能轴",那么强健、有力的双腿应视为"中流砥柱"。线条流畅的双腿不仅是健美体格的基础,而且是维持运动和生命活力的有力"武器"。在正常情况下,除了运用外力和机械之外,能使人产生位移的唯一办法是靠双腿的运动,所以腿是组成人体的重要部分。不论男女,大腿应以股四头肌健壮有力、结实丰满、棱角分明、肌肉显著为美;小腿则以腿肚鼓突适中、呈纺锤形的为美,而腓肠肌与比目鱼肌构成的腿肚又是腿部审美的重点。然而,要想双腿既苗条修长和重心高又强健有力,只有积极参加健身健美锻炼,做专门练习才能达到这一目的。

一、锻炼腿部肌群的常规练习

1. 坐姿腿举

作用:主要发展和健美股四头肌。

要领:坐在综合训练器腿举架的凳上,背部紧靠在凳背上,两手抓紧凳子两旁的握把,两腿屈膝,脚踏放在腿举架的斜板上,两腿用力前蹬至两腿充分伸直为止,稍停后,用大腿力量控制,慢慢屈膝还原成预备姿势。一般用力时吸气,放松还原时呼气,重量过大时可适当憋气,如图2-8-1所示。

提示:练习前应根据腿的长短调整好坐凳与腿举架斜板的距离。一般来说,以坐在凳上,屈膝,两脚踏放在斜板上。

图 2-8-1　坐姿腿举

2. 下蹲起

作用:主要发展股四头肌、小腿三头肌和臀大肌等肌群,减缩多余脂肪,美化臀腿曲线。

要领:

(1)前蹲。将杠铃放在胸前做下蹲起立的动作叫前蹲,其要领是两手握住放在深蹲架上的杠铃,屈肘将杠铃放在锁骨上,然后负铃向前走两步,离开深蹲架后保持挺胸直腰姿势慢慢下蹲(两腿可分开或并拢),至大小腿夹角小于90°后再起立,如图2-8-2①所示。

(2)后蹲。将杠铃放在颈后慢慢下蹲而后起立的动作叫后蹲,其要领是两腿左右开立同肩宽,将杠铃放在颈后肩上,双手屈臂在肩外侧抓握杠铃杆,手心向前,挺胸、收腹、抬头、紧腰,平稳屈膝下蹲,当蹲至大小腿折叠时稍停,然后,上体保持正直,挺胸塌腰,两脚用力蹬地,伸腿起立还原成预备姿势。如此重复,如图2-8-2②所示。

(3)半蹲。将杠铃放在颈后下蹲至大小腿夹角成100°左右(或90°以上)叫半蹲,它能负更大的重量,故对大腿股四头肌的刺激作用也更大,同时对锻炼小腿三头肌和躯干的支撑力也有一定作用,如图2-8-2③所示。

下蹲起的呼吸方法较特殊,一般重量轻时,用力时吸气,放松时呼气。大重量时,预备姿势时先行换气,再吸气,同时憋气(不吸满)做屈膝下蹲动作,至完全下蹲稍停时,即做短促呼气和吸气,同时伸腿起立,至还原直立时换气。

提示:加强保护、帮助,防止伤害事故发生。在腰间系一条宽腰带可起到保护和加固腰部的作用。整个动作全过程不得弯腰,起立时意念股四头肌发力。如果在发展股四头肌的同时,还想发展臀大肌和背肌群时,也可采用弓步蹲、持铃(壶铃、哑铃)下蹲,前后持铃(壶铃、哑铃、杠铃)硬拉等动作练习。如果两腿发展不均衡时,还可采取单腿负重(哑铃和杠铃)深蹲或半蹲的动作练习来加以克服。

3. 坐姿腿屈伸

作用:主要发展和健美股四头肌等肌群。

图 2-8-2 下蹲起

要领：坐在综合训练器腿部屈伸架的凳上，两手在体侧后抓住凳边，上体稍后仰，两大腿固定，两小腿放松悬垂，脚背及踝关节勾住腿部屈伸架的下轱辘。然后，股四头肌用力收缩，两小腿向前上方举起至两膝关节充分伸直为止，稍停，然后仍用股四头肌力量控制使小腿慢慢下放，还原成预备姿势。如此重复。亦可采用绑沙袋、穿铁鞋的方法在凳子上练习。用力时吸气，放松时呼气，如图 2-8-3 所示。

提示：负荷要适当，以免引起损伤，伸膝要缓慢而充分，注意力要集中在股四头肌上，放下时也要慢。

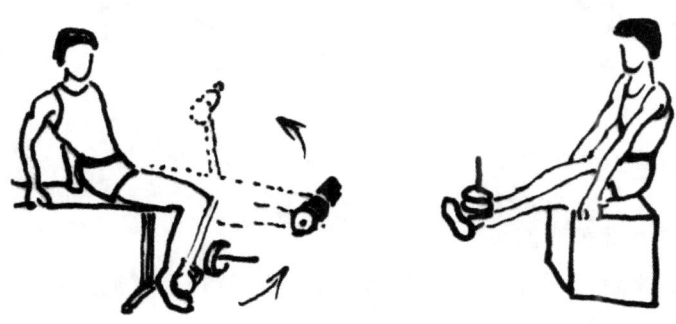

图 2-8-3 坐姿腿屈伸

4. 跨举

作用：主要发展和健美股四头肌等肌群。

要领：两脚骑跨杠铃，左右脚间距与肩同宽或宽于肩，屈膝下蹲，上体正直，挺胸、立腰、抬头，两臂伸直于身体前后，双手正反握杠，开始练习时，两臂保持伸直，两腿用力蹬地，两手将杠铃提起，至两膝充分伸直为止，稍停后，再屈膝下蹲还原成预备姿势。用力时吸气，放松时呼气，如图 2-8-4 所示。

提示：两手只起握抓杠铃作用，不得用力硬拉。整个动作不得拱背弯腰，上体不得扭转，必须保持正直，把注意力集中在大腿上。

5. 仰卧腿举

作用：主要发展和健美股四头肌等肌群。

要领：身体仰卧或斜躺在腿举架的靠背板上，两腿斜上举起，屈膝，两脚掌朝斜上方蹬在阻力板上，两腿用力向斜上蹬阻力板，直至两腿完全伸直，同时尽力收缩股四头肌群，并稍停。然后慢慢屈膝让阻力板下降到预先卡定的高度。如此重复。较轻重量时自然呼吸，大重量则要注意用力时吸气，放松时呼气，如图2-8-5所示。

提示：腿举架上阻力板的下降高度要预先设定并与身高相适宜。

 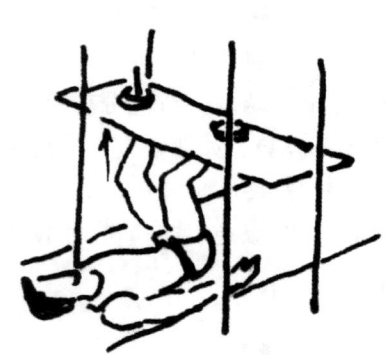

图2-8-4 跨举　　　　　　　　　图2-8-5 仰卧腿举

6. 斜架负重蹲起

作用：主要发展和健美股四头肌。

要领：背靠在斜架蹲起训练器上，两腿并拢，屈膝下蹲（尽可能蹲得深些），接着两腿用力伸膝蹲起，向上扛起重力架，直至两腿完全伸直，同时尽力收缩股四头肌群，稍停后。缓慢还原。如此重复。伸腿前吸气，伸直时呼气，并注意根据需要调整呼吸，如图2-8-6所示。

提示：在完成动作过程中，上体必须保持挺胸、收腹、紧腰的姿势，不准松腰弓背。下蹲时要缓慢，使股四头肌在紧张的状态中逐渐伸长，直至两腿呈全屈膝蹲状态。蹲起时，腰臀部要有向前顶的意识，不准利用屈膝反弹力量做伸膝蹲起动作。伸腿起立至两腿伸直时，必须使大腿股四头肌群彻底收紧。

7. 俯卧腿弯举

作用：主要发展心股二头肌、半腱肌、半膜肌及臀大肌等肌群，减缩多余脂肪，美化臀腿部曲线。

要领：上体俯卧在综合训练器腿部屈伸架的凳子上，两手抓住凳边，两腿伸直，脚后跟勾

 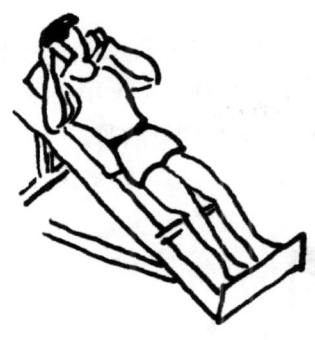

图 2-8-6　斜架负重蹲起

住屈伸架的上辊辘。慢慢地尽量屈膝弯举,当屈至不能再屈时,保持此姿势数秒,并尽力收缩大腿后肌群达到高度紧张状态。然后慢慢下放还原成预备姿势。如此重复。小腿向上弯举时吸气,放下还原时呼气,如图 2-8-7 所示。

提示:后肌群收缩时屈腿要充分,放下时要缓慢。

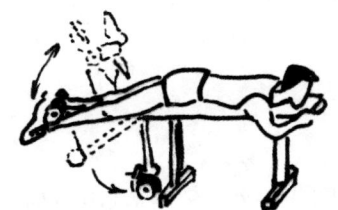 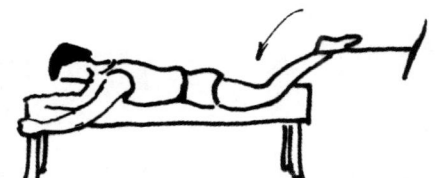 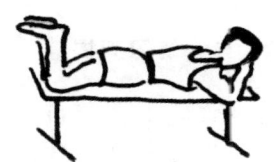

图 2-8-7　俯卧腿弯举

8. 对抗弯举

作用:主要发展和健美股二头肌、半腱肌、半膜肌。

要领:练习者俯卧在长凳上,抬头,两腿伸直并拢,两臂屈肘,两手抓住板凳前端,同伴站在练习者脚的后面,两手分别按住练习者两脚后跟。练习者两小腿同时平稳用力向后弯举,同伴则给以适当的压力,直至小腿完全弯曲为止,稍停。腿部后肌群继续收紧,同伴双手用力,将练习者两小腿向下压,练习者两小腿收缩力量慢慢减小,直至将膝关节压直贴紧凳面为止。如此重复。弯举时吸气,放松还原时呼气,如图 2-8-8 所示。

提示:练习者屈小腿时,大腿保持不动。两人要相互配合,同伴所给的压力适当,使练习者通过努力而能完成动作;同伴用力下压练习者的腿时,练习者腿部收缩用力也应适当。

9. 站姿负重提踵

作用:主要发展小腿后部(小腿三头肌)肌群,减缩多余脂肪,美化小腿曲线。

要领:将杠铃置于颈后肩上,两脚自然开立,两脚掌站在垫木上,脚跟露在垫木外。随后以小腿肌肉群的力量,使脚跟向上踮起,至小腿腓肠肌彻底收紧。稍停后,慢慢放下脚跟还原。如此重复。向上提踵时吸气,放下时呼气(或用力提踵前吸气,动作完成后呼气),如

图 2-8-9 所示。

提示：提踵要充分，不能借助惯性力量向上提踵。完成动作时不要屈膝、屈体，注意力要集中在小腿三头肌群上。初练者可不用垫木，水平较高者可在前脚掌下垫一块5～10厘米厚的木块以加大练习难度，提高训练效果。

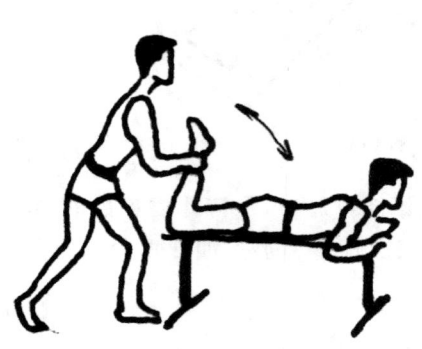

图 2-8-8 对抗弯举

图 2-8-9 站姿负重提踵

10. 练习架提踵

作用：同站姿负重提踵。

要领：斜靠在练习架上，肩部顶住阻力臂，两脚平行直立，两脚相距约10厘米，用力向上跷起，停留数秒，连续做20次左右，主要发展小腿三头肌上部。用力前吸气，静力时停，还原时呼气，如图2-8-10所示。

提示：身体要尽力顶伸，膝、髋、踝一定要伸展到最大限度，并注意小腿三头肌发力。

图 2-8-10 练习架提踵

11. 坐姿负重举踵

作用：主要发展和健美小腿后肌群（小腿三头肌）。

要领：坐在座式小腿练习器上，两手握好把手，然后，用力向上提脚跟至最高点，再复原，如图2-8-11①所示。也可坐在凳上，两脚掌踏在垫木上，脚跟露在垫木外，先在膝盖上垫上毛巾等软垫物，然后将杠铃片或其他重物放在垫上，两手握稳杠铃片，先将脚跟踮起，稍停后，慢慢放下还原。如此重复。脚跟踮起时吸气，放下还原时呼气，如图2-8-11②所示。

提示：举踵要充分，使小腿后肌群充分收紧。要感到重量集中到脚趾上，做动作时脚尖稍稍外分。这个练习能有效发展比目鱼肌。

图2-8-11 坐姿负重举踵

12. 壶铃蹲跳

作用：主要发展和健美小腿三头肌、股四头肌等。

要领：练习者全蹲后，双手握住重物（大壶铃等），然后伸膝、抬上体、屈足、伸脚尖，使身体垂直向上跳起。用力蹬伸时吸气，下蹲时呼气，如图2-8-12所示。

提示：下蹲时尽量臂直、腰直，跳起时下肢各关节充分伸展。除上述动作外，还可采用仰卧腿举足屈伸、骑人提踵、屈足顶杠等练习锻炼小腿三头肌。

图2-8-12 壶铃蹲跳

二、腿部肌群锻炼方法建议

（1）腿部肌肉块较多，从健身健美角度出发，一般以大腿前面的股四头肌和小腿后面的小腿三头肌为主，以股二头肌等肌群为辅。

女子腿部的锻炼是以减缩多余的脂肪、增强肌肉弹性、美化腿部线条为主。男子腿部的锻炼以发达肌肉群、增长肌肉力量为主。下肢肌群能承受的负荷和运动量比其他肌肉群要大得多，尤其是股四头肌。腿部能承担的负荷能力，一般为体重的几倍。

（2）在安排训练时，一般男子在前6个月的训练中，应适当降低动作难度，每次课可安排1～2个动作，大腿做3～4组，小腿做2～3组。在6个月至一年左右，动作难度可适当增加，每次课可安排1～2个动作，做4～5组。一年以后，大腿锻炼一般安排2～3个动作。女子一般可多安排一些徒手和轻器械练习，动作的组数和次数要比男子多，组间休息时间要短些。不论男女，如属于单纯性腿部肥胖者，其锻炼方法，练习次数、组数、负荷、间歇时间等均可按照常规的减肥和体型雕塑方法进行。

（3）腿部力量和肌肉增长有其客观规律，在开始的1～2年内，增长速度较快，以后越来越慢。到了一定程度时，增长曲线往往上下起伏，好像到了生理极限。根据遗传学的研究结果，腿部肌肉力量的极限所出现的时间最高点是受遗传因子影响的。因此，可以说，每个人的生理极限是有差异的。如有些人经常练但腿部肌肉都不会怎么长。在这种情况下就必须采取不同重量、不同站距、不同角度、不同方法等方式进行多组数和多次数的练习。腿部的潜力是很大的，只要不怕艰苦，坚持练习，腿部力量和肌肉都会逐渐地得到增强和增长，一定会获得挺拔、美观、强健、有力的双腿。

第三章　形体训练概述

第一节　形体训练概念

形体训练是以身体练习为基本手段,以发展人体匀称和谐为主要目的,通过徒手或辅助器械练习,增强体质,培养正确的动作姿态,塑造良好形体,促进形成优雅气质的一项健身运动。

在现代社会,形体美一直成为人们追求的目标,越来越受到人们的重视。随着人们生活质量和健康意识的提高,越来越多的人在追求和寻找美体的健身方法,形体训练就是实现形体美的有效健身运动。形体训练是以形态练习、姿态练习、气质练习为主要内容和基本手段,对练习者进行美育教育,塑造优美形体,使身体得到全面发展,培养高雅气质,改变人体的原始自然状态或矫正不良身体形态的一种身心培育过程。

第二节　形体训练的目的和意义

一、形体训练的目的

形体训练是向学生进行素质教育、培养综合能力和塑造优美身体形态的一门基础课。它是以人体科学为基础的形体动作训练,是以改善学生形体动作的状态,提高身体灵活性、协调性,达到可塑性为目的的形体素质基本训练,又是以提高形体外在表现力为目的的形体技巧训练。它为良好站姿、走姿的培养打下了基础。

二、形体训练的意义

形体训练在某种意义上说,与健美运动是相关联的。形体训练在一定程度上和健美运动一样,都是要求外形的优美、身体的匀称。但它们也存在着一定的区别,形体训练包括外形锻炼和内在修养、言行举止等方面,而健美则是锻炼身体的外表。从古到今"爱美之心人皆有之",这就充分说明了每一个人都有美的追求。美的形象、美的色彩和美的旋律,总是给人一种愉快的感受、美的享受,而健壮的体魄则是力的象征。

形体美是指一个人的体态(包括行走、站立、坐姿、蹲姿)、体形(外表和线条),身体是否匀称、优美等。形体训练的意义有以下几方面。

(1)增强体质,培养美的体态及体型。形体训练既是体操美、舞蹈美、音乐美等多方面的结合体,同时也是礼仪礼节的综合练习。因此,形体训练是丰富多彩的,有各种健美动作和组合动作,这些动作有缓慢的,也有柔和的和明快的,因而它是集内外形态训练的全身运动。形体训练不仅对人体诸器官和系统有良好的作用,能增强体质、改进健康状况,同时还能培养优美的体形、优雅的体态,使它们朝着健美的方向发展。

(2)进行美的教育,提高审美能力。对学生进行审美教育,是学校教育的一项重要任务,爱美是人的天性。学生对美的向往和追求表现尤为强烈,他(她)们希望向美的方向发展,用美来点缀自己的生活,而进行形体美训练是进行美育教育的一种良好手段。

(3)能提高人们的内在修养。形体训练不仅是锻炼身体的方式,而且是培养一个人的谈吐、行走等礼仪的方法;通过形体训练,不但得到一个好的身体,而且会获得令人羡慕的好仪态和优美的体态。

第三节 形体训练的特点和作用

一、形体训练的特点

1. 形体训练的群众性

形体训练不同于其他体育项目具有竞争性特点,对参加形体训练的人没有特别的要求。不论男女老少,尽管具不同的年龄、职业、能力、爱好,只要想进行形体训练每个人都可参加,都能选择适合自己身体情况的形体训练内容,达到强身健体、完善体形的目的。因为形体训练不仅能够使身体新陈代谢旺盛,各器官功能得以改善,增强体质,延年益寿,同时也可以有针对性地改善身体某一部分,使体形匀称、协调、优美。所以,各个年龄层次和不同性别的人群都可以参与到其中,根据自身的情况、特点进行有针对性的形体训练。形体训练也因此成为当今深受群众喜爱,易于推广、普及的健身方式之一。

2. 形体训练的长期性

形体训练对人体的健康很有裨益,它可使人的肤色润泽,体格健壮,内脏功能健康,体态优雅。预防、改善和矫正不良的身体形态,这是需要一个长期的艰苦的训练过程,并非靠短短几日的健身就可以造就的,试图通过几次形体训练要达到理想的效果是不可能的,只有通过坚持不懈的长期形体锻炼才能逐步形成正确的身体姿态,长时间保持稳定良好的形体,并能使畸形不良的形体得以纠正。因此,要通过量力而为、持之以恒的形体锻炼及适度的营养和休息才可成就自己理想化的形体美。与此同时,形体训练的长期性也是对自身意志品质的考验和锻炼,使练习者在美体的同时得到内在美的充实。

3. 内容和方法的多样性

进行形体训练所选择的内容、方法和形式多种多样,内容十分丰富。训练的内容有大量的徒手练习和持轻器械或利用器械的练习。基本体操、艺术体操、健美操等体育项目及舞蹈为形体训练提供了丰富的素材。有用于身体局部练习的单个动作或专门动作,也有用于身体全面练习的基本动作、组合动作和成套动作。从练习的形式上,教学中或健身房常采用集体练习形式,另外也可单人或双人进行练习,可站着练习,也可坐、跪或在地上进行练习。从场地器材上,由于练习形式的多样化,对场地器材没有过多,过高的要求,一块空地、一台录音机都可满足练习的要求。练习内容、方法、形式的多样性能激发和调动练习者的兴趣和积极性,收到理想的训练效果。

4. 形体训练的艺术性

形体训练是一种健与美相结合的造型艺术,目标是追求形体美、姿态美、气质美,因此它具有较强的艺术性。在训练中应遵循对称、和谐、统一、节奏和造型等形式美的法则,使身体造型优美,动作舒展而富有节奏。另外,在形体训练过程中,不论是单个动作练习,还是成套动作练习往往都是在音乐伴奏下完成的。节奏明快或舒缓优美的音乐,有利于练习者把握动作的节奏感和协调性,激发练习者的练习欲望和激情,使动作更富美的表现力,并使练习者在自娱自练中陶冶美的情操,培养正确的审美观念,提高对美的感受和鉴赏能力。

二、形体训练的作用

1. 健身作用

经常进行形体训练,不仅有益于肌肉、骨骼、关节的匀称与和谐发展,有利于形成正确的体态和健美的形体,而且可使肌纤维变粗而有力,使其中蛋白质及糖原等的储量增加,使血管更通畅。

从生理健康意义上讲,形体训练属有氧代谢运动练习。经常进行形体训练,能够促进人体的新陈代谢,改善中枢神经系统的功能,提高心血管系统、呼吸系统、消化系统等内脏器官系统的功能,增加机体活动的能力。

经常进行形体训练,还能有效地提高基本的形体素质,如柔韧、力量、灵敏、协调等,对全面提高身体健康素质有着明显的作用。经过系统的形体训练可使身体变得强壮有力,改变心脏本身的物质循环,提高消化系统的功能,改善肾脏的血液供应,增加皮肤血液循环,促进新陈代谢,从而加强人体的防御能力。

2. 健美作用

健美主要是指一要健康、二要符合人体美的标准。车尔尼雪夫斯基说:"生命是美丽的,对人来说,美丽不可能与人体的健康分开。"形体训练不仅可使人获得健康美,还能使人体获得体形美、姿态美、动作美和气质美。

形体美主要是由身高、体重和人体各部分的长度、围度及其比例所决定。身高在很大程度上受遗传因素所决定,但后天的体育锻炼和形体训练对身高仍有一定影响。形体的协调、匀称主要是通过形体训练,使其身体各部分的围度比例得到改善。通过控制肌肉和脂肪这两个可变因素,消除身体的多余脂肪,强健结实必要的肌肉,从而使身体健美。

长期坚持形体锻炼可使少年儿童形成正确的身体姿势;使青年人动作优美、体态矫健;使中年人延缓身体的衰退,保持良好形体;使不良和不正确姿态得以纠正。总之,健美的形体是通过运动锻炼出来的。通过科学、系统的形体锻炼,不仅能增强身体素质,提高健康水平,同时还能减重,保持相对稳定的体重,使形体健美,并能修饰和改善身材不足,使生命力更旺盛,精力更充沛,使学习、工作、生活的节奏更清晰。

3. 健心作用

形体训练是集体操、舞蹈、音乐为一体的健身运动。练习者在音乐的伴奏下,有节奏地完成各种动作,能够陶冶情操,振奋精神,调节心理,产生愉快的情绪,愉悦身心,达到心理健康的目的。

形体训练由各种身体练习构成,通过反复、不间断的训练,获得美的形体、美的姿态及高雅气质的同时,对自己也是一种良性的心理刺激,能有效地激励自己奋发向上,并对情绪和性格产生积极的影响。另外在长期的形体训练中,还必须战胜自己身体上的惰性、娇气、任性等不良习惯,培养坚毅顽强、吃苦耐劳等意志品质,使自己的品格得到升华,逐步形成健康科学、文明的生活方式,使生活质量得到进一步的提升。

综上所述,形体训练是获得形体美的主要途径。通过形体训练可以培养我们热爱生活、塑造最佳的自我形象,增强自信心,为今后步入社会参与竞争、展现才华创造条件。同时,还能使自己从美好自身、完善自我开始,进而去美化生活、美化社会。

第四节 人体形态美的标准

爱美、追求美是全人类的共同心愿,是人的天性。千百年来各个国家或民族,由于物质文明和精神文明的差别,以及气候、地理条件、风俗习惯、生产和生活方式的差异,都有自己传统美的观念。

人对形体美的追求是在生存条件得以极大改善的基础上发展而来的一种审美需要。在市场经济繁荣、社会政治稳定的历史条件下,人处在无忧无虑的积极乐观的状态中,在与自然相互协调中获得审美享受,也就必然把高级形态——人体作为审美的对象。这是健康进取的表现,是社会兴旺发达、国家经济稳定发展的标志。当然,追求形体美的程度也反映了每个人的文明水平和整个国家的文明程度。然而不同的时期、不同的时代、不同的民族、不同的区域、不同的阶层、不同的地位、不同的生活条件,有不同的审美观点,因此评价人体形态美的标准也就不同。它是比较复杂的,涉及因素较多,因此形体美的标准也是相对的。人的美不仅是外表的美,还有内在的气质,是"综合美"在一个人身上的体现。正如苏霍姆林斯基所说:"美——是道德纯洁、精神丰富和体魄健全的强大源泉。"

一、人体的体型美

人体体型美所包含的基本要素为均衡、对称、对比、曲线。

1. 均衡

均衡是指身体各部分的发育要符合一定的比例。例如,头与整个身高,上、下肢与身高及躯干与身高的比例。上、下身的比例一般为5:8,这些比例关系必须符合人正常发育规律的特点。

均衡还指身体的协调。一个协调的体型会给人竖看直立、横看宽阔的感觉。这种协调不仅包含人体各部分长度、围度和体积的协调,也包含色泽、光泽、姿态动作和神韵的协调。

2. 对称

人体的对称是左右对称,从正面或背面看身体左右两侧要平衡发展。在正常的站姿和坐姿时,人体的对称轴一定要与地面垂直。控制人体的对称轴的重要部位是脊柱,脊柱的偏斜、扭曲必然破坏人体的对称。除此之外,两肩、两髋、两膝、两外踝之间的连线都要与地面保持平行。同时,面部器官和四肢也要对称。因四肢长期从事单一工作,或不当的生活习惯形成的不良身体姿势,都会造成身体的不对称,身体的不对称容易影响人体内脏器官的正常发育,对青少年来说,尤为重要。

然而,绝对的对称往往给人以呆板和僵硬的感觉,人的细小部分的不对称,往往会使人生动活泼,如发型、服饰等。

由此可知,对称美和不对称美是相对的,不是绝对的,人们应在社会实践中不断总结美的真谛,为美化人类行为而努力。

3. 对比

在人们的审美观点中,常遇到两种不同的事物并列在一起,由于它们之间的差异和互补,使事物显得更完美。如形体上的大与小、长与短、粗与细、屈与直,节奏上的快与慢、轻与重,行动上的动与静,都可以形成鲜明的反差,相互强调、相互辉映。

人的体型也必须符合对比美的规律。首先,人的体型要符合性别的特征,这是一种隐形的对比,男子需符合男性的阳刚之美,女子需符合女性的阴柔之美。其次,对人的身体还要注意几个重要的对比:一是躯干与四肢的对比,躯干是人的枢轴,应该给人一种稳定的感觉。四肢是人的运动器官,则应给人以灵活的感觉,如果躯干不直,四肢僵硬,只会给人弱而笨的感觉。二是关节和肌肉部位的对比。肌肉部位粗说明肌肉发达,关节部位细说明关节外附着的脂肪少,显得灵活一些。最后,上、下肢的对比。人的下肢是完成各种动作的支撑部位,上肢则是完成精细复杂动作的运动部位。由于功能不同,对比要求也不同,下肢要有粗线条和稳定的结构,上肢则要求有细线条和多变的结构。

4. 曲线

人体形态曲线美的第一个含义是流畅、鲜明、简洁,第二个含义是线条起伏对比恰到好处。人体的曲线是丰富多变的,这些曲线的起伏对比应该是生动而有节奏的。如胸要挺、腹要收、背要拔、腰要立、肩要宽、臀要圆满适度、大腿修长、小腿肚部稍突出、脊柱正常的生理弯曲要十分明显。

男女身体的曲线美要有所不同。女子曲线应是纤细连贯的,从整体看起伏较大,从局部看则是平滑流畅;男子的曲线应是粗犷刚劲的,从整体来看起伏较小,从局部看由于肌肉块的隐现而有隆起。总之,女子的曲线要显示出柔润之美,男子的曲线要显示出力量之美。

二、人体的姿态美

人的外在美,除了人体本身的静态美外,还表现在运动中的动态美。姿态美就是人体几种基本姿态所表现出来的静态和动态的美感,包括站立、行走、坐卧3方面的美感。它要求人的一举一动、一颦一笑都是协调的。坐立时,要优美挺拔,显得精力旺盛;行走时,抬头挺胸,要英姿焕发,刚劲有力;坐卧时,要姿势平稳,规矩端正,舒适大方,这样才能突出人的健康美。人们常说的"站如松,行如风,坐如钟,卧如弓",便是对人的形体美动态的审美要求。人的体型在一生中是不断变化的,相对而言,姿态美更为重要。人不是石膏塑像,是要由空间活动的变化和样式来确定其自身与周围环境的关系,稳健优雅端正的姿势,敏捷准确协调的动作,不仅本身就是一种美的造型,而且可以弥补体型的某些缺陷。

三、行为美

行为美与姿态既有联系,又有区别。行为美既包括了一个人的举止风度的美,更侧重于与道德意义的"善"相联系。培根说:"相貌的美高于色泽之美,雅秀合适的动作美又高于相貌的美,这是美的精华。"评价一个人的行为美与不美,主要看他(她)是否符合社会道德规范,符合者为美,反之为不美。从这个意义上来看,行为是心灵的外在形式,反映心灵的内容,美的行为表现美的心灵,丑的行为表现丑陋的灵魂。

行为美要求人的行为必须符合社会规范,做到相互礼让,敬老爱幼,同情病残,讲究卫生,举止大方端正,自然豁达,不卑不亢,热情而不轻浮,勇敢而不鲁莽,豪爽而不落于粗俗,聪明而不流于油滑,自尊而不自大,谦虚而不虚伪。当人的行为充分显示出"善"时,人们就从这个行为上看到了美。

第四章 形体训练的内容及分类

第一节 形体训练的内容

一、基本姿态练习

人的基本姿态是指坐、立、行、卧。当这些基本姿态呈现在人们眼前时会给人一种感觉,如:身体形态所显示的端庄、挺拔与高雅,给人的印象是赏心悦目的美感(包括日常活动的全部)。俗话说,坐有坐相,站有站样。但是一个人若是光有好的体型,而不注意自己的基本姿态,也不会让人觉得是健美的。由于一个人的姿态具有较强的可塑性,也具有一定的稳定性,通过一定的训练,可以改变诸多不良体态,如斜肩、含胸、松胯、行时屈膝晃体、步伐拖沓等。

二、基本素质训练

形体基本素质练习是形体训练的最重要内容之一,在练习中可采用单人练习和双人配合练习两种形式。通过大量的练习,对人体的肩、胸、腰、腹、腿等部位进行训练,可以提高人体的支撑能力和柔韧性。为塑造良好的人体形态、改善形体的控制力打下良好的基础。形体基本功练习的内容较多,在训练时,应本着从易到难、从简单到复杂的原则;同时也要注意自己和配合者的承受能力,不能超负荷,以免发生伤害事故。

三、基本形态控制练习

基本形态控制练习是对练习者身体形态进行系统训练的专门练习,是提高和改善人体形态控制能力的重要内容,是通过徒手、把杆、双人姿态等大量动作的训练,进一步改变身体形态的原始状态,逐步形成正确的站姿、坐姿、走姿,提高形体动作的灵活性。这部分练习比较简单,个别动作要求比较严格,训练必须从严要求,持之以恒。

第二节 形体训练的分类

从训练类型来分,形体训练可分为舞蹈类、体操类、健美操类、艺术体操类以及瑜伽类、普拉提类、舍宾类等。

一、舞蹈类

通过练习,使学生初步了解并掌握舞蹈类形体练习的基本风格、基本舞步、步伐、动作基本韵律的特点,提高学生动作的协调性、节奏感,培养学生的兴趣。使学生具有健美的身体姿态,而且可以锻炼、抒发和表达感情,美化生活。

1. 舞蹈概述

舞蹈是艺术的表现形式之一,它是通过艺术的加工及人体动作提炼来表达人们的思想情感、反映人们的生活。舞蹈起源于劳动,与文学、音乐、美术有一定的关系,也是人类历史上最早产生的艺术形式。世界上许多民族都有着各自不同风格的舞蹈,它能鲜明地反映人们的思想、生活和信仰。

舞蹈也可以作为现代教育的内容,可以使培养对象具有良好健美的身体姿态,增强审美情趣,提高艺术修养。

2. 舞蹈的分类

(1)民间舞:民间舞一般指各国的传统舞蹈,具有鲜明的民族风格及传统特色。各国历史文化、地理环境、宗教信仰、生活习俗等方面的特点,造成了民间舞的样式繁多,风情醇厚。多彩多姿的民间舞在历史的文化长河中世代生息演变,流传至今。

(2)芭蕾舞:芭蕾舞是法语 ballet 的音译,它具有两层意思,一是欧洲的古典舞蹈,是在欧洲各国民间舞的基础上,经过不断地加工丰富发展起来的;二是指将哑剧、音乐剧等融为一体且表现一段故事的戏剧艺术,称为古典芭蕾。芭蕾的特征是要求女演员穿上特制的足尖鞋,立起脚尖舞蹈。芭蕾发源于意大利,到 19 世纪初期,已成为一门独立的艺术。

(3)古典舞:古典舞是指具有古典风格的传统舞蹈。中国的古典舞蹈大多源于戏曲艺术中,又在民间舞蹈的基础上提炼、加工,世界上许多国家、民族都有各具特色及风格的古典舞蹈。

(4)现代舞:现代舞是创作形式具有自由思想的一种舞蹈,其特点是自由浪漫、不受形式的束缚,以自然的舞蹈动作表现思想情感。

3. 舞蹈的作用

(1)舞蹈是一种美的教育,培养良好的审美感觉。

(2)有利于提高身体素质,增强形体与气质美感。

(3)能培养想象力和创造力、集体观念和竞争意识。

(4)感染人的思想、品质、情感,影响和陶冶人的性格、情操,培养音乐素质,表现和抒发各类情感。

二、体操类

1. 体操概述

基本体操是一种以健康为主要目的的运动项目,通过基本体操练习,可以达到锻炼身体、增进健康、培养正确的身体姿势,提高身体素质及机体工作能力,促进身体全面发展的目的,是广大青少年锻炼的极好内容。

尽管基本体操有几大类,但它们有共同的特点。首先,基本体操具有内容丰富、活动形式多样的特点,能较大限度地满足不同人的锻炼目的;其次,基本体操各个项目的动作及变化非常多,有简单的,也有复杂的,能满足不同水平的人对动作难度的需求;再次,基本体操绝大部分项目对场地、器材的规格要求不高,因此它便于普及。

2. 体操的分类

基本体操的项目内容非常多,大致可把它分为以下几类。
（1）徒手体操：如普及性非常广泛的成人及儿童广播体操。
（2）轻器械体操：如深受广大少年儿童喜爱的跳绳运动,以及实心球练习、体操棍练习等。
（3）专门器械体操：如爬绳、爬竿及肋木练习等。
（4）队列队形练习。

3. 体操的特点

（1）体操的内容丰富,形式多样,易于普及。它可根据不同的要求,不同的年龄、性别、身体条件、训练水平以及不同的设备,因人因地制宜,选择不同的项目与动作进行练习,以达到促进健康、增强体质的目的。尤其是基本体操便于推广,能满足广大群众和青少年的需要。

（2）体操能全面和有重点地锻炼人体。合理地选择项目与内容,坚持锻炼,就能全面地增强各运动器官、内脏器官和神经系统,促进人体全面发展,还可着重锻炼身体的某个部位或发展某种身体素质,进一步提高身体全面发展水平。

（3）体操有一定的艺术性。在体操教学训练和比赛中,对单个动作或成套动作,都要求动作准确、协调、幅度大、节奏感、姿势优美。团体操、女子自由体操和技巧必须有音乐伴奏,再加上体操运动员本身的体型美,能给观众一种美的享受。

三、健美操类

1. 健美操概述

健美操是一项融体操、音乐、舞蹈、美学为一体,通过徒手、手持轻器械和专门器械的练习,达到健身、健美和健心的目的,是具有竞技性、娱乐性和观赏性的新兴体育运动项目。

2. 健美操的分类

目前健美操种类繁多，分类方法也各不相同，根据健美操活动的目的和所要解决的主要任务可分为以下几类。

(1)健身健美操。健身型的健美操是为了提高健康水平和增强体质，达到体态优美、体型健壮等目的。

(2)竞技健美操。以比赛取得优异成绩为主要目的的健美操，可分为单人、混双、三人、混合六人健美操。

(3)表演健美操。目的是在表演中充分展示健美操的价值和魅力，陶冶情操、净化心灵、促进健美操运动的广泛开展。

3. 形体健美操的作用

(1)改善体形体态，矫正畸形。体形主要是指全身各部位的比例是否匀称、协调、平衡、和谐，以及主要肌肉群是否具有优美的线条。体态主要是指整个身体及各主要部位的姿态是否端正优美。如果长时间不注意体态端正，就可能影响某些骨骼的正常生长和发育，如脊柱的侧屈、含胸驼背、缩脖端肩等，直接影响体态美。

形体健美操能对身体某些部位的生长发育产生较大的影响，使关节周围的肌肉发达，从而加强了关节的稳固性。同时由于形体健美操有许多的伸展性练习，它可使关节囊、韧带和关节周围肌肉群伸展性增强，提高关节灵活性。

科学、系统、有针对性的形体健美操可减少肌肉中脂肪含量，达到消脂减肥的目的，从而更有效地改善人体形态，使女性变得体态丰满，线条优美，明朗多姿，秀丽动人。

(2)培养高雅的气质和风度。气质是人表现在活动中的强度、速度和灵活性方面的典型的稳定的心理特征，简而言之，它是一个人心理活动的动力性特征。

风度指人的言谈、举止、态度的良好表现，形体健美操不仅可以塑造人的形体，同时还可塑造美的心灵，只要具备高尚的情操，时刻注意自身的修养，就会逐渐形成一种高雅气质和潇洒的风度。

(3)增强体质，全面提高身体素质。身体素质是指人体肌肉活动中所表现出来的力量、速度、耐力、灵敏及柔韧等基本能力的总称。它是人体各器官系统的功能在肌肉工作中的综合反映。良好的身体素质是体质增强的一个重要表现。为了达到形体健美的目的，练习者可以采用多种综合性的训练手段进行锻炼。这样不仅仅使关节的柔韧性、灵活性、协调性得到发展，同时也可使内脏器官及新陈代谢得到改善，增强心肺功能。由于形体健美操的内容丰富多彩，所以对身体影响较全面，可达到增强体质、全面提升素质的作用。

四、艺术体操类

1. 艺术体操概述

艺术体操是一项以自然性和韵律性为基础，在音乐伴奏下进行的徒手或持轻器械而女子所特有的运动项目,能充分展示韵律、柔美、优雅等女性健美气质。通过各类动作练习,可使女青年的身体全面发展,从而增进健康美、塑造形体美、陶冶心灵美。

2. 艺术体操的分类

(1)一般性艺术体操。动作以自然和协调为基础,目的在于增进健康,提升身体素质,促进形体健美。

(2)竞技性艺术体操。动作是在自然和协调的基础上,以更加精确、优美并具有一定难度技巧的身体与器械动作进行的成套竞技性练习,以提高运动技术水平和参加竞赛为主要目的。器械包括绳、圈、球、棒、带5种。

3. 形体艺术体操的价值

(1)增进健康,塑造健美体形。形体艺术体操与其他运动项目相比,更适应女性的生理、心理特点,它广泛采用各种动力性、造型性的动作,体现女性的气质。适合他们的爱美心理,又能充分利用和弥补女子在生理功能、骨骼肌肉等方面的优点和弱点,因此它容易被女子接受和喜爱。长期进行形体艺术体操练习,能有效地增强肌肉、韧带的弹性,使全身关节灵活、肌肉发展匀称,有利于促进它们的正常发育,增进健康,塑造健美的体形。

(2)促进灵敏、协调素质的发展。形体艺术体操是一项非周期性的连续运动,不仅内容十分丰富,做法千变万化,而且要求各种不同性质的运作连续进行,及时衔接、快速转化,这就要练习者的相应皮质中枢不断地接受新刺激、新信息,不断地建立各种新的暂时联系,因此长期学习能促进神经过程的灵活性。

(3)实施美育教育,提高鉴赏能力。形体艺术体操与美育关系密切,它不仅是体育项目,也是一种通过动作进行自我表现的艺术。它具有自然美,更充满着艺术美,美妙的音乐、高雅的舞姿、雕塑般的造型,以及音乐意境通过运动得到表达,内心情感通过肌肉活动得以抒发等,这一切使练习者深深地陶醉,从美的实践中感受到美,产生美感,不懈追求美感,又促使他们去更多更好地表现美、创造美;对于观赏者,能被优美的形体艺术体操感染,他们的精神被振奋,获得赏心悦目的艺术享受。这样,在创造美、欣赏美、在美与美感的不断熏陶和磨砺中,逐步增强了对美的正确感受、理解,有利于提高鉴赏能力,培养高尚的审美情趣。所以,形体艺术体操是他们美的精神食粮,是实施美育教育的良好手段。

(4)发展智力,培养观察、记忆、想象、思维、创造等能力。形体艺术体操是在大脑指挥下的身体练习。在传授知识技能、增进健康的同时,也按照自身的方式影响着智力发展。形体艺术操教学具有鲜明生动的实践性和复杂多变性。在教学过程中,它要求学生不断努力,识记各种动作的外部形态、技术结构、动作做法、动作要领、动作规格,每个动作的幅度、速度、力度、节奏及人体在空间的方法、运动方向路线的变化、动作间的连接方法、动作次序等,这对练习者的观察、模仿、记忆能力无疑是个极好的锻炼。形体艺术体操教学中特有的创编活动及它与音乐的结合,能大大丰富练习者的想象力,锻炼其思维和创造能力。

(5)培养练习者的个性,完善心理,增强合作意识。通过形体艺术体操练习能培养勇敢、果断、坚韧的意志品质;加强集体意识,同志之间的相互配合、协作,对工作的认真、仔细、责任感,主动性和创造精神;同时能够有效地增强自信心,培养练习者的应变能力。

五、瑜伽类

1. 起源和发展

瑜伽作为一种精神的、意念的和身体的健身功法已经流传了几个世纪,它起源于印度,是古代印度哲学六大正统体系之一。在梵文里,"瑜伽"(yuj)这个词的意思是肉体与精神的和谐统一,字面意思是结合、连接,又是自我(atma)和原始动因(the original cause)的结合(the unoon)或一致(oneness)。瑜伽一万多年以前就存在于印度和世界各地,经过代代相传而发展起来。在印度河流域,即现在的巴基斯坦曾经进行过大量的考古研究工作,在发现的许多资料文献当中都认为shiva君主是瑜伽的创始人,而他的妻子Parvati则被认为是他的第一个弟子。

在古代,瑜伽技术是保密的,从来没有被记载下来或是公开让公众观看,而是由宗教领袖和瑜伽老师用口述的方式代代相传下来。

20世纪60年代,西方国家的嬉皮士们把它介绍给更多的人。在伍得斯托克和黑特·阿什伯利年代,十几岁、二十多岁的年轻人寻找反对现有习俗和反西方的文化,这就促使他们探索自己的世界内在的意义。一向注重及相信医学理论的西方国家,也不得不向古老的东方文明致敬,这不仅因为瑜伽的体位法、呼吸法直接促进身体功能的活跃,冥想法在注重个人意识的西方人眼里更是关心自己心灵的一个方式。

瑜伽在中国也不是新鲜事物。中国的哲学家们肯定很久以前就已经对瑜伽有所知闻了。如果不是在佛教传入以前的话,起码是从佛教传入时就知道了。事实上,瑜伽是全世界乃至全人类的财富。

现代瑜伽作为人类精神遗产被重新得到重视。它代表人体和精神的发展规律。瑜伽健身对人体的各个方面,如生理、精神、情感等都起到良好的作用。了解瑜伽的人们都会喜欢上它,因为它不会给你带来任何的副作用。除了有意识地呼吸以控制心灵之外,在姿势上则以肉体和生理的操作为主,而冥想则是以追求心理和精神为诉求,也就是说,借由呼吸、姿势和冥想达到身、心、灵的追求,同时也成为人们追求形体美的练习手段之一。引领瘦身风潮的好莱坞巨星如麦当娜、方达、詹妮弗·洛佩兹、吉尔纷纷向瑜伽靠拢,使之多一层时尚的外衣,练瑜伽仿佛成为跟随流行脚步的标志。瑜伽风潮的蔓延,从街头巷尾建立了大大小小的瑜伽社团、个人工作坊,到书店非文学类柜台触目可及各种介绍瑜伽的书籍杂志,你还能从网上找到研究瑜伽的社团和信息,可见古老的东方文明至今仍深深影响着世界健身领域。

2. 作用

(1)预防和治疗慢性病。现代社会的工作压力越来越大,人们的心理压力也很大。瑜伽冥想的练习会使人们的内心变得更平静、更平和;没有怒气、没有怨气,减少可能由于紧张与忧虑引起的疾病,瑜伽的各种体位法,可按摩身体内部器官,不仅可促进血液循环,伸展僵硬的肌肉,使关节灵活,还可使腺体分泌平衡,强化神经,起到预防和治疗慢性疾病的作用。

全世界的医疗团体越来越多地推荐哈达瑜伽作为预防和治疗慢性病的方法。这些疾病包括冠心病、焦虑病、高血压、肌肉和神经疾病如纤维肌痛等。

(2)保持身心健康。掌握情绪、强化自我精神、纾解忧愁和抑郁、抗压解疲劳,这是现代生活中每个人不断告诫自己的话,真正活得自在、活得没有烦恼的人有几个呢?心灵是需要不断地强化及净化的,就像人呼吸新鲜空气一样,学习瑜伽,从身体的调息直到心灵净化,这是一连串的连锁反应。人的思想和情感是存在于体内的,借着锻炼和放松身体,身体持续不断地进行瑜伽练习,将意识集中于伸展及强化部位。当身心完全放松、专注于伸展肢体时,体内会产生一种让人心情愉快的"脑内啡肽",安定心绪,逐渐达到"身松心静"及"身心合一"的境界。使用腹式呼吸法可强化腹腔内脏,控制呼吸的快慢,可调整自律神经,控制心率,缓和紧张情绪。

(3)提高身体柔韧性,塑造形体美。瑜伽的姿势能使你身体的每块肌肉慢慢地伸展,给你的身体带来无限的能量。练习中把注意力集中在身体变化所产生的感觉上,体会到身体肌肉的伸展、拉长,防止肌肉组织功能下降,肌肉富有弹性,消除肌肉萎缩和关节僵硬,使肌肉的肌纤维拉长,变细。同时身体的柔韧性得到改善。

瑜伽可塑造体形,能从根本上改变体质。肥胖型的人大都饮食过度,多锻炼腹部姿势可使反常的食欲恢复正常。此外,造成肥胖的原因可能还有意志薄弱等,通过练习瑜伽,让你在面对美食的诱惑时,会有更加好的控制力。对于内分泌失调或其他妇科原因的肥胖,也可借助瑜伽的各种体位法,达到很好的控制效果。

(4)改善内脏功能,促进吸收及消化系统。经常正确地做瑜伽练习,能使交感神经系统和副交感神经系统平衡起来,这意味着受这两个系统影响或支配的各内脏器官不会活动亢盛或不足。瑜伽的姿势也是一种辅助治疗的运动,通过身体的扭转、挤压姿势,可以加强肠胃的蠕动,增强消化液的分泌量从而加强消化与代谢功能,同时使肾脏供血充足代谢加强,对胃病和脊椎病的辅助治疗起作用。配合腹式呼吸法练习可提升内脏功能,促进并调和循环、消化及内分泌系统功能,镇静神经系统。

(5)达到生理平衡,保持青春。瑜伽练习对保持人体生理功能,如调整呼吸、心率、流汗、体温等的平衡很有好处。瑜伽重建人体功能的平衡效果显著。通过有规律地练习,可改善身体的灵活性、平衡性、坚韧性,同时对疾病的抵抗力增强,还可消除疲劳和安定神经,从而使人在睡眠中得到真正的安宁,释放能量让大脑放松,提高身体的敏感度。

瑜伽的完全呼吸能控制身体,使身体处在良好的健康状态,进而促进精神的活跃;还能使人的心情常处于一种喜悦的状态,将对生命向上的活力原原本本地输入体内,使人常葆青春。

3. 瑜伽的基本练习方法

(1)瑜伽姿势。瑜伽姿势的意思是指一个人在身体上和精神上能够保持稳定、平静、超脱和舒服的意思。在瑜伽圣典中说总共有 8 400 000 种不同的瑜伽姿势,代表了 8 400 000 种不同的印度文化。其中 8400 种又是其中最卓越的,84 种是有特别说明的。瑜伽姿势是瑜伽体系中最基本的,除去这 84 种以外,其他的瑜伽姿势就可能会各自有所不同,但是只要你集中精神练习都能学好。

(2)瑜伽的三部分训练过程。记住,在做瑜伽的三部分训练动作时要配合呼吸。

热身运动:按摩肌肉,做些运动来提高体温,为接下来更剧烈的运动和深度拉伸做好准备。运用呼吸可以帮助更好地热身。

体位训练:这是中间部分,"找到你的节奏",并进行全面的瑜伽体位训练,进行训练的时候,可以根据需要调整姿势来放松肌肉,注意:深沉而悠长的呼吸有助于练习者舒服地做到这些体位。

深度拉伸:①拉伸,完全热身和运动之后,肌肉已经可以做更深入的拉伸,保持有意识的呼吸;②放松,在起身之前,必须做放松、平静的呼吸和冥想。

(3)瑜伽的基本技术。瑜伽呼吸是自然而完全的呼吸,正确地呼吸可以加强全身的系统功能,增进健康,增强生命力。呼吸是间于瑜伽姿势与冥想练习中的,吸气比呼气更加强调,因为正确的吸气可以清洁肺部及加速消除体内的毒素。

腹式呼吸:仰卧平躺,一只手放在腹部,吸气时把空气直接吸向腹部,腹部就会鼓起来。呼气时腹部下沉,要慢慢地、深深地呼吸,注意吸气时肋骨是向外和向上扩张的;呼气时肋骨是向下并向内收的。它可以把空气带入肺部最宽最底部,增加呼吸量。

胸式呼吸:仰卧或坐姿,深深吸气,不让腹部扩张,把空气直接吸入胸部、喉咙及支气管。

完全呼吸:是一种自然的日常的呼吸方法,把腹式呼吸和胸式呼吸结合起来完成的。吸气时尽量将胸部吸满空气而扩张到最大程度,双肩可略微提起,胸部也将扩大,腹部会向内紧收。呼气时先放松胸部,然后放松腹部。有效地交换体内所需的氧气,加强排泄体内的废弃物,滋养身体的每一个部分,减慢心率增强肺活量和耐力,按摩内脏。

口吸式:向内吸气一口,两手拇指按向鼻子两侧充满气,仰头屏住气,低头,停住。抬头,松开拇指,通过鼻孔呼气。增强肺活量,内集中能量,刺激精神系统。有站立、坐式、地面(仰卧)站立和前弯、后仰、侧弯、斜面。

4. 基本要求

(1)配合呼吸,并且深呼吸和有意识地呼吸。

(2)保持良好的态度:具有一个开阔而专注的态度,会让你感到内心的平静。

(3)保持根基稳固:要确保自己用整个脚掌(或腿或屁股)牢固地站在地上。

(4)调整好体位:姿势要使自己感觉良好。

(5)接受意念:身体运动要连贯放松。

(6)冥想:尝试呼吸与集中精神来保持自己进入状态。

(7)严格的饮食习惯:吃要适中,不饿就行,尽量吃清淡、有营养的食物,提倡素食。

5. 注意事项

(1)不要误认为瑜伽可以包治百病,它会对健康人群和恢复期的人群起到预防疾病、强健身体及改善精神状况的作用。

(2)不要鲁莽剧烈地做动作,也不要在猛烈拉扯身体之后马上停下来。

(3)特别注意呼吸方式,以帮助放松和集中精神。

(4) 除去各种饰物,穿着宽松舒适的衣服,以便身体活动自由。
(5) 最理想的场所是在空气流通、清新的、有足够空间伸展肢体的场地。
(6) 不要在吃饱之后马上练习,应该在餐后 2~4 小时练习,或是少食的 1 个小时之后开始练习。
(7) 有高血压或心脏问题,应避免过多站立练习或后弯曲练习。
(8) 有关节错位问题,应避免进行坐姿练习。
(9) 有背部伤痛或脊柱、椎间盘错位等问题,避免做前屈、侧屈或脊柱拧转的动作。
(10) 有眼睛、耳朵、神经、头、颈部、背部的问题或伤痛、月经期、高血压、偏头痛、眩晕等问题时,要避免练习肩倒立或其他倒转身体的动作。
(11) 有膝关节问题,避免进行跪姿的动作或向后弯曲的动作。
(12) 有骨质疏松或背部僵硬,要非常小心地尝试拉伸、拧转或向后弯曲及侧转的动作。
(13) 不要在怀孕期间开始练习瑜伽,如果在怀孕前已经开始练习瑜伽,可以继续练习,但要十分小心,温和地去练习。
(14) 不要急于求成,练习时要将每一个步骤都做准确,循序渐进地进行尝试及练习。
(15) 不要和别人进行比较,要同自己上一次的练习进行比较,以增强自信感。

六、普拉提类

1. 起源和发展

普拉提(Plates)训练法是由德国人约瑟夫·普拉提创立并推广的。最初约瑟夫·普拉提为了克服身体的疾病、恢复健康,糅合了东方和西方不同的运动概念,创立了一种结合东方的柔韧和西方的力量两者的优点的锻炼方式。长期的锻炼过程也使他积累和总结了一套独特的均衡肌体的训练体系,该体系传播速度极快,并受到越来越多的人的认可和欢迎,也被芭蕾、体操等相关项目列为特殊的训练方法。它最初被用来给运动员和病人进行运动功能的恢复理疗,后来逐渐发展成为一项健身运动。这项运动运用意念来指导运动,进行调身、调心,同时对减脂、改善身体姿态有神奇的效果。近两年,普拉提也在中国兴起。现在,普拉提已演化为一个代名词,泛指所有运用 JOSERH PILTES 动作来锻炼的课程,该课程可以是集体健身课程,或是由一个教练为了纠正某种损伤、肌肉不平衡或其他身体问题而开设的私人训练课程,普拉提集体课是专为在办公室工作的人群设计的,他们由于长时间在办公桌和电脑前工作导致肌肉发展失衡,这种课程主要是针对腹肌、髋肌群、肩、背等部位的肌肉训练。有规律地进行普拉提锻炼可纠正身体姿态,放松腰部颈部,收紧手臂与腹部的松弛肌肉,现在有很多专业运动员也用普拉提练习来避免运动损伤。

2. 特点与功效

呼吸和运动的配合是普拉提训练法的核心,强调了人的呼吸对人体运动的影响。它的每个姿势都要与呼吸相协调。普拉提健身操把东方的柔美和西方的刚毅合二为一,它的动作缓慢清晰,吸收了古老的瑜伽和太极的动作精髓,用节奏把呼吸、冥想、柔韧、平衡有机结合在一起,在达到舒伸身体的同时,又能使心境得到良好的平抚。它特别适合缺少运动、长时间面对电脑和朝九晚五的上班族。普拉提的运动强度不是特别大,但讲究控制、拉伸、呼吸,对腰、腹、臀等女性重点部位的塑造有着很好的帮助,更适合现代女性对形体美的要求,长期坚持训练能够拥有结实的肌肉、协调而柔韧的躯体。

普拉提通过优美、缓慢、简单的大幅度动作锻炼肌肉,使身体更加纤长、灵活、线条柔软而健美;而动静结合的动作安排,使身体既有紧张也有放松,从而加强身体器官的功能,增强身体的柔韧和协调能力。普拉提锻炼的核心部位是身体中段,而现在很多人腹部脂肪较多,可以通过普拉提进行减脂。值得一提的是,普拉提运动相对平和,几乎不会对关节和肌肉产生伤害。普拉提是一种肌肉深层练习,通过一些速度缓慢的动作,较长时间地控制肌肉,达到消耗身体各部位的能量的目的。普拉提最独特的地方在于它把练习重心放到了精神层面上,通过呼吸和精神控制让练习者能面对自己的内心世界。在练习中,还可以借助哑铃、体操棒等健身器材对身体进行训练。普拉提近年来受到欢迎的很大原因,是因为它不受场地限制,拿块垫子,甚至在地板上就能练。它既融入了西方人的"刚",即注重身体肌肉和功能的训练,又融入了东方人的"柔",即强调练习时的身心统一,每个姿势都要和呼吸协调。

3. 正确练习方法

(1)正确的姿势。它是在舞蹈和运动的基础上进行肢体调整,加强身体的功能。正确的姿势是保持腹部和背部集中适当的力量,让肌肉能够支持脊椎。有力的腹部肌肉形成支持脊椎的"力量区域"。当你正确地挺起腹部和背部并加强其他肌肉的用力时,整个身体就达到了自然和理想的状态。这样的姿势会帮助肌肉有适当的运动。因为不是通过幅度很大的动作来完成练习,所以正确的姿势绝对重要,否则就达不到效果,还会疲劳和流汗。普拉提不仅仅能够改善人体的外在形态,它在治疗一些疾病方面也有特殊效果,例如身体肿胀、腰背疼痛、便秘、疲劳、静脉曲张等。

(2)良好的呼吸。要学会普拉提,首先就要学会呼吸。普拉提的呼吸与我们日常的呼吸正好是相反的,它要求运动者在呼气的时候学会运用腹部的肌肉。所有的运动都要基于呼吸,运用呼吸来调节运动。如果呼吸正确,就能够使腹腔肌肉得到充分的激活,并能最大程度地释放压力,这也是普拉提和瑜伽的相似之处。良好的呼吸方式应该是以头脑、身体、精神来进行的,这样可以使练习者的肉体和心灵压力一扫而空。

呼吸的时机必须正确,与我们通常的呼吸不同,普拉提运动要求在用力动作时吸气(这时你的腹部处于伸展状态),而在收紧腹部时呼气。正确的呼吸方法是:①用鼻子吸气,用嘴呼气,讲究呼气的深度,尽可能地运用腹式呼吸的方法;②呼吸的速度不宜太快,与动作的速度基本一致,不要憋气进行训练;③运动时注意呼气,静止时注意吸气,这样可以缓解因肌肉用力而给身体内部带来的压力;④通过控制呼吸,把注意力集中在呼吸上,减少人对肌肉酸痛的敏感度。

4. 简易练习动作示例

(1)动作1:背躺在地板上,颈部放松,保持脊椎的自然弯曲。吸气5拍,慢慢吐气5拍,同时收缩腹部并起上体。

（2）动作2：仰卧在地板上，腹部收缩，并且双脚离地。背部需要尽量贴紧地面，同时颈部放松。呼气时把脖子梗起来，使头部离开地面，同时提膝并靠近上身。

（3）动作3：面朝下俯卧。头顶心向前顶，沉肩。收缩腹部的肌肉，将你的肚脐部抬离地面。在整个动作中你都必须保持这个位置。吸气并且抬头，手臂和胸部离开地面，背部肌肉收紧。呼气后再慢慢放下。呼气时上身躯干静止，将两腿抬离地面，抬到背肌不过度紧张的高度。

（4）动作4：双手撑地，呈俯卧撑的姿势。腹部、臀部收紧，身体躯干呈一条直线，静止20秒。身体中心躯干轻轻地上下移动，抬起、放下，反复做12～15次。

（5）动作5：呈俯卧撑的姿势，和动作4的前半部分一样。抬起左腿，同时吐气，髋关节不能移动。注意：要通过腹部肌肉的收缩来带动抬腿的动作。当你把左腿放下时吸气，再换抬右腿时吐气。确保你的髋部不移动，背部要挺直。还要做到沉肩，并尽可能地伸长颈部。两腿轻轻地交替抬起、放下，保持均匀的速度。这几个动作可以循环练习2～3次。

5. 练习注意事项

普拉提健身运动不受空间的限制，在很小的地方就可以练习，但是由于动作缓慢，加上肌肉的控制、呼吸的配合和身体感受的变化，使本来看似简单的动作做起来有一定的难度，需要有正规的教练在旁边进行引导。普拉提运动可以根据自身的身体感受一周做3次或者天天都做，每次锻炼一般可以保持在45分钟到一个小时之间，由于普拉提运动不属于心肺功能锻炼，所以并没有严格的时间限制。另外，在练习普拉提运动45分钟之前不要进食，运动后也需要半个小时的身体调节，然后才能进食。

七、舍宾类

1. 起源与发展

舍宾是Shaping这项运动的中文名称，其英文含义就是形体雕塑。舍宾的思潮在于美国，而真正的"SHAPING人体美化工程系统"产生于俄罗斯。在欧洲，20世纪70年代末兴起了舍宾运动，开始主要在苏联，后来传遍欧洲，并迅速向世界发展的一种多功能产业型形体锻炼运动项目。

舍宾的英文含义是"塑造人体外形"，该运动是由一批前苏联体育专家同众多学科（如计算机、营养、美学、美容、舞蹈艺术）的专家在体育大众化改革中共同合作、多年研究的结晶。通过形体训练，力量练习以及有氧运动（主要指健身健美操）的形式来改善人体的健康状况与外形。

这是一项由俄罗斯提出的全新运动概念。它基于对现代人体健康及人体美所做的深刻分析，认为现代人正在追求5个层次人体美，即健康、静态形体美（外形、肢体围度、脂肪百分比、皮肤护理等）、动态美（姿势、表情、动作等）、气质美和整体美（包括自身和服饰、发型、化妆的协调配合）。根据这种运动概念，20世纪90年代，俄罗斯运动专家经潜心摸索得到大量科学数据,制成了一套先进的电脑系统,包括人体体形测评、运动处方、营养参谋、Shaping 风格摩登女装设计方法,以及发型、体形匹配设计。在这个软件的辅助之下,开始了"运动+营养+医学+美学"的全新训练。

舍宾运动体系已先后获得七项专利,内容包括人体形体测量评估系统、形体训练程序、方法与运动处方系统、局部软组织训练方法系统、营养指导系统、舍宾风格的时尚女装设计方法系统、发型-体型指导设计系统。

1997 年 4 月,舍宾运动传入北京。在任何一家舍宾俱乐部,新会员首先要接受电脑的测评:电脑评价系统根据人的骨骼类型、遗传条件,把人的体形分为九大类型,并建立各种形体类型的最佳模式标准;之后进行医学、营养、功能形体和运动五大测验。

2. 作用

舍宾就是英语"Shaping"的译音,指的是形体雕塑,它通过电脑测评分别制定出适合个体的"营养+运动+医学+心理学"不同的训练处方,完成从形体美到总体形象美化,从外在姿态美到内在气质美的培养。舍宾形体运动设定的人体健美标准是形体的曲线美和围度的比例美。参加舍宾运动先要做一次身体测试,以后每个月进行一次复测,以便调整训练计划。

舍宾不是一般意义上的运动项目,该运动是由一批苏联多学科专家,吸取了健美运动、体育舞蹈、保健医学、营养学、人体美学等先进成果,应用计算机技术,经十多年的实践研究,所推出的集人体测验评、形体雕塑、形象设计、整体美化于一体的人体美化系统。"要健康更要美丽",人类追求美的境界在不断提高。舍宾将会受到更多人的欣赏。

(1)舍宾全面雕塑构件作用:健康美—静态美—动态美—气质美—整体形象设计。

(2)舍宾的模型标准作用:舍宾的模型标准不是统一的,而是以每个人先天遗传的骨骼结构类型为标准进行设计的。

(3)舍宾的个体训练作用:舍宾训练处方是将形体测评、体能测试、医学测试等信息输入计算机,得到一个完全针对个人的形体训练计划。

(4)舍宾系统的营养处方作用:综合每个 Shaping 参加者的营养测评信息及身体测评、运动处方等信息后,针对个人的形体雕塑和基本健康需要而指定。

(5)舍宾的减肥作用:通过一系列的人体功能和代谢平衡方面的电脑测评,测定个人的身体状况是否需要和能否减肥,以及体脂分布状况。参照每人的不同数据,分别制定一套准确率很高的肌肉和脂肪分布测评方案,为减肥和形体雕塑打下基础。然后通过与传统运动理念迥然不同的舍宾运动来训练,以达到安全减肥。

(6)舍宾的健康促进作用:对于失眠症、精神衰弱、高血压、肠胃病、胃下垂、妇科病等疾病,进行舍宾练习都有一定的康复作用。

3. 练习方法

人的体形伴随年龄的增长、生活条件的改善、饮食结构的变化,往往会不知不觉地发生许多改变,比如发胖、臀大、腰粗、曲背、突腹、四肢变形等,严重地影响形体健美。对于普通人来说,尤其是对于职业上班族,从事一些简易健美运动锻炼加以形体规范,实在很有必要。下面介绍 10 种舍宾的简单训练方法。

(1)调适运动。身体直立,右脚前跨半步,与左脚呈"丁"字形,双臂左右平伸。弯腰向前,左手在右脚前方触地;心中默数 1、2、…、10。身体直立,收回右脚,左脚前跨半步,与右脚呈"丁"字形;双臂左右平伸,弯腰向前,右手在左脚前方触地,心中默数 1、2、…、10。如此,左右两侧弯腰转臂各做 5~10 次。弯腰时上半身保持平衡,脊柱伸展有力,双臂左右摇摆,维持身体平衡,调适肢体匀称。

(2)侧身运动。身体直立,右脚向外,左脚向前,呈"丁"字形,保持站立平稳。双臂向左右两侧平伸;然后,身体向左侧弯 30°,头略转,眼视线随右手臂方向凝视,心中默数 1、2、…、10。身体直立,左脚向外,右脚向前,呈"丁"字形,保持站立平稳。双臂向左右两侧平伸,然后,身体向右侧弯 30°,头略转,双眼视线向左手臂方向凝视,心中默数 1、2、…、10。如此,左右两侧弯腰展臂各做 5~10 次。动作注意挺胸收腹,肩臂展平,锻炼两侧均衡协调,肢体匀称发展。

(3)伸腿运动。身体直立,双腿分开,相距半步,双臂上举。然后,上半身向右侧弯,头与双臂同时向右,右腿稍弯,左腿向右伸直,脚尖着地,心中默数 1、2、…、10。身体直立复原,改为上半身向左侧弯,头与双臂同时向左,左腿稍弯,右腿向右伸直,脚尖着地,心中默数 1、2、…、10。如此,左右两侧侧弯腰伸腿各做 5~10 次。保持伸腿平直有力,臀部紧缩,大腿与小腿肌肉匀称发展,外形丰满圆润。

(4)展臂运动。身体直立,右脚向前跨出一步,与左脚形成"丁"字形。身体上半身平直向前倾俯,左脚跟抬起,脚尖着地,身体与左腿成直线,与地面成 30°,双手臂向身体两侧平伸,双眼目光俯视地面,心中默数 1、2、…、10。身体起立复原,改为左脚前跨一步,右脚跟抬起脚尖着地,身体俯倾,与右腿成直线,并与地面呈 30°,双手臂左右平伸,目光视地,心中默数 1、2、…、10。如此,两侧各做 5~10 次。注意腰背平直,俯倾适度,收腹缩臀,臂腿协调。

(5)俯身运动。身体直立,双手臂在身体两侧左右平伸,左脚站稳,右腿后抬,上半身前倾,同时从胸中呼出"哈!"的声音,稍停,心中默数 1、2、…、10。身体直、正复原,然后,变换方向,改为右脚站稳,左腿后抬,同样的动作再做一遍。如此,两侧各做 5~10 次。注意单腿站稳,上体保持平衡,挺胸收腹,背腰挺直,呼吸流畅。

(6)弓腿运动。身体直立,双手臂在身体两侧平伸,左腿略弓,左脚站稳,支持身体重心。右腿后伸,脚尖着地,保持平衡。身体向左前倾,双臂随之倾斜,上身平直,目视前方。心中默数 1、2、…、10。身体直立复原,然后变换方向,右腿略弓,左腿后伸,同样的动作再做一遍。如此,双腿交替各做 5~10 次,注意弓腿有力,锻炼大腿小腿肌肉,协调四肢,挺胸收腹,保持平衡。

(7)踢腿运动。身体直立,右侧站稳,左腿前伸,用力挺直,左手臂后伸,右手臂前伸,掌心向上,目视右手,心中默数 1、2、…、10。身体直立复原,然后变换方向,左脚站稳,右腿前伸,用力挺直。同样的动作再做一遍。如此,双腿交替各做 5~10 次。注意单腿直立时,重心平稳,力度均衡,踢腿用力,上身平衡。

(8)平衡运动。双腿分开,相距一步,脚呈八字形站立,双手臂在身体两侧斜上方直伸,手指伸直。昂首收颔,挺胸收腹,双腿用力挺直,心中默数 1、2、…、10。行腹式呼吸,心境平和,神态自若,身体直立复原。再按同样的动作重复做 10~20 次。注意身姿匀称,脊柱平直,双腿挺立,呼吸均匀,保持形体姿态平衡。

(9)举臂运动。双脚分开,相距一步,脚呈八字形站立。双手臂向身体两侧平伸。缓慢抬起右臂,略微屈肘,小臂上举,心中默数 1、2、…、10。行胸式呼吸。身体直立复原,然后,双臂变换方向,左臂曲肘,小臂上举,同样的动作重复做一遍。如此,双臂交替各做 5~10 次。注意举臂稍慢,脊柱挺直,同时收腹缩臀,双腿挺直用力。

(10)协调运动。身体直立,右脚向前跨出半步,双手臂在身体两侧左右平伸,这时右腿屈膝弓腿,左腿向后叠起屈膝下弯,呈半跪姿势。左手臂向内屈肘,右手臂向斜上方伸展。身体向左侧倾,头随之稍转,双目视右上方,心中默数 1、2、…、10。身体直立复原,然后变换方向,同样动作再做一遍。如此,身体两侧各做 5~10 次。注意肢体弯曲适度;动作准确,臂腿协调,呼吸均匀。

上述动作需要一次连续做完。可自选一段轻松乐曲,身着弹力体操服,在清晨或是晚间饭后睡前进行,宜隔日一次。每节做的次数亦可按自身的耐受力酌定。经常锻炼有益于规范形体姿态,促进身心健康,锻炼可以延缓衰老,也可以增加与人的接触和交流,任何一种锻炼,既是健身的手段,更是交流的拓展。

舍宾作为高质量的形体雕塑,整体美化设计工程系统可以说在美容界或是运动健身界都是一个先进的科学的可操作系统。

4. 基本要求

舍宾的最佳运动负荷和运动节奏为每周训练 2 次,每次不少于 1~1.5 小时。这是因为人体肌肉和骨骼有 72 小时的恢复期,即运动维持量及脂肪消耗可以达到 72 小时。

5. 舍宾系统的形体测评

舍宾系统的创造者用了近十年的时间,通过大量的人类形态数据的调查和处理,以人类不易改变的骨骼结构特征为依据,将人类分成九种不同的骨骼结构类型,从而解决了人类形体评价方面的世界性难题,并以此为划分基础,在上述九种不同类型的群体中取得标准模特数据。因此模型标准同样也具有广泛的代表性。每个骨骼结构类型的人在舍宾的模特中均能找到自己通过努力即可能达到的标准。

6. 舍宾系统的运动处方

舍宾系统的评测不只是形体评测。为了给出运动训练处方还必须进行体能测试和医学测试。将上述测试的信息加上形体评测信息输入电脑,才能得到一个只属于个人的形体训练计划。舍宾运动,对脂肪的局部消耗和全身消耗兼而有之。另外,也许大多数体脂高的人肌肉内生化环境好,经常运动,体脂率较低的人安静时代谢功率更高。因此,在舍宾的综合治理中,运动处于重要位置。此外,所有减肥方法中通过舍宾系统锻炼改善了肌肉内生化环境的人,由于消除或减轻了体内增肥因素,所以其反弹是各种减肥方法中最少、最慢的。

7. 舍宾系统的营养处方

舍宾运动不提倡单纯的"节食",只有合理的营养调配,即舍宾营养处方。舍宾的营养处方不是一般的营养原则,也不是凭医生和专家经验得出的饮食配方,它是综合每个舍宾参加者的营养测评信息,身体测评及运动处方等信息后,针对每个人形体雕塑和基本健康需要而制定的科学化配餐表。其作用是与运动处方配合起到最佳的形体锻炼效果。舍宾的营养调配的另一层思想就是以人类的自然饮食为基础,各种合成的减肥营养品都只能作为万不得已的辅助减肥用品,因为剥夺人的饮食乐趣是不可取的,也是任何人无法长期坚持的。

8. 注意事项

(1)训练外的营养规则:①建议少吃多餐,每天5次,多吃水果,少吃或不吃高热量的食品;②无论是否训练日,睡前2~3小时不可进食。

(2)训练当天的营养规则:①训练前5小时和训练后5小时不能食用任何动物蛋白质食物,如鱼、牛肉、牛奶等;②训练前3小时,可进最后次正餐,可以食用少量主食及素菜类食物;③训练前2小时,需吃少量水果或新鲜蔬菜;④训练后不得马上饮水,训练1小时后方可喝水,但仅限于白开水、矿泉水、纯净水、无糖茶水;⑤训练后经过3小时可以进行正餐,我们建议最好在吃正餐前先吃些水果,这样可以减轻胃部饥饿感。

舍宾体系的主旨在于要雕塑出人的整体美,以人的健康为中心,在外形、围度、脂肪百分比、皮肤等方面,对一个人进行全方位、综合系统的训练。舍宾的营养系统依托于对个人的饮食、维生素等营养信息的调查,以身体测量数据为基础,形成健康合理的饮食规律,让你通过饮食使自己的曲线变得更迷人!

第二篇

经典健身休闲运动

第五章 徒步穿越运动

第一节 徒步穿越运动概述

一、徒步穿越运动的概念、特点与要求

1. 徒步穿越运动的概念

徒步穿越运动是指参与者携带背包、帐篷、睡袋等装备,借助一定的交通工具,但大部分旅行区域靠徒步行走的一种户外活动。徒步期间参与者可能跨越山岭、丛林、沙漠、雪域、溪流或峡谷等地貌,徒步过程中可以体验到大自然的美丽与危险。

一般的野外徒步穿越:徒步区域风光宜人,地形简单,住宿方便。

典型的野外徒步穿越:是在穿越者比较陌生、地形复杂多变、具有神秘感的地域进行,对徒步穿越者来说是对自我的挑战。因此每一个参加者在出发前都要如实回答以下问题:你身体健康吗?你胆子小吗?在遇到危险时你会退缩吗?在别人需要帮助时你会伸出援助之手吗?……

2. 徒步穿越运动的特点

为什么有如此多的人喜欢这项户外运动呢?主要是因为野外穿越具有三大特性。

(1)富于求知、探索性。徒步穿越者每一次准备穿越活动,都要对徒步穿越地区进行了解。

(2)难度大,内容丰富。徒步穿越活动集登山、攀岩、漂流、溯溪、定向越野、野外生存于一身,是一项综合性强、难度较高的野外活动。

(3)对穿越者的要求较高。徒步穿越者要有良好的心理素质和道德标准,还要有团队精神,乐于助人。同时,穿越者必须掌握相关的知识和技能,并具备一定的天文、地理、生物、物理、化学等知识。

3. 徒步穿越运动的特殊要求

(1)徒步穿越之旅就是亲近自然,做一次环保的旅行是热爱户外运动者最起码的道德标准。保护自然的生态平衡也是大家的一份责任,有句话说的很好:"除了照片什么都别带走,

除了脚印什么都别留下"。所以做一个旅行者,首先应该是个环保者。

(2)旅途中最大的问题就是垃圾处理,所以在徒步过程中产生的不可降解的无机物垃圾请用塑料袋包好,并带回城市处理,对于可降解的有机物垃圾可以就地处理。

(3)另一个就是卫生问题,在自然界就地如厕时要远离水源30米,且在营地下风口,最好在方便地点用土掩埋,以防止气味散发污染。

(4)还有野外用火、袭击野生动物、砍伐树木等都是破坏自然的行为。

(5)了解一些文物保护知识也是必要的,这样可以不购买受保护的出土文物,不有意或无意去破坏那些受保护或尚未开发的历史遗迹。

(6)在某些地区的旅馆,可能会有人以食用野生动物为营利手段,把许多受保护的野生动物搬到了餐桌,如穿山甲、野生蛇类、野生鸟类等,这是应该禁止的行为。其他的问题比如"某某到此一游"之类刻字最好别留下。

二、徒步穿越运动的分类

按照徒步的地域可将穿越运动划分为以下11种。

(1)山地丛林穿越。山地丛林穿越林深路险,行走之前一定要搜集大量的资料,确定详细的路线,最好有向导。穿越其中可以领略到自然的千姿百态,走原始森林、过独木桥、吃野山果、听鸟唱、看山泉瀑布。

(2)沙漠荒原穿越。时常大风骤起、荒无人烟、水源缺乏、气候干燥,行前要在当地了解好情况,是否可以找到水源是穿越成功的关键因素。穿越其中可以领略到一种苍凉之美,也许还可以寻找到古人留下的痕迹。

(3)雪原冰川穿越。寒冷、缺氧,穿着臃肿的羽绒服,大风大雪总是没有预约就来了,行前一定要做好御寒的准备及路线的确定和了解行程中的天气情况。穿越其中可以领略到雪山的纯洁,峰顶在日出日落下的胜景。

(4)峡谷穿越。忽左忽右,道路崎岖,行前了解峡谷的线路是能否穿越出来最为重要的因素,找当地向导,了解谷里情况。穿越其中可以领略到溪流、怪石、奇松、山花营造的绝美风光。

(5)山岭穿越。时而攀越,时而探谷,时而涉溪,行前最好有张山势地形图,带好攀岩的装备,找个向导。穿越其中可以领略到攀岩的刺激、探谷的神秘、涉溪的乐趣。

(6)平原徒步穿越。这些地方主要是一些好的风景区、古镇、遗址等,比较轻松、安全,行前有张地图,便可以走天下。徒步其间可以领略到田园的美景、古镇的古朴、遗址的沧桑。

(7)长城穿越。行走在山脊,行走在前人用血肉筑起的脊梁,行前了解长城的保护情况以及沿途的村落,不要人为破坏当地的环境。穿越其中可以领略到古人的伟大、历史的沧桑。

(8)草地徒步穿越。春天是草地徒步的最佳时节,小心泥潭、沼泽,行前了解徒步区域的情况,找个好的向导最为重要。穿越其中可以领略到野花的烂漫、鸟类的舞姿、田野的空旷。

(9)环湖徒步穿越。它的行程就像圣徒的转山,为了一种信念,为了一种执着,徒步环湖需要准备的就是一张地图和所需的装备,沿湖一般都会有居民,只要了解他们的习俗,很容易相处。环湖徒步可以领略到不同美景,不同的民风。

(10)古道徒步穿越。不用说这是文化之旅,要想穿越它,就得了解它的文化渊源,就得有强健的体魄去应对艰险的行程。穿越其中可以领略到前人的艰辛、历史的足迹以及许多可歌可泣的故事。

(11)江河徒步穿越。完成这类徒步之旅,需要有莫大的勇气和耐力,徒步江河,跨越的地区多,行前一定要了解不同地区的风俗,以及详细的资料。穿越其中你可以领略到大江大河的壮丽和气魄以及天水间的独特风光。

第二节 徒步穿越运动的组织要点

一、要具有极强的团队合作精神

徒步穿越者要具有"一人为大家,大家为一人"的高尚风格。为了一个共同的目标,大家心往一处想,力往一处使,团结互助,共同前进。

在穿越中,集体的力量大于一切,每个人都要通过集体的合作才能战胜困难,共同分享成功的喜悦。集体穿越(两人以上)是体现个人与他人相互协作的能力以及团队合作精神的好机会,一次成功的集体穿越除了要求个人的野外生存技能外,最重要的是团队合作的精神,尤其在恶劣艰苦的环境中,团队精神更加重要。

二、要制订周密的徒步穿越计划

目的明确:活动的目的、日期、集合场地、预计行动、投宿地和紧急联系方式、食物准备、装备准备、参加人员联系方法等,参与者应尽人皆知。

核心得力:确定一个队长,并赋予他相当的权力,有民主也要有集中,这点很重要。

分工具体:负责食品(准备干粮、掌管烹饪),负责工具(清点帐篷、炉具、工具),总管会计费用,负责医护,负责垃圾收集,负责向导开路,负责联系等人员的分工要明细,做到各司其职。

三、要提高和加强穿行队伍的组织能力

(1)人数较多时要注意行进队形,队伍过长容易走失队友或有人出现意外而不能及时发现。

(2)所有装备和给养应根据个人体力好坏及性别做科学分配背负,以便使队伍能保持一致的速度。

(3)如有队员受伤或生病,整个穿越计划必须做出应变,全体放弃或部分人带伤员撤离。

总之,一个好的徒步穿越计划,是穿越成功的一半,在穿越期间,每个队员都要服从队长的命令和履行自己的义务,并乐意帮助他人。

第三节 徒步穿越运动路线图的制作与使用方法

一、利用 GPS 制作路线图

GPS 是 Global Position System 的缩写,即"全球卫星定位系统"。目前 GPS 已经越来越多地运用于徒步穿越和其他探险之中。尤其在地势开阔的沙漠荒野地带,GPS 的航迹路线和航线导航功能发挥着巨大的作用。

二、路线图绘制方法

东经和北纬分别用 X 和 Y 轴标示,按照徒步中各点的 GPS 描述和高程数据将其在图中标出。在各航点的旁边标上徒步地名称和其他重要地点。

缺点是 GPS 只有在接收良好的状态下,其航迹图记录才是一条连续的直线,但在密林之中,或进入高山的阻隔地带等原因,GPS 将无法定位。同时由于地球表面的不规则性,也决定 GPS 的数据存在误差。由于许多带地图的 GPS 无法实现更多的野外某地的地图数据显示,显得非常不实用,城市的地图更是少得可怜。

三、GPS 和地图的使用技巧

GPS、PS(指北针)和徒步地的地图同时使用,可准确定位,减少误差,确保穿越成功。

第四节 徒步穿越运动的方法与原则

一、徒步穿越运动的体能、心理及适应性训练

健康的体魄是你徒步穿越最基本也是最重要的条件,因此在大型的徒步穿越之前,进行体能及适应性的小区域徒步穿越训练是必修课之一。

选择与大区域徒步穿越相类似的徒步地方,这样针对性的训练会加深你对所要徒步之地情况的了解和对装备的要求。从中学会如何选择、使用各种装备及一些野外生存技巧等。

在体能方面做一个严格的训练计划,使自己在耐力、力量上都有所增强。

耐力训练:可以游泳、骑自行车、登山、长跑等。

力量训练:可以每天坚持练俯卧撑、仰卧起坐、哑铃、引体向上等,有条件的话可以去健身房进行训练。

心理训练:可以攀岩、跳水、滑板及做常见险情的应急措施的训练等。

体力分配:徒步穿越,体力是关键,有再多的户外技能,如果体力没有分配好,穿越只能半途而废。一般而言,在穿越途中尽量保持匀速,掌握节奏,按计划休息和进食。如果是集体徒步穿越,要根据大家途中的体力情况及时调整计划,必要时宁可延长穿越时间,避免不必要的体力透支,要为后来不可预见的意外情况保存体力。

二、徒步穿越运动旅行的五大要领

身体：行走是全身运动而绝不只是腿部运动，注意通过摆臂来平衡身体、调整步态。

足部：全脚掌触地，先是脚跟，然后到脚尖。

节奏：最好的速度是边走边聊而不喘，注意脉搏不要超过90～120次/分钟。

呼吸：调匀呼吸，避免岔气，一定要深呼吸。

背部：沉肩，保持背部挺直，用腹部深呼吸。

三、徒步穿越运动的行走原则

徒步穿越靠的是双腿行走，因而在行走上同样有一些科学的方法。这些方法都是为了节省体力且多行路及安全行走的原则。

(1)起步宜缓。在乘车期间人是处于低能耗状态，人体机能基本处于"休息状态"，如果一下车就开始剧烈运动会引发机能平衡失调。

症状：心慌、头晕、缺氧、无力等症状，严重的甚至会导致休克。

措施：应就地休息及做一些小的适应性活动，至少应在1分钟以上，尤其在高海拔山区，开始必须慢行，让机体逐步适应运动状态，然后才可加快步伐。

(2)大步行进。大步行进是指在旅途中比平常的步幅稍大的行走，其作用是在总体上减少步频，而最终节省体力。行走，是通过人双脚的摆动做功而达到人体的位移。在单位路程上减少双脚的摆动，就降低了人体体力的消耗，这是有科学根据的。

(3)保持间距。集体行动多数情况下都会列队行走，从安全角度出发，队伍中队员之间应当保持一个合理的间距，一般是2～3米，不论是在平路还是在坡路上。由于队员中可能总会有人因各种原因暂停一下，如系鞋带、脱衣服、喝水等等，有一个间距，暂停队员的行动就不会影响他人；如果此人的暂停原因需要较长的时间，应当有人陪伴着他（她），并通知前队（方）人员注意，一定时间后如果暂停人员没有跟上队伍，应停止前进，分头寻找。这又有一个安全距离要求，即暂停人员同队伍的安全距离，在白天，一般以10分钟以内的行程为宜，夜晚在5分钟以内。

(4)精力集中。队伍在行进中，大家应当养成一个良好的习惯，即集中精力行走，不要边走边说笑，打闹。在爬坡及平路中应尽量少讲话，更不能大声地唱歌，这同样会消耗体力；在下坡时不能边下坡边观看风景。同时在整个行动中不要把工作及生活中的一些思想包袱及问题、烦恼带来，这样会出现走神及成为影响队伍整体情绪的一些不良因素。出来就是放松、就是忘却，这不仅是精神的需要，同时也是安全的需要。

(5)雨天行走防黏泥。雨天走在泥泞的道路上，最头痛的就是泥土黏脚的问题。如果能向当地农民买到草鞋就比较幸运，因为，草鞋比其他的鞋不易黏泥，且在爬坡时可以起到防滑作用。买草鞋时尽量买大的，可以套在自己的鞋外。如果没有草鞋就只好时不时地刮泥巴了，还要将鞋带系紧些，有些泥坑会将鞋子黏脱下来。在泥地里爬坡时最好用上鞋耙子或手杖。

(6)重心应稳定。在运动中，我们必须学会掌握好身体的重心，才不至于出现摔跤等情况。对于登山上、下坡及其他一些特殊情况(如过独木桥)的重心问题就有必要学习掌握了。

(7)上坡与下坡要防滑。登山上、下坡是最为常见的行走活动,上小于45°的斜坡时,一般不用借助任何工具,直接用双脚就可完成。上坡时人的重心应在脚的前掌部位,人的身体应稍微向前倾,如果是大于45°的坡,还要借助双手攀援路边的可以用的支点(如灌木、岩石等),或者借助登山手杖(用拐棍同样可以代替)。下坡时应当将重心放在后脚前端,同时降低重心的高度,即身体稍微下垂(脚部稍微弯曲),尤其在坡度大时。上、下坡应当走"之"字形,避免直线上、下,以防摔滑,这是一种安全的登山技术。

(8)过独木桥可借用保护绳竿。在不少山乡的小溪上总是铺架着独木桥,这些独木桥一般是用一两根木头并排架起来,走起来还会一闪一闪的,对于都市人来说是有点悬。过独木桥的最好方法是借助一根竹竿来调整重心,脚呈外八字,眼看桥头或前方,不要看脚下,尤其是溪流急的情况下,这是一种简单的方法。如果队伍带有绳子,且队员比较多,可以先过去两个人(同时将绳头带过去),在溪流两岸拉上一根或两根保护绳,绳子两头绷直或者拴在两边的树上,就可以大胆地通过了。

(9)过栈道要胆大心细。这里指的栈道是一些峡谷边的窄路,一边是河谷,一边是峡壁,道路只能一次通过一人的栈道。通过时,身体重心要放低,要贴近峡壁一面行走,重要的是要细心大胆。

四、徒步穿越运动的休息原则

不论是登山还是徒步旅行,中途休息是正常和必要的,但休息也应当讲究方法,而不是由着自己的性子来。这不仅关系到整体队伍,同时也是一个科学的休息原则。中途休息一般应是长短结合,短多长少。所谓的长短结合,即短时间的休息同长时间的休息应保持一个合理的度。短休息是指途中临时的短暂休息,这种休息一般时间短(控制在5分钟以内),并且不卸掉背包等装备,以站着休息为主。这种休息可以多一些,但时间短。长时间的休息同样需要,平路旅行一般2小时一次,一次可在20分钟以内,长时间休息应卸下所有的负重,先站一会后才能坐下休息,不能马上坐在地上。休息期间,可以自己或者相互按摩一下腿部(尤其是小腿)、肩部、颈部等部位的肌肉,同时可以活动一下四肢。休息是积极的,而不仅仅是躺倒休息。

五、徒步穿越运动的合理营养

如果在较长时间的野外穿越中,不能保证体力和营养的平衡,因体力消耗大,排汗多,这样人体很容易出现盐分缺失、电解质失调、营养不足等现象。那样会严重影响体力和健康,有时甚至是很危险的,因此要及时补充养分。

在山野里,虽然不能带很多食物,但合理的营养搭配是很重要的,以下是一些山野营养提示。

(1)携带牛肉干、巧克力等高热量营养食品以备不时之需。

(2)携带维生素合成药片,每日一粒。

(3)每天要补充盐分,吃些含盐食品,如榨菜等。

(4)果珍冲剂是不错的电解质平衡饮料。

(5)装几颗水果糖在随身衣兜,在饥饿和极度疲劳时用得上。

(6)如果遇到村庄或旅店最好休息下来,吃点素菜和肉类很是必要,并及时补充食物。

(7)如果在山野丛林认识一些野菜或野果的话,也是很不错的营养补充,但前提是一定认识,不可冒失尝试,切记!

(8)你如果背负25千克左右的背包,每天徒步7~8小时,应摄入大量高碳水化合物、低脂肪类的食品,因为热能的60%~70%是碳水化合物,而30%或更低是脂肪类的食品。夏天,一般健行者每日流失的水分近7升,所以每日能进食总量近6克的盐分是最佳的选择。

六、徒步穿越运动的饮水方法

1. 取水要求

在徒步穿越时,如预知补水困难就应带足饮用水,每人每天2~3升。如果途中的溪瀑、江河、湖塘可取水,一定要先观察其污染情况,如:水附近有无人畜活动、有无动物尸体、有无粪便及其他污染物。水中有大量泥沙时要使水沉淀10分钟以上。蚂蟥多的地区,打水时要用敞开或透明的容器,以便能及时发现水中是否有蚂蟥。

2. 脱水症状

轻微:黏膜干燥,微感口渴,脉搏速度正常,尿液呈深黄色。

中度:黏膜相当干燥,口渴,脉搏速度加快但弱,尿液呈暗黄色。

重度:黏膜如纸般相当干燥,口渴,昏睡,脉搏速度加快但弱,呼吸急促,无尿液与泪水,皮肤苍白。

3. 防止脱水及补水方法

每日清晨饮用约0.5升水,运动期间维持250毫升/15~20分钟。雪地与身处高海拔需更多的水分。避免常喝酒、咖啡与茶。

冷水的吸收程度较温水高,当上坡流汗量很高时须随时补充,主要看尿液的色泽。一般的登山运动消耗水分的补充方式最好是每次250毫升/15分钟,若加入6~8克的糖类(尤其是葡萄糖),能更快更好地提供热能与改善身体状况。电解质如钠、钾会随流汗流失,可以饮用运动饮料补充,维持体内平衡,当然盐分也有此功能,但不能吃太多,某些饮料不适合饮用,如:酒类,它会强迫细胞释放出水分,而果汁则太甜。

4. 饮水注意事项

(1)缺水地区饮水要按计划分配饮用。除特殊情况外,在找到水源前绝不要把水饮尽。

(2)野外取水后,有条件务必使水煮沸后(煮沸5分钟)再饮用。

(3)有条件的可以带过滤器和净水药片以替代无法加热的情况。

(4)在缺水地区长时间活动,应学习其他野外采水方法。

七、徒步穿越运动的生火方法

徒步穿越在丛林、荒漠中取暖御寒、煮水烧饭、防兽,火是离不开的。出行时要携带一种或一个以上的火源,如:打火机、火柴、火镰等。有条件最好携带野营炉头、气罐或者燃料罐。在营地生火时要留意营地是否是禁火区,不要为了生活需要而违规。生火前先准备些干燥的细柴禾(比筷子略细),放在用石头堆好的灶底,再往上面架粗的柴禾,点燃细木用嘴使劲吹,就可以把火吹燃。遇下雨或柴禾较湿时,可劈开粗木从中间取干木,砍细后做引火柴。

八、徒步穿越运动方向的辨别技巧

在徒步旅行前尽可能地搜集活动地区的地图和相关资料,对将要出现的较大转向和明显的标志物做初步了解。学会读懂地图以及根据地形制图只是探求未知之路的开始。你必须懂得如何去理解大自然为你提供的各种信号和迹象。仔细选择地图,确信它们会给你提供有用的信息。不过现在的科技时代,为人们的出行提供了很便利的条件,许多人出外旅行都带GPS,可准确地判断方向,不过学会读懂地图、使用指南(北)针及手绘地图是最基本的户外常识。

1. 徒步穿越提示

(1)携带较准确的指北针和海拔表(有的地区很需要)。

(2)携带并保护好地图和资料。

(3)带信号笔和扑克牌,以备迷路时作路标记号用。

(4)如对穿越地区所知资料甚少、条件又较复杂时,最好请走过的人同行或找当地向导带路。

(5)有条件一定带上GPS。

2. 常见GPS的几项指标说明

(1)good in tree cover:树木会挡住GPS卫星的信号,早期GPS最常见的毛病就是在密树林下工作不正常,故有此项。

(2)max of statelites:最多能搜索的卫星数,越多定位越精确。共有24颗GPS卫星环绕在地球周围,因地球的遮挡,最多同时看到12颗。

(3)of parallel channels:最多同时接收到的卫星数。每颗卫星工作在不同的频率,低档GPS次数会比max of statelites小,串行扫描完各statelites。此值与定位速度和精度都有关。

(4)acquisition time:分为warm和cold两种,若GPS开机时,临近其上次关机位置或是给定了一个临近位置,那么它能较快搜索到卫星信号并定位,这叫热启动;否则将花费较长时间,叫冷启动。

(5)internal back-up battery:有此功能可保证更换电池时不丢存贮数据。

(6)accuray(no SA):GPS精度都会标SA关闭时的值,实际上2005年前一般不会关。SA开时一般精度在100米左右,约一个足球场的大小。

九、徒步穿越运动的旅行记录

喜欢户外活动的人都有一个习惯，就是把自己的旅游过程用一种方式记录下来，从中可以了解自然、享受乐趣，这就是旅行记录。

旅行记录就是把自己在旅途中每天的行程计划所见所闻记录下来，为以后再来或写相关的游记、报道或为他人提供相关的旅行资讯。

旅行记录可以用文字、图片或摄像以及其他的方式记录下来，单一的记录方式会使记录显得不完整，所以建议最好是用文、图结合的方式记录。

文字：可以记录每天的行程情况，如时间、路线、住宿、饮食、遇见的人或事等。

图片：可以记录每天的所见，如景色、人物、民俗等。

摄像：可以完整地记录每一天的旅行情况，声、色、景兼有。

第五节　徒步穿越运动的装备和器材

天有不测风云，出门旅行的装备最好能防水透气，尤其是在雨季或多雨地区。长时间的穿越，如防水准备不充分整个活动可能会遇到极大的麻烦。如：无干燥衣物可换，相机、电池、食物等物品遭打湿破坏。因此在出行前要对活动地区的气候做些了解，并做好相应准备。

一、帐篷

1. 帐篷的选择要素

帐篷是露营的基本装备，主要功能是防风、防雨、防露、防潮，为野营提供一个相对舒适的休息环境。选择帐篷应着重考虑以下要素。

一般的郊游：以轻便，支搭容易，价格便宜为原则，以圆顶形为主，质量在 2 千克左右，以单层为多。其防水、抗风、保暖等性能是次要的。适合一般的小家庭旅游。

山间旅行：首先要具有一定的防水、防雨、抗风和保暖性能，其次，才是价格，轻便及支搭方式问题。以双层三角形为主，质量 3~5 千克。适合广泛的山间露营和四季旅行。

探险：首先要考虑的是保暖、抗风、携带及支搭方便等性能，其次才是价格因素。这类帐篷性能好，价格也贵，质量在 5 千克以下，适合于比较恶劣的自然条件下使用。

其他用途帐篷：为适应各种环境的需要及使用，还有其他一些类型的帐篷。如钓鱼帐篷，半团圆型，用于遮阳和临时休息。

2. 帐篷的材料与性能要求

帐篷质量的好坏固然是一个因素，但材料的选用是最为重要的因素。材料可以分为面料、里料、底料、帐杆、地钉、防雨布料等。

面料：一般来说，同号的面料，密度不同，因而抗拉度和防水压力也各不相同，不同的面料相比，尼龙绸薄而轻，适合登山和徒步野营。

里料：帐篷的里料（内帐材料）通常用透气性能良好的棉布式尼龙绸。从使用角度来看，尼龙绸性能优于棉布。在野外露营，帐篷极易吸收潮气，棉布晾晒不当易霉变，尼龙绸则易干不易发霉。

底料：帐篷底的主要功能是防水、防潮、防尘。底料的选择决定帐篷的档次。选择上一般应具有坚固性、耐寒性、耐磨性等。

帐杆：帐杆是帐篷的骨架。材料的好坏直接影响着帐篷的寿命和使用的稳定性。现在的帐杆多选用铝合金材料，用强度高合金管连接帐杆，不仅强度高，而且质量轻、回弹力良好；高档次的帐篷则选用宇航铝材制作帐杆，使各种性能达到最佳。

3. 篷址的选择

帐篷的支撑应选在比较平坦的地段，出口应背风，地面应相对干燥，若有薄草更佳，如有坡度，出口应向下坡处，这样便于挖沟排水。

4. 帐篷的支撑与固定

帐篷铺开后应先固定内帐四角，并用地钉固定，如有条件，帐篷底可垫地席，这样既可保护帐篷底，还可以达到最佳的防水效果。支撑外帐时，篷杆连接可略靠外部，特别注意要拉紧牵绳，使外帐绷紧，以利于防水。同时地钉固定时应倾斜 $30°\sim45°$。

5. 帐篷外的排水沟渠

野外露营，碰到下雨是难免的，因此每次出外露营都应事先挖好排水沟，挖时沿着外帐边，这样有利雨水排出。

6. 帐篷的搭建方法

（1）三角形帐篷。双层的三角形帐篷在支搭上较为复杂，步骤如下：①将帐篷内篷平铺在地，展平并沿底边钉下地钉；②从帐篷内将两节支杆支起，套上隔离管，再套入横杆；③罩上帐篷外套并将外套的拉钉打下，使全部外篷绷直；④将防雨小帽套进支杆端，套上抗风拉线，完成。

注意：三角形双层帐篷内外帐间有一空间，应当保持这一空间，不要使内外层"沾"在一起，这个空间能起到防雨、保暖作用。

（2）圆顶形帐篷。圆顶形的帐篷支搭起来比较简单，步骤为：①将帐篷平铺在地，钉下四角（有些是六角）的地钉，也可以绷上帐杆后再钉地钉；②将两组（六角圆顶的为三组）帐杆结起来，如果帐杆是散件，则需要按使用说明书组合衔接起来；③将帐杆穿进帐篷的支套内，两组的各一端插入套孔内，两组杆的另一端同时用力绷起，绷紧后也插入另一个的套孔内；④提起帐篷抖成形即可平放在地上打地钉；⑤有外套的套上外套或小防雨罩。

7. 帐篷的维护与保养

帐篷的清理维护，关系到帐篷的使用寿命，也直接关系到以后的使用。

(1)清理帐篷底面,擦净泥沙,如有污染可用清水轻微擦洗。

(2)晾晒帐篷内外帐,干后再收起来。如果来不及将帐篷晾干,切记一定不要长时间存放,以免发霉变色。

(3)清理帐篷杆的泥沙。

(4)检查帐篷附件的完好程度。

(5)不宜用洗涤用品清洗,以免影响防水效果。

二、背包

1. 背包的选择

(1)根据装载物品的数量选择背包的容积。

(2)根据背包的用途选择背包的类型。

(3)根据身材选用背负系统的尺码。

(4)不可忽视材料的质量。

(5)良好的结构和设计是背包优越性能的保证。

一个好的背负系统应该不妨碍身体的自然运动,并且能够把负载均衡地传递到臀部,即人体的重心上。

2. 背包的背法

背袋重量:如果超过10千克是无法长期行走的。肩带要牢固、紧贴身体将背袋背起时,背袋和身体背部如果有距离,则表示肩带过于松弛。这种背法虽然手很轻松穿过肩带,但走久后,身体便被往后拉,肩膀会发痛。肩带要紧接身体,让背袋成为身体一部分,才不会觉得负担很重。

大型背袋要加腰部皮带:任凭力气再大的人,携带重物长期走路总是很辛苦。尤其是要在野外过夜,行李增加不少重量。为了减轻身体的负担,除了使用肩带,附加使用腰带可让腰部分担一部分重量,不要让重量过分集中肩部。

试背背袋:背袋装好东西后,要试背走走看,检查背袋是否紧靠背部?有没有硬的东西顶着背部发痛?里面的东西是否稳固?会不会常移动,摩擦背部?由此可知靠近身体背部要特别注意,应装平坦又柔软的东西作为缓冲,例如塑料袋、报纸、布类。也可以插入一块三合板。

背包的装法:有人认为背袋里的行李,轻的东西放上面,重的东西放下面。事实上刚好相反——把行李背背看,你就能明白。把重的东西放在下面容易往后倒。登山时,身体自然向前弯,如果重的东西在上面,脚步容易踏稳,可感觉到东西的重量。反之则会觉得脚步沉重,身体往下拉。

3. 背包的提示

处于有利地形时,应将背包的重心移到上部;处于较为不利地形时,应将背包重心移到中部。一般装载物品的顺序自上而下为:给养、饮料、较重设备、较轻设备、睡袋及衣物,背行者在使用中尽可体味。

三、服装

户外服装主要讲究的就是防水、防风、保暖、透气。另外对耐磨性能也要求比较高。正是因为户外运动对服装的这些特殊要求,户外用品厂家在设计服装时就不断尝试新的材料。尤其是近40年来,对特殊化学材料的运用促成了户外运动的技术革命。

(一)户外裤子的选择

(1)宽松的牛仔裤可以满足一般的远足。

(2)目的地天气情况复杂的,最好买一条防水裤。最好买侧面全拉链的,这样可以随时根据天气变化穿上、脱下。一般好的外套在易磨损处都采用耐磨材料,和冲锋衣的设计都大同小异,但好的品牌在细节方面做得更好些。

检验防水透气的方法:材料是否真的属于防水透气型,一般来说可以当场测试防水性,注意看接缝处是否漏水。因为新衣服外层都经过DWR防水胶处理,一个明显的特点是不沾水。即使你拿到水管底下冲上几分钟,或者做个水窝等上几分钟,你甚至可以用手去压水,里面也不会湿,面料外层也不会沾水。透气性可以通过热水测试。倒半杯热水,将衣服里侧罩在杯口,用一块玻璃压在衣服外侧,看是否有水蒸气。

(二)登山鞋选购

不同环境,选择不同的鞋,山野徒步,一双好的登山鞋是你远征的基本保证,它应具有防水、防震、耐磨、防滑、保暖、透气、保护足弓等性能。以下的几个小贴士可以令你少走些弯路。

(1)最重要的看鞋底,好的鞋底做工考究,通常分外底和内底。外底通常用比较好的硬的橡胶底,强度好,耐磨,弹性好,使登山者在光滑的草地、泥泞的沼泽及雪地上不易滑倒。内底也有几种,有发泡材料的,弹性好,但是强度不好,还有用弹性橡胶的,较重,强度好,各有利弊,通常用途不同会有不同的选择。鞋底除了材料外,上面的纹路也很讲究,登山、健行、丛林或沙漠穿越根据用途的不同,有不同的结构。

(2)看鞋面用料,一般由皮革和尼龙等人造材料制成。皮革和尼龙材料制成的登山鞋重量轻、透气性好,但防水性较差,不耐穿。传统的登山鞋是用皮革制成,防水性好,牢固,就是比较重,透气性差一点。好鞋子的皮革质量绝对好,手感好,结实,不发硬,通常采用油浸处理,有一种淡淡的光泽,增加防水性,脏东西用水擦擦就可以了,一般用鞋蜡保养。选择鞋面缝线尽量少的登山鞋,在鞋子受冻和受潮后仍能穿脱自如及避免雨水渗进。

(3)除了外底和内底,鞋子里面的鞋垫通常用发泡材料制成,所以非常有弹性,与一般的比较就不难发现个中的差别。一个硬,一个结实而有弹性。买登山鞋主要都是讲究实用,不是穿着秀的,所以内在质量最重要。

(4)通常,新款的鞋子在生产商的网页上都有,可以去看看,确定有没有这个型号。

如果按照上述方法,多半可以挑到真的。但这种鞋子可遇不可求。不是想买就买得到的。另外,就是要注意各个牌子的鞋子尺码不尽相同,最好试穿并走一走看是否合脚。进口牌子的登山鞋多属狭长型,这是依据欧美人脚型设计的,对大部分东方人都不适合。合适的登山鞋穿起来脚跟和鞋跟刚好吻合,脚趾有足够的活动空间,系紧鞋带站立在15°的斜坡上,当脚板往前滑时不应该挤压到脚趾。购买时建议买大一码,鞋子太小会影响血液的循环,造成足部冰冷,甚至冻伤;太大则会摩擦过度而起水泡。长时间徒步,脚会略微肿胀,所以在傍晚试穿新鞋最好。

(三)腰包

腰包就是为城市休闲和长途旅行设计的,既可以把它当作一个时髦的装饰品,同时它实用的功能也可以作为长途旅行中最小巧的背具。一般腰包正面有一个两升的大包,两侧面带一个小袋,有的设计成可以放钱包、证件,有的设计成可以装水瓶等,或两侧各有一个水壶袋以及一个杂物袋,另外还有的带一个背带,可以作为单肩背的小包,同时它的腰带可以收起来。

大包里物品取决于你的随时需要,可以是常备的,如:护肤用品、眼镜、笔记本、证件、小刀等。

(四)睡袋

睡袋在野营中的主要功能是保暖。睡袋最主要的指标是温标,也叫舒适低温。舒适低温指外界气温降低到某一温度时,大多数人使用睡袋感到舒适,如果温度再降低,就会感觉寒冷。

1. 睡袋的标识方法与质地

(1)舒适低温在睡袋上有2种标识方法:一种是标明一个绝对温度,比如$-10℃$,表明该睡袋的舒适低温是$-10℃$;另一种是标明温度范围,从红色过渡到绿色或蓝色,比如红色从$5℃$开始,到$0℃$时过渡为淡绿色,在$-5℃$时过渡为深绿色。这种温度表示的意义是:$5℃$偏暖,$0℃$适宜,$-5℃$时感觉很寒冷,这个睡袋的舒适低温是$0℃$。

需要说明的是舒适低温仅仅是一个相对概念,这个温度只具有参考意义。

(2)我们从这几个因素去考察睡袋:填充物的种类、质地和重量;内外面料的质地;功能设计;包装和辅助配件。睡袋填充物主要有两种:羽绒和化纤棉,此外还有单层的抓绒睡袋。羽绒又分为鸭绒和鹅绒,同等条件下鹅绒的保暖程度稍高于鸭绒。

(3)羽绒主要有3个性能指标:①填充重量,比如400克鹅绒睡袋,1100克鸭绒睡袋,这个重量不是说睡袋重量,而是指填充羽绒的净重量;②含绒量,羽绒是由羽片和绒毛组成的,羽片有支撑作用,保暖主要来自细绒。含绒量用百分比表示,如80绒表示100质量单位中绒的含量是80单位;③膨胀度,膨胀度是指一盎司羽绒在68.4克压力下有多少立方英寸,羽绒的膨胀度越高,绒的保暖性能越好。

对比羽绒和化纤棉两种填充物,羽绒保暖程度更高,在同等保暖程度下重量可以实现最轻;化纤棉保暖程度相对低,包装体积大,可压缩性差;羽绒贵,化纤棉便宜;羽绒潮湿会丧失几乎全部的保暖能力,而且不易干,所以严酷登山环境下往往使用有放水透气性能的材料做羽绒睡袋的外料,化纤棉有一定的拒水性能,湿后保持一定的保暖性能,而且晾干速度快;羽绒制品的使用寿命很长,良好保养可使用10多年,而化纤棉睡袋的寿命不过三四年。

抓绒睡袋使用抓绒缝制而成,可以单独作为夏季睡袋或卫生睡袋。也可以配合其他睡袋在冬季使用,以增强保暖效果。根据实践经验,一个舒适低温为-3℃的睡袋,加抓绒睡袋后保暖效果可达-10℃左右。

(4)睡袋的内外面料:普通棉睡袋使用涤纶或尼龙材料,涤纶尼龙布又有密度和质地的差异。羽绒睡袋对内外材料的要求很高,最少要230T以上密度的尼龙材料才保证防绒。很多国产尼龙布密度不够,不能防绒,生产商采用加涂层的办法防绒,这是很不科学的做法。因为羽绒睡袋的内外料需要良好的透气性,否则散发的湿气会聚集在睡袋里面,使羽绒的保暖性大大降低。高织纯棉或涤棉也能防绒,但重量大,压缩性差,一般不适用于高端睡袋。

2. 睡袋的功能设计

睡袋的设计也很重要。先说外形,常见的睡袋有3种形状:木乃伊式,信封式,混合型。睡袋的其他功能设计:双拉头的拉链;拉链防夹带(拉链内侧一层薄而硬的PP带,防止拉链卡布);拉链防风夹层(拉链内侧的棉质防风夹层,防止冷风从拉链进入);胸领(或叫隔断领,收紧领),收紧后可防止冷空气从脖颈进入口袋;左右拉链的设计,同款型的睡袋分左右拉链,可以拼合成双人睡袋;睡袋的尺寸:L、M、S等不同号码,以方便不同身高的人士。

(1)木乃伊式:木乃伊式又叫妈咪式,这种睡袋肩宽脚窄,肩部宽度一般为75~85厘米,脚部宽度为45~55厘米。木乃伊式睡袋是同样重量下能够达到最好保暖效果的睡袋形状,适合寒冷季节使用。

(2)信封式:信封式睡袋顾名思义,肩部和脚部一样宽,像个信封,这样的睡袋比较宽松,适合夏暖季节和体形宽大的人士。

(3)混合型小方帽式:混合型睡袋是前两者的结合,脚部宽度在55~65厘米。现在国际流行的睡袋是小方帽,人体流线型(最宽的部位不在领口,而在肩肘部)。以前的大圆帽既增加重量,又不利于保暖。

3. 睡袋的包装和辅助配件

睡袋包装以牛津布压缩袋为最好,可大可小,结实耐用。

睡袋的辅配件主要是拉链,扣子和绳子,选择睡袋一定要选拉链质量可靠的睡袋。

如何选购、使用和保养睡袋。

选购睡袋前,请问自己这样几个问题:我准备在怎样的低温环境下使用睡袋?我个人的抗寒能力如何?我是不是很在乎重量?我准备花多少钱?

回答完上述问题后,你就有了基本的选择范围,然后选择有信誉的商家咨询选购。

使用睡袋时,有以下几种方法可以提高保暖程度。

(1)配备一条质量较好的防潮垫,这一点非常重要,常野营的人都有体验,如果寒气从地下直达背部,那种寒冷是难以承受的。

(2)有条件的话睡前喝杯热饮料,牛奶果珍都可以,使身体发热。

(3)睡袋保暖尤其重要的是要把领口扎严,以防止半夜气温下降后,热量散失。

(4)穿一套长的保暖内衣和干净袜子会非常有效。

(5)当睡袋保暖程度不够时可以穿更多的衣服,或把衣服和其他物品覆盖在睡袋上。

(6)和更多的人挤用一个帐篷。

(7)在保障安全的情况下,在帐篷中点汽灯或炉子。

(8)生堆火。

这么多方法,关键的时候不妨试试。

4. 睡袋的保养

无论是羽绒睡袋或化纤棉睡袋,在长时间不使用的情况下,尽量以宽松自由的状态保存,以保持羽绒和棉花的本性,延长使用寿命,尤其是羽绒睡袋,尽量保存在专用的羽绒睡袋存储袋里(宽松透气的棉质袋子)。最后睡袋作为贴身用品,尽量避免相互借用。

化纤棉睡袋和抓绒睡袋都可以直接洗涤,如果洗衣机够大的话也可以机洗。晾晒时尽量平铺或多处挂搭,以免过度下垂。羽绒睡袋的洗涤方法:根据羽绒专家的建议,羽绒睡袋4年左右清洗一次即可,使用寿命10~12年,可清洗3次。如果不太脏,可简单清洁,如用毛巾粘汽油清洁表面材料即可。

户外运动中睡袋经常会比较脏,有更多的清洗次数。清洗方法如下:手洗或专业机洗。手洗用专用的羽绒洗涤剂浸泡,漂洗干净即可,不要过分揉搓,不要绞拧。如果想机洗,请交给专业的洗涤公司。清洗后风干或晾干,确认干燥后轻轻拍打,待其自然膨胀后存入睡袋存储袋。

羽绒睡袋洗涤忌用碱性洗涤剂,忌绞拧,忌用火烤烘干。羽绒睡袋可和棉质的睡袋内衬共用,以减少洗涤次数,同时棉质睡袋内衬有吸汗的功能。

第六章 自行车运动

第一节 自行车运动概述

一、自行车运动的起源与发展

自行车运动起源于欧洲。1800年,俄国乌拉尔地区维尔霍杜里叶村的一个农奴工匠叶菲姆·米赫耶维奇·阿尔塔蒙诺夫用铁制作了一辆脚踏车。车的前轮较后轮大,脚蹬在前轮轴心上,车把与车叉都是直的。他骑用这辆车,从乌拉尔的维利赫杜耶城到莫斯科,然后又返回原地,往返路程达5335千米。这是世界上第一辆自行车,至今仍陈列在俄罗斯达吉里市的博物馆里。

1808年,法国巴黎的大街上出现了第一批木制的脚踏车,构造很简单,两个车轮中间横着一根结实的木梁,人坐在横梁上,靠两脚交替向后蹬地,产生反作用力,使车轮向前滚动。这种车不能拐弯,只能在平地上直行,若要改变行驶方向或遇到障碍只得搬着它过去。

1818年,英国、德国也相继出现了脚踏车,它是按照德国机械师德拉依斯的设计加以改制成的。车的前轮上装有车把,骑行时可以随意转弯。

1865年,法国的马车制造工匠米邵和他的助手拉尔曼又加以改进,在前轮安上了脚踏。这样才改变了用两脚蹬地前进的状况,骑在上面踏着脚蹬就可以向前行驶。但车身笨重,座位有一人高,上下车很不方便;车把不灵活,也没有车闸,快速行驶时要费很大劲才能将车子停住;遇到上坡前轮就不会转动。然而,这种以车代步的简单交通工具颇受群众喜爱。发明家根据拉丁文"快"和"步行"两字的意思,给这种车子取名为"自行车"。

到了十九世纪末,自行车经过不断改进,传动装置有了新的突破,车架上出现了中轴、链条、飞轮。英国人邓禄普又将原来的实心车胎改为充气胎,使自行车骑行速度以及坚固性有了很大的提高。欧洲工业革命高潮的到来有力地推动了科学技术的发展,促使交通运输工具不断更新,各种机动车辆相继问世。当时正处于经济文化生活发展较快的欧洲,自行车仍以它不受道路、能源等条件的限制,使用方便,又能锻炼身体等优点,受到人们的喜爱,并将自行车列入了体育竞赛项目。于是,自行车运动便在欧洲逐渐开展起来。

1883年7月,在莫斯科的赛马场上举行了世界上第一次自行车比赛,引起了人们的极大兴趣。1893年举行的第一届奥运会上,自行车运动被列为主要比赛项目之一,此后,历届奥运会均有自行车项目的比赛。其中1000米计时赛与4000米团体追逐赛从1920年第七届奥运会开始,一直沿袭至今。

自行车运动被列入奥运会正式比赛项目后,受到各国的重视,赛事日益频繁。为了搞好组织竞赛工作,推动自行车运动的发展,1900年国际自行车联合会在法国巴黎成立。接着欧洲许多国家纷纷成立自行车俱乐部,加强了国际间的竞赛交往,进一步普及了自行车运动。

1903年,法国著名自行车运动员亨利·德格朗执发起举行了第一届环法自行车赛,共有60名运动员参加,总距离为2428千米。环法自行车赛是沿着呈六边形的法国本土骑行一周。迄今为止,已举行过94届比赛,其中以1926年的比赛距离最长,共达5747千米。现在一般情况下,距离不超过4000千米。

除奥运会比赛外,还有由国际自行车联合会主办的一年一度的世界自行车锦标赛。业余选手的世界公路自行车锦标赛始于1921年。个人赛的距离最多是200千米,一般是160~180千米。1965年的圣塞巴斯干会议决定,国际自行车联合会发展为两个国际协会,即国际职业自行车协会(总部设在比利时布鲁塞尔)和国际业余自行车协会(总部设在意大利罗马)。此后,在每年举行的世界自行车锦标赛中,业余和职业自行车运动员可分别参加比赛。不久又增加了世界青少年自行车锦标赛。目前世界各国自行车运动员正在蓬勃向前发展。

自行车运动是国际上开展较普遍的运动项目之一。除历届奥运会举行自行车项目的比赛外,还有一年一度的世界自行车锦标赛和洲际自行车锦标赛。

运动员骑特制的赛车参加比赛。赛车的车轮钢圈、车架、把手等部分采用轻金属制成。全车质量7.5~9千克,行程距离(中轴旋转一周的车前进行程)6~8米。车把伸至车前,运动员骑行时身体前俯,背成拱形,以减少阻力,便于发挥脚蹬力量。

奥运会的自行车比赛分公路自行车赛和赛车场自行车赛两种。公路自行车赛的项目为100千米团体赛和170~190千米个人赛;赛车场自行车赛则是在专门供自行车比赛的赛车场内进行。赛车场的跑道呈椭圆盆形,弯道坡度一般在35°~45°之间,赛场圆周为333.3米,比赛项目有1000米计时赛、1000米争先赛、4000米个人追逐赛和4000米团体追逐赛。

自行车运动对增强体质、锻炼耐力、培养勇往直前的顽强意志有良好的作用。

二、自行车运动的健身特点

(一)全时间。在一天24小时中的任何时间都可以利用自行车进行身体练习,昼夜影响较小。

(二)全天候。在任何气象条件下都可以进行不同程度的身体练习。

(三)全地段。在任何道路条件下都可以进行身体练习。

(四)全运动量。利用自行车可以进行小运动量、中运动量和大运动量的身体练习。

(五)全年龄段。从两三岁的小孩到七八十岁的老人,都可以利用自行车这一运动工具进行身体练习,故而被人们称之为"五全"大众健身运动。

第二节　自行车的骑行技术

一、自行车的骑行姿势

运动员要想在比赛中创造良好的成绩，首先要掌握正确的自行车操作姿势。轻松自如地操作可降低能量消耗，避免不必要的肌肉紧张，保证力量和技术得到充分发挥。

正确的骑车姿势是：上体较低，头部稍倾斜前伸；双臂自然弯曲，便于腰部弓屈，降低身体重心，同时防止由于车子颠簸而产生的冲击力传到全身；双手轻而有力地握把，臀部坐稳车座位。

正确的骑车姿势，在相当大的程度上决定于车辆的尺寸、车座和车把的位置，运动员的身材大小及身体各部分的结构。影响骑车姿势的因素可分为车的因素和人的因素。车的因素有车架大小、车座高低与前后、车把倾斜角度和把立管长度等五个方面；人的因素涉及腿长、臂长和躯干长度。腿的长度决定车架的高低；躯干长度和臂长的总和决定车架的长度，曲柄的长度则与训练、竞赛场地有关。坡度大、弯道多的路面需要曲柄短些，反之，曲柄可长些。

为了保证正确的骑行姿势，运动员必须根据自己的实际情况，做好车辆的选择、车座的选择、车座的调整和车把的调整。

二、车座的选择

自行车运动员能平稳地骑行前进，是依靠车把两端和车座3个支撑点形成一个平面来维持平衡的。在这3个点中，车座是主要支撑点，它承受着大部分身体的重量。为了充分发挥踏蹬技术，运动员的坐骨结节需要支在车座上，所以，必须根据个人骨盆解剖构造来选用适合的车座。坐骨结节间距离宽的可选用宽车座，坐骨结节间距离窄的可选用窄车座。如果坐骨间距离宽而选用了窄车座，车座就会嵌入坐骨之间，使坐骨神经和肌肉过度紧张，破坏骑行姿势和正确的踏蹬动作。

车座的选择还要考虑到骑行距离长短和运动强度大小。赛车场距离短，强度大，骑行时肌肉、神经高度紧张，可选用窄车座。公路训练和竞赛骑行时间长，可选择与坐骨接触面较宽的车座。女运动员由于生理特点，不论公路与场地，都应选择较宽而柔软的车座。无论男女运动员选用的车座平面都要绷紧，不能有明显的凸凹现象，以免影响正确的骑行姿势。

三、车座的调整

车座前后的调整。先将车座固定在水平线上，然后再调整车座前后。根据运动员大腿长度，把座子前端调整到中轴垂直线后2~5厘米处。大腿长，车座应多向后移动，大腿短，车座稍向前移动，但车座前端一般不超过中轴垂直线后2厘米。

车座高低的调整。运动员坐稳车座后，用脚跟蹬住脚蹬，当脚蹬到最低点时，腿应正好伸直，既不感到过分伸脚，也不使膝关节有弯曲。

调整好的车座，应使运动员在踏蹬中，踏蹬到曲柄与地面平行的位置时，膝关节垂直线能正好通过脚蹬轴的中心。踏蹬到最低点时,膝关节能稍有弯曲。以利肌肉在紧张之后可得到暂时休息。经过几次骑行检验,如感到用力合适,就可固定下来。车座固定后,要把有关的测量数字记录下来,作为以后更换车座或车辆时的依据。

四、车把的调整

车把的调整对调整骑行姿势很有意义。调整车把的宽度应与运动员的肩宽大体相同,一般为38~41厘米。如果宽于肩,会增加风的阻力,窄于肩,胸腔会受到挤压,影响正常呼吸功能。车把的高度,应根据运动员上体尺寸和臂长来决定,并注意专项的特点。公路运动员用的车把可略高些,场地运动员用的车把可稍低一些。合理的车把高度是使公路运动员的上体角度(即通过髋关节的水平线和髋关节中心至颈椎中心连线)保持在35°~45°之间;场地运动员的上体角度保持在20°~30°之间。把立管的长度,最好是当运动员踏蹬到曲柄与地面平行的位置时,肘关节与膝关节能稍稍相碰。

车子各部分间距离调好后,不要轻易改变,特别是在比赛前不宜变动,否则,会破坏已形成的动力定型,影响运动员在比赛时发挥正常水平。

正确骑行姿势的形成要通过专门训练,每次训练课都要严格要求,不论高速骑行或是终点冲刺,都要保持正确的骑行姿势,万不可忽视。

附1:人体各部位的测量

上肢长度:从肩峰端到手握拳后第三手指关节隆起处的距离。

躯干长度:从胸骨顶端到耻骨联合下端。

下肢长度:从股骨头大转子到足跟底部。

脚长:从脚趾前端到脚跟后。

附2:自行车各部位的测量

车身长度:由把立管中心点到车座管中心点。

车架高度:由车座处三通中心点到中轴的中心点。

曲柄长度:由中轴中心到脚蹬轴中心点。

脚套长度:由脚蹬轴中心点到脚套前端内边沿。

五、自行车的踏蹬技术

踏蹬动作是自行车运动中关键的技术动作,也是最复杂、最难掌握的动作。良好的踏蹬技术可使运动员以最小的能量消耗得到尽可能大的功率,达到高速度。为此,自行车运动员一定要在改进踏蹬技术上狠下功夫。

1. 踏蹬动作的用力分析

踏蹬动作是周期性运动,即在一个固定范围内,以中轴为圆心,以曲柄为半径,重复进行运动。每踏蹬一周可分为4个阶段。

第一阶段为上临界区;第二阶段为工作阶段(用力阶段);第三阶段为下临界区;第四阶段为回转阶段(放松阶段)。

沿着圆周进行踏蹬的力量都是通过切线来传递的,踏蹬到每个阶段时,肌肉用力各不相同,两只脚交替进行踏蹬,当一只脚处于回转阶段时,另一只脚已进入用力阶段。踏蹬到上下临界区时,应尽量使肌肉放松,并尽量缩短在临界区停留的时间。

用力阶段是踏蹬的主要阶段,运动员在这个阶段内使用的踏蹬力是自行车前进的主要动力。因此,要把力量充分、合理地运用在这个阶段。这个阶段内踏蹬力量愈大,车子前进速度就愈快。

回转阶段叫放松阶段。这段时间里一只脚踏蹬做功,另一条腿主动向上抬起,不能给脚蹬任何压力。并利用抬腿短暂的一瞬间让肌肉放松一下,以便把力量集中起来用于做功阶段。有时需要采用"提拉式"踏蹬,即利用抬腿动作给脚蹬以拉力,以加大另一只脚做功阶段的踏蹬力量,达到取得更高速度的目的。

2. 脚掌在脚蹬上的位置

脚掌应平稳地踏在脚蹬上,脚蹬应在脚掌中部和脚趾之间,也就是脚掌正好踏在脚蹬轴上,脚掌的纵向与脚蹬轴保持垂直。鞋的前端可伸出脚蹬 5～7 厘米(根据脚的大小决定)。鞋卡子的位置应正好卡在脚蹬框上。鞋卡子要钉正、钉牢,皮条系紧。加强在用力时两脚的有机配合,帮助运动员正确地完成踏蹬动作。

3. 踏蹬方法

自行车运动的踏蹬方法有自由式、脚尖朝下式和脚跟朝下式 3 种。

(1)自由式踏蹬方法。目前,一些优秀运动员大都采用自由式踏蹬方法。这种踏蹬方法是脚在旋转一周的过程中,根据部位不同,踝关节角度也随着发生变化。脚在最高点 A 时,脚跟稍下垂 $8°～10°$,踏蹬力量是朝前下方;用力逐渐加大到 B 点时,脚掌与地面呈平行状,踏蹬力量最大;再向下,用力逐渐减小,进入下临界区,肌肉开始放松,脚跟略向上抬起,到 C 点时,脚跟逐渐上提到 $15°～20°$;当脚回转到 D 点时又与地面平行,往上行,脚跟又向上提起。重新进入 A 点。自由式踏蹬符合力学原理,用力的方向与脚蹬旋转时所形成的弧周切线相一致,减少了膝关节和大腿动作幅度,有利于提高踏蹬频率,自然地通过临界区,减少死点。大腿肌肉也能得到相对的放松。但这种踏蹬方法较难掌握。

(2)脚尖朝下式踏蹬方法。目前不少运动员,尤其是短距离运动员采用脚尖朝下式踏蹬方法。其踏蹬特点是,在整个踏蹬旋转过程中脚尖始终向下。这种方法踝关节活动范围较小,有利于提高频率,容易掌握,但腿部肌肉始终处于紧张状态,不利于自然通过临界区。

(3)脚跟朝下式踏蹬方法。脚跟朝下式踏蹬方法是脚尖稍向上,脚跟向下 $8°～15°$。这种方法在正常骑行中很少使用,只是少数人在骑行过程中做过度性调剂用力时才使用脚跟朝下式踏蹬方法。它的特点是肌肉在短时间内改变用力状态,得到短暂休息,达到恢复肌肉疲劳的目的。

4. 踏蹬动作的训练

踏蹬动作从现象上看很简单,但要准确掌握,达到动作协调完美,却十分困难,必须反复地进行训练。

开始训练时,最好不要用皮条捆脚,传动比要小,速度不宜过快,让运动员用较多的注意力体会踏蹬动作,培养踏蹬"感觉"。经过一段训练,运动员基本上能轻松自如,圆滑有力地进行踏蹬时,可逐渐加快速度,系上皮条进入正常系统训练。训练踏的动作,不论是新运动员还是有训练素养的运动员,都要坚持循序渐进的原则,不要负担过重,更不宜在疲劳情况下训练。同时要注意发展髋、膝、踝关节的灵活性及力量,以助提高踏蹬技术。

踏蹬技术训练,也可以在练习台上进行,其好处是能及时得到教练员和同伴们的指导,能使运动员集中注意力改进踏蹬技术。

六、自行车的跟车骑行技术

自行车运动员无论在团体赛或个人赛中,正确运用跟车骑行技术,是争取胜利的一个主要因素。这是因为运动员跟在别人后面骑行时,可以借助前面运动员冲破空气阻力所产生的涡流,推动车子前进,从而减少自身体力的消耗。

跟车骑行技术的要领:首先是缩短与前面车的距离,以不影响视线、容易观察前面路面为好。公路骑行,跟车距离一般在15～30厘米。同时要注意风向和风力。风从正面迎来,应由一人领骑,其他人在后面排成一路纵队,跟在前车左侧方或右侧方15～30厘米处。如风从左方来,可跟在前车右侧后方;风从右方来,可跟在前车左侧后方。如果侧风较大,跟随前车距离要近;如果侧风小,跟随前车的距离可稍远些。在下坡时向旁边骑开些,转弯时稍向后,以免发生事故。

跟车骑行时,头稍抬起,两眼正视前方,余光看到前车的后轮即可。倘若只低头看自己的前车轮,一旦前面出现障碍,就有摔倒的危险。当然,在团体比赛中,交通停止,路面平坦,短暂的瞬间低头骑行,使颈部肌肉得到放松也是允许的。

跟车骑行中很容易两车相撞,多数是后面车的前轮碰上前车的后轮,失去平衡而摔倒。出现两车相撞时,头脑要冷静,前面的运动员要继续平稳前进,后面的运动员不要刹车,只要稍微减速即可。如左面撞上前车,应将身体和车子一齐向右歪,同时将把向右转,这样,两车即可逐渐分开。若右面相撞,可向左方做同样的动作。

要掌握娴熟的跟车技术,除进行专门训练外,还要贯穿在每次训练课中。开始训练跟车时,跟车距离可稍远些,相距30～50厘米,随着骑行技术的提高,不断缩短跟车距离,直到15～30厘米。从两人配合练习逐渐过渡到三人、四人配合练习。同时,要专门训练撞车后的摆脱技术,防患于未然。

加强运动员的操车技能训练,提高在各种复杂情况下的应变能力,是预防跌倒的积极方法。自行车运动的特点,在激烈的训练和比赛中随时会出现碰撞、跌倒等现象。运动员遇到跌倒时,要沉着、冷静,不要害怕,不要过早撒把,也不可闭上眼睛,消极等待跌倒。在身体即将着地时,两脚要迅速从脚套中抽出,要注意保护头部,有意识地用肩部和背部着地,做滚翻动作,减轻摔伤程度。

七、自行车的原地起跑技术

起跑技术在各项比赛中都很重要,尤其是在短距离项目里起决定胜负的作用。

起跑方法分为扶车与不扶车两种。在赛车场比赛中多采用扶车起跑,而在公路成组出发的比赛中则采用不扶车起跑。

扶车起跑的方法:是在比赛之前运动员骑在车上,由裁判员扶住车座后下方,或一只手扶前叉三通,一只手扶车座后下方,维持平衡。运动员在起跑前应先拉紧脚蹬皮条,然后扶好车把,做一两次深呼吸,腰部放松。坐稳两个脚蹬保持与地面平行,或是踏蹬的第一脚的脚蹬稍高一些,当听到裁判员"预备"口令时,臀部及时、平稳地离开座位,准备起动,但动作不要过猛,防止抢跑犯规。听到出发枪声后,踏蹬第一脚立即做迅速而有力的下踏,但不能用力过猛,避免肌肉过分紧张和不利通过"死点";另一只脚借助皮条和脚卡向上用力提脚蹬,胫尖稍向上抬起,防止脚套拉脱。在左脚踏蹬时,左手用力向怀里拉把,集中使用力量,右手以同样力量向下按车把,两臂弯曲,上体前移,整个身体成弓形用力。循环至另一只脚踏蹬时,动作相同,方向相反。同时,头部稍稍抬起,注意车子平衡,直线加速前进。起跑到60~80米达一定速度后,运动员可平稳地坐到车座上。利用已有的惯性,稍放松踏蹬几下,调整一下因起跑产生的肌肉紧张状态,然后,立即转入正常踏蹬。这里要特别指出,由站立式往下坐时不要向后猛拉车把,防止车子减速。

不扶车起跑的方法是:在出发前,运动员两手扶车,骑在车架上方,一只脚踏上脚蹬,另一只脚踩在地上。当听到出发信号时,用力蹬地使车向前移动,并迅速坐在车座上,套上脚套,用站立式骑行方法加快速度。起动后与扶车起跑技术相同。

第三节 自行车健身自助游指南

近年来,我国有越来越多的人热衷于长途骑自行车运动健身或是旅游、考察等。这样既可以锻炼身体、饱览风景名胜,又可以深入交通不便的偏远地区,深入地考察、体验许多鲜为人知的风土民情。当你也要准备骑自行车做长途旅行且没有经验时,应注意以下事项。

一、行前心理与体能准备

确定旅行的目的和目标,树立坚定的信念,路再长也有终点,无论遇到什么困难,只要坚定地骑下去,就一定能到达目的地。要加强"战前"体能训练,以适应野外生存需要。

二、行前资料与信息准备

首先要收集、查阅、整理沿途有关的各种资料和相关信息,包括较新版本的地图、交通图,沿途的地理、历史、人文、名胜古迹、气象资料等。再根据你或你的团队的体力状况、假期长短、旅行季节等因素制订出详细的旅行计划。一般而言,长途自行车旅行的最佳季节为每年的5—10月为宜。长途自行车旅行最好能结伴而行,但长途旅行人数不宜太多,理想的人数为3~5人,且最好有异性同行。人数过多,沿途食宿困难较大,偏远的小地方接待有困难。

由于人们之间的性格爱好存在差异,人数过多时很难统一行动。人数太少,安全保证较差,万一途中出现特殊情况,难以相互照应。另外,人数过少,每一个人的相对负担就会加重,有些物资装备无论一人或多人只需一份,如修车工具、宿营装备等。

三、行前有关物资与装备的准备

1. 自行车的选择与调试

自行车的选择很重要。由于自行车是旅游中的主要交通工具,所以旅游的成败与自行车的好坏有着直接密切的关系。自行车旅游属于一种体育运动项目,往往需要考核运动速度,所以自行车旅游也可分成普通自行车旅游和特殊自行车旅游。前者选用一般的加重型或标定型自行车,后者可选用特制的赛车、山地车等。特种自行车运动速度快,在不同的路线行驶时,也更加灵活有力。

选车:长途旅行,选车最好是27英寸(1英寸≈2.54厘米)的平把全地貌车,这是专为长途自行车旅行设计的。该车前后均有车架,21速,可载重150千克(含骑行者体重),且车带可根据路面、载重情况自选,1.25~1.50英寸(指粗细)都有。这类车目前在国内市场上很难买到,只是私人手里有从国外带回来的。可替代全地貌车的是山地车型中的一种(它在设计时也考虑到了长途旅行的问题):26英寸,21速,可载重120~150千克,车带在1.50~1.75英寸之间任选,有后架,可加装前架,水壶架有3个(当然还可加)。如果你要走的是柏油公路,也可用一般弯把27英寸细纹旅行车,车带宽度为1.25英寸,有后架,骑上它很轻快,适合载物不多的长途旅行。

调车:一般自行车旅行是边骑边看,自由自在,速度不是很重要,重要的是方便、舒适。按这个要求调车。

车座:将骑行者的胯部放在车座中间,用手去摸轮盘轴心部,以摸到为准,这就是骑行者正确的车座高度。车把与车座在同一水平面上为好,高低在半寸之间。检查一下传动是否连贯,前后制动是否灵敏。

一般骑行的26英寸以下的轻便自行车不太适合自行车长途旅行,可选用比较老式的28英寸加重自行车。如是新车,在你出发前一定要磨合200~300千米,重新全面调整后再上路。如是旧车,要经过全面大修,特别要对车座进行加工改造。车座不宜太硬或太小,最好加上一个3~5厘米厚的海绵坐垫。注意一定要保持坐垫表面干燥且不能有褶皱和缝合接缝,长时间骑行时方不至于磨破皮肤或长痱子。车座不宜太高或太低,以个人骑行舒适为宜。车把基本上应与车座高低相等,高低差距在3~5厘米以内为宜。还应在自行车前、后安装挂包架。背着背包长途骑行非常疲劳和不舒服。最好还应在自行车大梁上安装一个水壶架,以便在骑行中可随时方便取用饮水。另外,在车胎内注入一些补漏剂,一旦车胎被刺破,只需将刺入物拔除,破孔向下打足气,即可自动将破孔堵住,保证继续骑行。出发前,你一定要掌握自行车的调整和修理,包括补胎、更换车条、更换刹车块,修理、调整前中后轴、修理飞轮等。

2. 骑行服装的选购

如果是在夏季或在较暖和的季节骑行,最好能购置专门设计的短骑行服,它具有保温、透气、挡风、防雨等功能。骑行裤内还有真皮垫,防磨且透气,可适应多种气候条件下骑行,只是价格比较昂贵。如没有骑行服,特别是骑行裤时,可直接穿着有弹力的紧身裤,里面不要再穿着其他服装,并且在经常摩擦的部位涂抹一些能起润滑作用的油脂。夏季骑行应穿着长袖上衣和遮阳帽,以免晒伤皮肤。冬季或在气候较寒冷的地区骑行时,除注意保温外,还要注意防止衣裤或鞋袜过紧而导致血液循环不好,引起冻伤。另外,骑行时不能戴口罩,如果戴上口罩,呼出的热气会不知不觉中在口罩外面结成薄冰,造成面部冻伤。冬季最容易冻伤的部位是耳朵、鼻子和手脚,因此要特别注意这些部位的保温。可采取骑行和推车步行结合的方法,以促进和改善全身血液循环。还要准备一件雨披,除防雨外,还有其他许多用途。

3. 其他常备物资的准备

为防风吹和小飞虫侵入眼睛,要准备好骑行眼镜。有色的可防强烈的阳光照射,无色的适用于阴天,还有一种浅黄色的专门适用于夜间。准备一个小药箱也是必不可少的。应常备治疗腹泻、肠胃不适、感冒、水土不服、消炎、外伤、眼药水等药品,如是夏季还应准备一些十滴水、风油精、清凉油、痱子粉等,冬季则要准备一些冻疮膏、"寒痛乐"、姜茶等。如在新疆、甘肃等地,要多准备一些饮用水(每天需 5~10 升)。

四、旅途中的骑行技巧

1. 骑行道路的选择

自行车旅游对道路要求比较高。旅游时应选择平坦、易于通行的道路,除迫不得已,应尽量避免去坡道、土道,这对人对车都有损害。因此,只有在土路很明显是抄近,或非去不可的情况下,才能走土路。一般情况下,宁可多走几里也要避开。俗话说:"宁走十里坦,不走一里坎",对于自行车旅游来讲也是有道理的。

2. 骑行速度的选择

速度应保持在每小时 15 千米左右,体力好的可加快到每小时 20 千米。自行车旅游贵在保持速度,选择适当的速度,切忌忽快忽慢、有劲拼命骑、没劲步步停的现象。途中休息也可保持每 2~3 小时一次,不要想停就停,应坚持到时间或预定地点再休息。在特殊的道路条件下骑车,适当地掌握行车速度更为重要。无论是山间小路,还是又长又陡的下坡道,车速既不可太快,也不可太慢,应因地制宜选择速度。

骑行速度要根据全队的身体状况、路途远近和假期长短来决定。一般来说,如果路面平坦,每小时骑行 20 千米左右。山地或丘陵地形,每小时骑行 10~15 千米较为合适。每天骑行的时间:在开始的 3 天到一周内,不宜太长;每天 6~7 小时,骑行 120~130 千米较为合适;身体适应后,每天增加 20~30 千米,也不会有太大的问题。长途骑行后两脚会充血肿胀。休息时要平躺，尽可能把脚垫高，以促进血液循环。如有坡度不大的斜坡，也可头朝下地躺下休息片刻或把脚放在自行车上休息一下。

掌握骑行速度，以鼻吸鼻呼为准备。在干燥地区旅行，可在鼻腔内适量涂一些凡士林油，可避免鼻腔干燥，保障呼吸顺畅。如果需要用口呼吸，就是强度大了，或是累了，这时应当减速，调整变速器。上坡下坡时，使用变速器不要一下变好几个挡位（常见不太会用变速器者常这么用），这样会一下不适应，更累。下坡可放松一下身体，溜下来。如果太陡，速度过快，用后闸制动减速。不是紧急情况，不要一下把车闸捏死，不然外胎损失很大。最后，在做长途自行车旅行之前，最好利用节假日做些一两日之内的短途自行车旅行，以便逐步适应。

3. 不同季节特点的骑行技法

夏季，气温太高，白天骑行体力消耗极大，容易中暑等，不宜骑行，最好选择在早晚骑行。如必须露宿时，应随身带一个防潮垫，换上干燥的衣裤，穿上雨衣，躺在防潮垫上，并且时间不宜过长。切不可穿着汗湿的衣服就地随意躺卧。

在比较干燥的地区骑行时，应在鼻腔内涂抹一些油脂，避免鼻腔干燥，保障呼吸顺畅。夏季骑行时，如感到头晕头痛、全身无力、烦躁心慌、恶心呕吐、舌干口渴、出虚汗、心跳加快等症状，要迅速到阴凉处躺下休息，马上服用一些十滴水，等身体恢复后再逐渐活动。切记，不能用扇风法降温。

冬季骑行时，如感到皮肤发痒、红肿、麻木甚至起水疱时，要尽快用冻疮膏轻轻涂抹并做好局部保温。切不可因发痒而使劲搓揉。

五、骑车旅游中常见病的防治

1. 感冒

症状：鼻咽部发干、发痒、鼻塞、流清鼻涕、咳嗽、咽喉肿痛、头痛、腰酸背疼、疲倦、食欲不振，有的还出现腹泻、便秘、发烧等。感冒分为"流感""伤风""感冒"等。

用药：轻者喝感冒冲剂、感冒通、感冒胶囊、银翘解毒丸等药品，重者去医院或就近医疗点就医。

2. 腹泻

症状：这是一种"旅游病"，一般与旅游饮食有关。病人应卧床休息，暂停进食6～12小时，多喝菜汤和淡盐开水。

用药：呕吐腹泻可服用阿托品、黄连素或痢特灵。

预防：不吃不洁食品，饮用开水和食用新鲜菜品。

3. 中暑

症状：分为热射中暑、热痉挛中暑。

症状：头痛、头昏、耳鸣、恶心、呕吐、烦躁不安，严重者出现痉挛、呼吸及心脏功能障碍。

预防：应尽量避免在烈日下活动,戴上遮阳帽和墨镜。

治疗：用温水敷头,逐步用冷水敷,有条件可采用冰袋或淋浴,轻者服人丹、十滴水或刮痧等,重者及时送医院。

4. 高山反应

症状：头昏、头痛、心悸、气短,重症者有食欲减退、恶心、呕吐、失眠、腹胀、胸闷、面部浮肿、口唇轻度发绀等。多数人休息后即可减轻,较重者可服苯巴比妥、溴剂等镇静剂和氨茶碱,警惕肺水肿和高原昏迷的先驱症状,在急性缺氧时,可吸一些氧气。

5. 创伤

症状：分闭合性创伤、挫伤、扭伤、开放性创伤、擦伤、刺伤、切割伤、裂伤等。

处理：较大的开放性创伤必须请医生进行外科清创术和全面检查。较小的开放性创伤要先用无菌盐水(或就地用净清水)冲洗,将伤口中的异物除去,然后在伤口处涂上红汞,再用无菌纱布覆盖包扎或用胶布将局部伤口黏合。若有外出血和皮下出血,可用手指或敷料压迫包扎止血,并以绷带固定;疼痛可服消炎痛、扑炎痛等。闭合性挫伤、扭伤可局部外贴多种名目繁多的止痛膏、伤湿膏、消炎膏,进行热敷、理疗、推拿、按摩,还可内服或外搽跌打筋骨药水、药酒、药粉、药丸。

6. 毒蛇咬伤

症状：是否有毒？若在两排牙痕的顶端有两个特别粗而深的牙痕,说明是毒蛇所咬;若仅是成排的细齿状"八"字形牙痕,说明被无毒蛇所咬。

处理：无毒蛇咬后无须特殊处理,只需用红汞和碘酊药物外搽伤口包扎后即可;若被有毒蛇所咬,则要尽快将肢体用带子在近伤处5厘米做环形结扎,每半小时放松带子1~2分钟,同时设法除去伤口内的毒液,最好用双氧水或0.1%高锰酸钾溶液冲洗伤口,破坏毒汁,亦可用冷开水、盐水或清洁生水代替,冲洗后用消毒的小刀或刀片把两毒牙痕间的皮肤划开,再用手指挤压,紧急情况下可用嘴直接对伤口吮吸,吸后立即吐出并用清水漱口,但有龋齿,口腔黏膜或嘴唇破损者禁用此法,以免中毒,并尽早用药：内服半边莲80~90支,半边莲和雄黄一起捣烂,制成浆状外敷,每日换一次。好的蛇药有湛江蛇药、南通蛇药、广州蛇药、蛇伤解毒片等。

六、骑车自助旅游的自我保健

骑车,特别是骑自行车,有其他旅行方式不易遇到的问题,应予注意以下几点。

(1)大腿内侧与坐垫摩擦,容易产生表皮擦伤;局部出汗多,易生浸渍皮炎。故骑一段路程后应下车休息、擦干,午间及夜晚到休息地后,将出汗的内裤换去,将会阴部和两腿内侧洗净后擦干,再可备些中药(松花粉)扑上。如已有溃破要按擦伤处理,重者要停止骑车旅行。

车垫长时间顶着会阴部,压迫前列腺、阴囊、尿道等,易使其充血,排尿不畅,细菌易繁殖。故途中约60分钟就应下车休息,使压迫处放松,及时排尿。到住地除一般洗浴清洁外,应将臀部(坐位时肚脐以下)浸泡在温水中10~15分钟,相当于热敷。

(2)两手紧握车把,以及坐骨、耻骨部神经受压,过久后易麻木。故骑车时应戴手套,且有弹性为好,两手常变换握持角度及方式;坐时也应前后、左右"着力点"变化,有利于改善局部组织的血液循环和使肌肉松弛。

车座要有弹性、质地软,车座高度应低于车把(龙头)高度,车座前端略前倾,上面有软性垫物。旅游骑车者不要追求赛车那样以出速度为前提的设计要求,应以舒适、卫生为主。

(3)女性月经期一般不宜骑车长途旅行,如平时有锻炼基础,个人体质情况较好,也不必禁止。

(4)骑车旅行较方便,旅程、景点均可自行安排,可以欣赏到乘飞机、火车、汽车以及团体旅游时不易看到的景观。骑行者更可以根据自己的爱好,选择景区及调整停留时间等。骑车旅行还可磨炼意志、锻炼身体,为越来越多的短途自助旅游者所选择。但要量力而行,如果将体力均消耗在骑车上,到目的地已很疲劳,这不可取。

(5)长途自行车旅行时,一定要注意饮食卫生,否则半路病倒,自己遭罪不说,还会连累同伴。

(6)长途骑行,感到身体疲劳、腿脚乏力时要及时休息调整,否则控制能力下降,容易造成翻车、撞车事故。

(7)长途自行车旅行中保持警惕性,保管好自己的财物、照相机等贵重物品也是非常重要的。由于疲劳、注意力分散等原因,往往容易出现松懈、麻痹等现象,一定要提高警惕性,否则不仅可能造成自己的经济损失,还可能误事。

总之,计划要进行自行车长途旅行时一定要了解更多的资讯,向有经验的伙伴学习,做到心中有数再上路!

七、自行车活动的目的与安全措施

1. 自行车活动的目的

领域目标分为运动参与、运动技能、身体健康、心理健康、社会适应5个。自行车活动可以作为实现这些目标的良好运动方式和选择项目之一。通过不同形式的自行车活动,以便接近这些目标或达到如下目的。

心理健康目标:亲近自然。

社会适应目标:贴近社会。

运动技能目标:挑战自我。

运动参与目标:融入生活。

身体健康目标:终身健康。

2. 自行车活动的安全措施

自行车运动由于活动的时候参加人数较多,速度较快,容易发生交通安全事故,因此在自行车活动中应该采取相应的安全措施。

（1）骑行队形：指参加自行车活动的成员，在活动中有规则有秩序地排列。这种有规则有秩序排列可以显示出自行车活动的团队精神，对活动的安全能够起到保护作用。队形一般可分为骑车队形和停车队形，骑车队形一般分为两路纵队或一路纵队，在道路状况良好的情况下采用两路纵队，两路纵队前排和后排的间隔距离应在3米左右，两路纵队的左右间隔距离应在1.5米左右，在道路状况不好的情况下应采用一路纵队，一路纵队的前后间隔应在3米左右，如遇下坡前后间隔距离还应加大。停车队形，在自行车活动中常有停车休息的时候，在休息的时候，应该将自行车整齐地停在道路的一边以不影响交通为准。

（2）交通规则：交通规则是保证交通安全的重要因素，在自行车活动中要求成员一定要严格遵守交通规则，行进时应该在道路的右侧，左转弯时应该转大弯，在横穿道路时绿灯亮了才能通过，红灯亮时必须停车等候，在任何时候都要注意道路上的各种危险情况。

（3）身体条件：在自行车活动中要求队员时刻注意自己的身体变化，如果出现身体不适，就要采取相应的措施，避免发生伤害事故。

（4）骑行技术：在自行车活动中队长要随时观察队员的骑行技术，如发现技术不适合练习要求时，就应降低练习要求直到停止练习，只有骑行技术和练习相匹配时才可参加练习。

（5）车辆状况：指自行车能否正常使用，队员要对自行车进行检查，检查自行车的各转动部分是否灵活，轮胎的气是否足够，车闸是否灵活，车座高低是否合适，只有车辆状况良好的自行车才能使用。

第七章 定向运动

第一节 定向运动概述

定向运动,又称"定向越野""识图越野""野外定向""定向跑"等。它是一种参加者借助地形图和指北针,按规定的顺序独立地完成寻找若干个标绘在地图上的地面检查点并以最短的时间跑完全赛程的运动。这种运动最具亲近自然的特点,参与者在学习定向越野运动项目的同时便掌握了一项生活技能、生存技能。

一、定向运动的起源和分类

(一)定向运动的起源

定向运动(orienteering)对国人而言或许有点陌生,但在欧美各国已风行多年,参与活动者需要利用地图及指北针判断地形、地势、方向等,穿越那些不可知的地区,活动内容相当丰富且充满趣味性和挑战性。在定向运动的世界里能让你充分地与大自然结合,体验与大自然合而为一的感受。

"定向"一词在1886年首次被瑞典人使用,意思是:在地图和指北针的帮助下,越过不被人所知的地带。若真要追溯它的起源,那就不得不提到在欧洲北部的斯堪的纳维亚半岛了。那是一片散布着无数湖泊的森林,住在那些少数村庄的村民们,必须利用那些散布在林中湖畔的幽幽小径往来各地,在那种环境生活的人们当然要具备优于其他人的方向感,否则如何穿越过那片茫茫未知的林海。由此才逐渐有了定向运动的雏形。

定向运动起源于瑞典,它最初只是一项军事体育活动。真正的定向比赛于1895年在瑞典斯德哥尔摩和挪威奥斯陆的军营区举行,此时,标志着真正意义上的定向运动并将之作为一种体育比赛的项目才得以诞生,距今已有百年历史。而在1918年由瑞典斯德哥尔摩的童子军领袖梅吉兰特组织的寻宝活动则成为现在全球通行的定向运动的基本模式。从那时起,这项运动在北欧蓬勃发展,此后,不少国家都陆续引进和开展,继而风靡世界。

(二)定向运动的分类

1. 按运动工具分类

(1)徒步定向:如传统定向越野、接力定向、积分定向、夜间定向、五日定向、公园定向等。

(2)工具定向:如滑雪定向、山地车定向等。

另外,定向运动还可以按性别的不同分为男子组和女子组;按年龄的不同分为青年组、老年组和少年组;按技术水平的不同分为初级组(体验组和家庭组)、高级组和精英组;按参加人数的不同分为个人单项、个人双项和集体项。

2. 按运动方式或比赛形式分类

(1)定向越野(cross-country orienteering)。这是各种定向运动比赛中组织方法比较简便、开展最为广泛的一种。其比赛的成败全在于个人的识图、用图、野外定向和奔跑能力的强弱,因此适于各种年龄、性别的人参加。国外有关资料记载,运动员最小的只有8岁,而最长者有80岁,真可谓老少皆宜。为增加比赛的乐趣,也可以在判定比赛成绩的方法上有所区别,如可以个人跑计个人成绩、个人跑计团体成绩或个人跑计个人与团体成绩等。

定向越野比赛是国际定向运动联合会(以下简称国际定联)正式承认的比赛项目之一。

(2)接力定向(relay orienteering)。接力定向是团体之间的定向越野比赛项目之一,其成绩好坏有赖于每个队员个人能力的发挥。在接力比赛中,比赛的路线分成若干段(国际比赛通常为4段),每名选手完成其中的一段,各段参赛选手的成绩相加为该队团体总成绩。为便于观众欣赏各选手之间的激烈竞争,接力定向的场地必须设置一个"中心"站,各段选手的交接(即"换段")均在这里以触手方式进行(不使用接力棒),因此,接力定向的观赏性较好,被国际定联纳入了正式比赛项目。

(3)滑雪定向(ski orientserlng)。滑雪定向也可以按个人、团体或接力比赛等形式进行。它与个人徒步定向越野赛的区别是选手需要使用滑雪装具(非机动的)。供比赛用的滑道,则需要使用摩托雪橇来开辟。同一比赛路线上的滑道通常不止一条,便于选手自行选择。

滑雪定向也是国际定联的正式比赛项目之一。滑雪定向在东欧国家十分流行,许多世界高山、越野和速度滑雪选手同时又是滑雪定向的高手。

(4)夜间定向(night orienteering)。这是定向运动的一种高难度的比赛形式,在视度不良的夜间进行,不仅增加了比赛的难度,同时对观众和选手自己增加了吸引力和刺激性。夜间定向已被列入国际定联的正式比赛项目之中。第一届世界夜间定向锦标赛于1986年10月27—28日在匈牙利举行。

(5)记分定向(score orienteering)。记分定向通常以个人方式进行。它是在比赛区域内预先设置好许多检查点,并根据地形的难易程度、距离远近、点的位置的相互关系不同而赋予每个检查点以不同分值。选手必须在规定时间内自行寻找若干或全部检查点,以积分最高者为优胜。

(6)专线定向(line orienteering)。这种比赛与其他比赛的最大区别是在地图上明确标出了比赛的路线,运动员必须按这些规定的路线行进,并将途中遇到的检查点位置标绘到图上去。成绩以检查点位置标绘的准确程度和所用时间的长短确定。

(7)五日定向(orienteering 5 days)。这是瑞典独有的一项特别吸引人的比赛项目。比赛共进行5天,比赛路线由若干段组成,每次都单独记录下个人的成绩,最后再算出总成绩。在几十千米或者一百余千米的多条比赛路线中,除设置了许多检查点之外,还设有若干营地,供运动员与观众休息或参加丰富多彩的文化娱乐活动。近年来，瑞典的五日定向比赛组织得十分频繁，每次参加比赛的来自世界各地的选手都超过 15 000 人，大大超过了任何一届奥林匹克运动会的选手人数！

此外，为推动群众性定向运动的开展，作为参加上述比赛活动的预备，目前国际上还流行着一些其他的定向运动形式，如①校园定向（school orienteering），在学校的操场或教室、体育馆内为孩子们设计的一种游戏；②特里姆定向（trim orienteering），在一定的区域内设置许多永久性的检查点，不规定完成时间，以寻到点数的多少给予纪念品以资鼓励（详见特里姆定向运动）。在有些国家，人们还常常以家庭为单位进行比赛，并尝试使用不同交通工具的定向运动比赛，例如乘坐摩托车、自行车、独水舟或骑马等。

二、定向运动的发展概况

1. 国外定向运动的开展情况

定向运动本身作为一种体育项目开展是从 20 世纪初在北欧开始的。自从 1919 年第一次正式的定向运动比赛在斯堪的纳维亚举行之后，这个项目在北欧得到了迅速的发展，并很快地普及到世界各地。定向运动也由初期单一的一种比赛形式逐步演变为包括各种各样的比赛或娱乐项目在内的综合性群众体育活动。

20 世纪 30 年代，定向运动已在芬兰、挪威、瑞典、丹麦立足。1932 年举行了第一次世界定向运动比赛。为使定向运动在全世界得到普及和发展，1961 年 5 月，十几个国家的定向运动积极分子在丹麦首都哥本哈根成立了国际定向运动联合会（international orienteering federation, IOF），确定了正式的比赛项目并制定了一系列的比赛规则与技术规范，国际定联成立时有成员国 10 个，截至 2004 年底已发展到 61 个国家与地区。国际定联是世界定向运动的行政实体，是国际体育联合会总会之一。定向运动也是国际承认的奥林匹克体育项目之一。

定向越野也是国际军事体育理事会（international militaire spot）的正式比赛项目之一，每次举办的比赛都能吸引十多个国家的军队运动队参加。根据 1972—1983 年的资料，按每年参加国的数量，定向越野已成为与篮球等并列的国际军体锦标赛的七大比赛项目之一。

在瑞典，全国有 700 多个定向俱乐部，每年组织 1000 多场正式定向比赛。众多政界要人、商业巨头、媒体名人为定向运动的钟爱者和积极参与者。所有瑞典学校学生及军队服役人员必须学习定向运动，它是一门法定必修课程，是教育和训练的一部分。对许多瑞典人来说，定向运动已成为一种生活方式。

总之，定向运动作为一项能够使人们的体力、智力、意志品质得到全面锻炼的新兴体育项目，今天它的爱好者在北欧已"超过了足球"；在另外一些国家，则被列入军队或地方院校的必修或选修课。

2. 中国定向运动的开展情况

我国按照国际规则开展定向运动是在 1983 年 3 月，由中国人民解放军体育学院在广州白云山举行的"定向越野试验比赛"。同年 7 月北京测绘学会在举办测绘夏令营时，也进行了一次定向越野活动,尽管比赛不很规范,毕竟是在我国青少年中推广定向运动的开始。此后,定向运动先后在我国军事院校、青少年测绘夏令营、国家体委无线电测向运动队和大学生中逐步推广开来。1991年中国定向运动委员会成立,现名"中国定向运动协会",1992年国际定联接纳我国为该会正式成员国,从此定向运动正式进入我国群众体育运动的行列。

在体育界、教育界、测绘界以及部队系统的有关部门及热心人士的努力推动下,近些年我国定向运动又有了进一步发展,机构得到加强,竞赛活动增多,竞赛规模扩大,国际交流广泛,普及程度提高。1993年成立了国家体育总局航管中心无线电定向运动部。自1994年以来我国每年举办一次全国定向运动锦标赛,至今,全国大学生定向运动锦标赛也已经举办过3届。此外,我国曾经多次举办有外国运动员参加的国际性定向运动友谊赛、邀请赛,同时多次派运动员,包括青少年参加国际定向比赛。1998年我国还承办了亚太地区定向运动锦标赛。近几年,在北京、上海、昆明等地还接待过世界公园定向运动组织(park world tour,PWT)主办的公园定向循环赛,使我们有机会观摩世界排名前25位的男女定向运动员的精彩表演。凡此种种,说明我国的定向运动已经开始走向世界。

定向运动诞生已有百年,国际定联成立已有40多年的历史比较,我国定向运动的开展,应该说,仍然处于初级阶段。我国定向运动与国际定向运动水准比较还存在一定的差距,主要表现在三个方面,定向运动竞赛路线设计技术方面、定向运动员技能训练方面、定向地图的制作标准化方面尚有不足之处,其中以地图制作问题更为突出一些。

三、定向运动的特点

我们可以用八个单词来总结定向运动的特点——即 elite(精英)、social(社交)、environmental(环保)、inexpensive(大众)、family(家庭)、student(学生)、ethical(道德)和 business(商务)。

(1)定向运动是一种精英体育(elite sport)。定向运动是一项精英人才体育项目。因为它富于挑战,选手们需要在完全陌生的环境中,脑体高度配合,才能找到既定的目标。

(2)定向运动是一种社交体育(social sport)。定向运动是一项广交朋友的社交性体育项目。参与者不论男女老幼、种族背景、社会地位、文化差异,都可以尽情参与、相互交流、共享人生。

(3)定向运动是一种环保体育(environmental sport)。定向运动是一项自然环境体育项目。参与者可以在亲近自然、享受自然的同时,体会到尊重自然、保护自然的重要性。

(4)定向运动是一种大众体育(inexpensive sport)。定向运动是一项相对来讲不算昂贵的群众性体育项目。参与者不需配备特殊装备,而只需一张好的定向地图和一个指北针便可尽享比赛乐趣。当然,服装可以是定向专业套装,也可只是普通运动服装。

(5)定向运动是一种家庭体育(family sport)。参与者可以以家庭为单位参加定向运动,这样一家人可以在回归自然、放松身心、自我娱乐的同时,密切家庭成员之间关系,增进彼此间的理解和感情。

(6)定向运动是一种学生体育(student sport)。定向运动是一项学生体育项目。通过定向运动的参与,学生们可以增强自己独立分析问题、解决问题的能力、良好的逻辑思维能力和快速的决断能力。

（7）定向运动是一种道德体育（ethical sport）。与其他竞技运动相比，定向运动更强调其体育道德的遵守。除了禁止使用兴奋剂之外，在定向运动中，还有"禁止尾随其他运动员"等规则，以保证比赛的公正性和公平性。

（8）定向运动是一种商务体育（business sport）。定向运动具有的时尚、自然、精英的特点，使其在商业领域有着巨大的商业价值，通过举办特别主题的商务定向活动，传递一种健康、环保、自然、崇尚运动的理念。

第二节　定向运动的器材和装备

一、地图和指北针的选择与使用要求

标准的定向运动地图比例尺为1∶15000或1∶10000，等高距为5米；公园定向运动地图比例尺约为1∶2000～1∶5000。定向运动地图是一种详细的地形图，最多采用六色印刷，棕、蓝、绿、中黄、黑、品红（线路标志）。

定向地图要标示出所有对读图和选择路线有影响的要素，特别是对地物的可识别性、地类界、树林的空旷程度、地面的可奔跑程度等应予以充分注意。

现代定向运动使用的指北针，多为透明式多用指北针。指北针底板透明可透视地图，磁针灵敏度高，稳定性好，提高了读图速度。指北针的种类很多。比赛多用瑞典3型、ZPJ-1型等。最新的还有套大拇指型的。地图与指北针的使用要求如下。

1. 第一步：指北针归零

（1）将指北针水平放置（同时地图也需水平放置）；

（2）转动内环，使环外的北方零刻度（N）与环内的指针指示北方的位置（N）重叠，且磁针（红色端）也指向（N）点位置。

2. 第二步：摆地图

一般定向地图的方位是：上北、下南、左西、右东。当你可以直接正确判断出实际环境下的北时，就可以将地图的上方对正现实的北方，此时地图也已摆正。但当你无法判断出实际环境下的北时，就需要利用指北针来将地图摆正方向。步骤如下：

（1）先使透明式指北针的定向箭头"↑"朝向地图上方，并使箭头两侧的平行线与地图上的北线重合或平行；

（2）转动地图，使红色磁针北端对正磁北方向，地图即已摆正。

3. 第三步：确定前进方向

（1）在定向地图上找到自己当前所在位置 A 点和目的地 B 点；

（2）在已摆正地图不转动的前提下，移动指北针，使指北针定向箭头"↑"指向 B 点并平行

于 A 点到 B 点的连线或延长线；

（3）此时会发现磁针北端和指北针上的(N)点有角度偏差，转动指北针内环，使磁针（红色端）恢复到(N)点位置；

（4）完成以上步骤后就可以将地图收起，手执指北针按照指北针上的定向箭头方向前进了，注意在前进过程中要始终保持磁针在零点位置就可以了。

二、定向运动检查点的设定要求

检查点用于检验运动员是否按规定跑完全程，为此，应设置专门的标志。检查点应在地图上准确地标示出来。

检查点标志是由三面标志旗连接组成。每面正方形小旗，沿对角线分开，左上为白色，右下为红色，旗的尺寸为 30 厘米×30 厘米，可以用硬纸壳、胶板、金属板、布等材料制作。标志旗通常要编上代号（国际上过去曾使用数字做代号，现已规定使用英文字母），以便于选手在比赛时根据旗上的代号来判断他是否找到了正确的检查点。

三、定向运动的服装要求

定向运动对服装没有特殊的要求，大致上只要是紧身又不至于影响呼吸与四肢活动自如即可。为防止草木的刺碰以及虫蚁的侵袭，最好穿用面料结实的长袖衣（有较高、较紧的领口）和长腿裤。

专业的定向选手普遍选用一种有弹性的轻质化纤服装，它能防止草籽勾黏，在被浸湿的情况下依然保持身体动作的最大灵活度，而且会很快风干。

第三节 定向运动的基本技能

一、基本定向技术

（1）地图正置及拇指辅行定向法。先将地图正置，把拇指放在地图上自己的位置。这样你要前进的方向便在地图前面，使你清楚观察四周的环境及地理特征。当前进时，拇指随着移动，当改变前进方向时，地图也要随着转移，即保持地图指向正北方。那样你可以在任何时候都能立即指出自己在图中的位置，省回不少时间和精力。

（2）利用指北针定向法。利用指南针，准确地找出目标的方向，每次前往目标前，可先观察目标周围的地势，加深印象，务求快速及准确地到达目的地。

（3）扶手定向法。利用明显地理或人做特殊引导，使之前进时更具信心。如小径、围栅、小溪涧、山丘等，皆是有用的扶手。

（4）搜集途中所遇特征定向法。辨别前往控制点途中所遇到的地理特征，确保前进方向及路线正确。切勿将相似的特征误认。

（5）利用攻击点定向法。先找出控制点附近特别明显的特征，然后利用指北针，从攻击点准确及迅速地前往控制点。攻击点必须是容易辨认，如电塔架，小路交点等。

(6)数步测距定向法。先在地图上量度两点间的距离,然后利用我们的步幅准确地测量要走的路程。方法:先量度 100 厘米我们所需步行的步数,(设 120 步),当我们在地图上发觉由 A 点到 B 点的距离是 150 厘米便可计算出应走 180 步。为了减少数步的数目,我们利用"双步数",只数右脚落地的一步,便可把步数减半。上例双步数为 90 步。

(7)目标偏测定向法。利用指北针前进,把目标偏移,当到达目标的上面或下面时,再沿[扶手]进入目标。

二、地图和指北针的运用方法

熟练地掌握使用国际定向地图与指北针的各种方法,在定向越野中具有特殊的重要意义。认识定向地图是为了正确地使用定向地图,因此在学习定向越野技能的阶段,必须选择最合适的场地,用较多的时间训练使用定向地图与指北针的方法。下述内容中,有的是属于最基本的和必须通过反复练习熟练掌握的,有的则可以根据具体情况,先选择一到两种最适用的方法进行训练,以便达到由浅入深、循序渐进、触类旁通的学习效果。

(一)标定地图

标定地图就是为了使定向地图的方位与现地的方向保持一致。这是使用定向地图最重要的前提。

(1)概略标定:定向地图上的方位是上北,下南,左西,右东。当我们在现地正确地辨别了方向之后,只要将地图的上方对向现地的北方,地图即已标定。这种方法简便迅速,是定向越野比赛中最常用的方法。

(2)利用磁北线(MN 线)标定:先使透明式指北针圆盒内的定向箭头"↑"朝向地图上方,并使箭头两侧的平行线与地图上的磁北线重合(或平行),然后转动地图,使磁针北端对正磁北方向,地图即已标定。

(3)利用直长地物标定:利用直长地物(如道路、土垣、沟渠、高压线等)标定地图,首先应在图上找到这段直长地物,对照两侧地形,使图与现地各地形点的关系位置概略相符,然后转动地图,使图上的直长地物与现地的直长地物方向一致,地图即已标定。

(4)利用明显地形点标定地图:当你位于明显地形点上,并已从图上找到该地形点的位置(即自己所在的站立点)时,可以利用明显地形点标定地图。方法是:先选择一个图上与现地都有的远方明显地形点(目标),然后转动地图,使图上的站立点至目标的连线与现地的站立点至目标的连线相重合,此时地图即已标定。

(二)对照地形

对照地形,就是要仔细观察,使图上和现地的各种地物、地貌一一"对号入座",即相互对应。对照地形在定向越野比赛中的作用主要有两个:一是在站立点尚未确定时,只有正确地对照地形,才能在图上找出正确的站立点位置;二是在站立点已经确定,需要变换行进方向时,只有通过对照地形,才能在现地找到已选定的最佳行进路线。对照地形一般应先标定地图,然后根据不同的需要采用不同的对照方法。

(1)在站立点尚未确定前:首先应概略地标定地图,然后迅速地观察一下周围,记清最大或最有特征的地物、地貌的大概方位与距离,并从图上找到它们,此时站立点的位置即可概略地确定。若想较精确地确定,则需按下节中所介绍的方法去做。

(2)在站立点已经确定之后:同样首先应概略地标定地图,然后从图上查明自己选定的运动路线上近前方两侧的特征物,同时记清它们的大概方位与距离,并将它们在现地辨别出来,然后再前进。如果因为地形太复杂,如山丘重叠、形状相似等,不易进行对照,可以先采用较精确的方法标定地图,然后用带刻度尺的指北针的长边切站立点和特征物,并沿这条直长边向前瞄准,则特征物一定在此方向线上。如此方法还不能解决问题,应变换对照位置,或者登高观察和对照。在这里需要特别强调的是,无论在什么情况下进行现地对照地形,都必须特别注意观察和对照地形的顺序与步骤问题。现地对照地形的顺序一般是:先对照大而明显的地形,后对照一般地形;由近及远,由左至右;由点及线,由线及面;逐段分片,有规律地进行对照。在步骤方面,首要的也是必不可少的就是要保持地图方位与现地方位的一致,然后再根据不同需要进行下面的步骤。

(三)确定站立点

熟练地掌握在图上确定站立点的各种方法是学习使用地图的关键。对于这些方法,除了要记住它们各自的步骤、要领,尤其重要的是要学会根据不同情况,对它们进行选择使用和结合使用。

1. 直接确定

当自己所处位置是在明显地形点上时,只要从图上找出该地形点、站立点即可确定。这是一种在行进中,特别是奔跑中最常用的方法。但是,采用直接确定法的困难在于:在紧张的进程中,怎样才能很快地发现可供利用的明显地形点?当同一种明显的地形点互相靠近的时候,这样才能够正确地区别他们,防止"张冠李戴"。

可以称得上是明显地形点的地物主要有:①单个的地物;②现状地物的拐弯点、交叉点(呈"十"字形)、交会点(呈"丁"字形)和端点;③面状地物的中心或者有特征的边缘。

可以称得上是明显地形点的地貌主要有:①山地、鞍部、洼地;②特殊的地貌形态:陡崖、冲沟等;③谷地的拐弯、交叉和交会点;④山脊、山背线上的转折点、坡度变换点等。

2. 利用位置关系确定

当站立点位于明显地形点附近时,可以采用位置关系法。利用位置关系法确定站立点主要是依据两个要素,一是站立点至明显点的方向,二是站立点至明显点的距离。在地形起伏明显的地方,还可以结合高差情况进行判定。

3. 利用"交会法"确定

当站立点附近无明显地形点时,可以利用"交会法"确定、利用90°法确定站立点等。按不同情况,它又可以具体分为90°法、截线法、后方交会法和磁方位角交会法。这些方法的优点是：不需要判断或测量距离也能确定出较为准确的站立点位置，这对于初学者学习、巩固使用定向地图的训练是很有意义的。但是，它们中的一些方法，要么只能在某些特定的条件下才能运用，要么就是步骤繁琐，费时费力，因此在定向越野比赛中一般较少使用。几种测定方法简介如下。

(1)90°确定法：当待测点位于线状地形(包括道路、沟渠、山背线、谷底线、坡度变换线等)上时，如果在与运动方向相垂直的方向上能够找出一个明显地形点，那么确定站立点就简单得多：线状地形符号与垂直方向线的交点即为站立点。

(2)截线确定法：当待测点位于线状地形上，但在其与运动方向相垂直的方向上没有明显地形点，可以采用此法。其步骤是：①标定地图；②在线状地形的侧方选择一个图上与现地都有的明显地形点；③利用指北针的直长边缘(也可用三棱尺、铅笔等)切于图上明显地形点的定位点上(为便于操作可插一细针)，然后转动指北针，使其直长边照准该地形点；④沿指北针的直长边向后画方向线，该方向线与线状地形符号的交点，就是站立点在图上的位置。

(3)连线确定法：当待测点位于线状地形上，同时待测的位置恰好是在某两个明显地形点的连线上，可以利用这种方法确定站立点。

(4)后方交会确定法：后方交会法通常要求地形较开阔，通视良好。其工作步骤如下：在图上找到选定的方位物之后，标定地图；然后按照截线法的步骤分别向各个方位物瞄准并画方向线，图上方向线的交点就是站立点。

(5)磁方位角交会确定法：既可以在地形开阔时使用，也可以在丛林中使用。但是，在丛林中需要攀爬到便于向远方观察的树上或其他物体上进行。其步骤是：①选择图上和现地都有的两个明显地形点，并用指北针分别测出至该两地形点的磁方位角；②标定地图。将所测磁方位角图解在地图上。图解磁方位角时，要先转动指北针的分度盘，让指标分别对正所测的方位角值，再将指北针的直长边分别切于图上被照准的两个地形点符号并转动指北针；待磁针与定向箭头重合后，分别沿直长边描画方向线。两方向线的交点，就是站立点在图上的位置。

需要说明的是，后方交会和磁方位角交会方法只在此种情况下使用，即在待测点上无线状地形可利用，而且地图与现地相应地都有两个以上的明显地形点。

(四)按图行进

利用地图行进是定向越野的基本运动方式，它有赖于运动员对前面所述各种专项技能的综合运用。换句话说就是，学习辨别方向、识别定向地图以及标定地图，对照地形确定站立点，都是为了能够熟练地利用地图。因此，在实践中要根据地形情况、个人特点，选择下述对自己最适合的一两种方法，反复练习，融会贯通，以便在比赛时、在不降低或少降低运动速度的情况下，始终正确地行进在自己选定的路线上，顺利到达目的地。

(1)记忆行进法：一般要按行进的顺序，分段地记住路线的方向、距离、经过的地形点、两侧的辅助参照物。通过记忆，应该使自己具备这样一种能力：现地的情景能够不断地与记忆的内容"叠影"、印证，即"人在地上跑，心在图上移"。

(2)拇指辅行法：先明确自己的站立点和将要运动的路线，到达目标，然后转动地图（身体要随之转动），使地图与现地的方向一致，并用拇指压于站立点一侧，再开始行进。行进中要根据自己所到达的位置，不断移动拇指，转动地图，保持位置、方向的连贯性与正确性。

(3)借线行进法：当检查点位于线状地形或其附近时，可以采用此法。行进时，要先明确站立点，尔后利用易于辨认的线状地形，如道路、围栏、高压线、山背线、坡度变换线等，作为行进的"引导"，使自己运动时更有信心。由于沿着线状地形前进犹如扶着楼梯的栏杆行走，因此国外称这种方法为"扶手法"。

(4)借点行进法：当检查点附近有高大、明显的地形点时，可用此法。行进前，要先将目标辨认清楚（亦可用其他物体佐证），然后用最快的速度前往检查点。

(5)导线行进法：当站立点距离检查点较远，途中地形又很复杂时，可以采用此法。行进过程中，要多次利用各个明显地形点，确保前进方向与路线的正确性。但需注意：切勿将相似的地形点用错。

(五)寻找正确方向的技巧

迷失方向怎么办？当在现地找不到目标，同时又无法确定站立点时，就是迷失了方向。下面介绍的是寻找正确方向的几种常用方法。

(1)沿道路行进时迷失方向的寻找方法：标定地图，对照地形，判明是从哪里开始发生的错误以及偏差有多大，然后根据情况另选返回的道路前进。如果错得不多，可返回原路再行进。

(2)越野行进时迷失方向的寻找方法：应尽早停止行进，标定地图后选择最适用的方法确定站立点，然后尽量取捷径插到原来的正确路线上去，不得已时再返回原路。

(3)在山林地中行进时迷失方向的寻找方法：根据错过的基本方向，大概距离，找出最近的那个开始发生偏差的地点，并以此为基础，确定出站立点的概略位置。如果错得太远，确定不了站立点，又不能返回原路，就要在图上看一看，迷失地区附近是否有较大型或较突出的明显地形（最好是线状的），如果有，就要果断地放弃原行进方向向它靠拢，并利用它确定站立点。如果没有这个条件，那么就继续按原定方向前进，待途中遇到能够确定站立点的机会后，再迅速取捷径插向目的地。在山林中行进，最忌讳在尚未查明差错程度和正确的行进方向都不清楚的情况下，匆忙而轻易地取"捷径"斜插，这样很可能造成在原地兜圈子。

(4)PS的运用：如果在山林地中迷失了方向，甚至连"总的正确方向"都无法确定，那么就需要使用指北针。

三、检查点的精确定位

在定向运动竞赛中，要尽可能快地找到检查点，即检查点的精确定位是至关重要的。特别是第一次就找到检查点显得格外重要。接近检查点常用的方法一是简化法：就是抓住靠近检查点附近的地形地貌，主要特征，快速接近检查点。二是放大法：尽可能从接近检查点的地物一侧接近检查点，使检查点似乎很明显。三是顺延法：顺着通向检查点的特征地物到达检查点。

总之,在接近检察点前,应瞄准检查点一侧,利用明显特征地物,准确确定检查点位置。

四、最佳行进路线的选择

选择最佳行进路线的能力是建立在掌握其他定向越野技能,尤其是识图用图能力基础之上的,是体能与技能在比赛中的综合运用,因此可以这样说:选择路线是更高一层意义上的技能或称"尖端"技能。

（一）选择行进路线的标准

什么是最佳行进路线？简单地说应该是:省体力、省时间、最安全、便于发挥自己的技能或体能优势等。

（二）选择行进路线的基本问题与原则

1. 选择行进路线的基本问题

当遇到高地、陡坡、围栏之类的障碍时,是翻越还是绕行？
当遇到密林、沼泽、水塘之类的障碍时,是通过还是绕行？

2. 选择行进路线要遵循的原则

(1) 有路不越野。应尽量选择沿道路行进,这是因为:
①在道路上容易确定站立点,使运动员更具信心；
②地面相对平滑、平坦,有利于提高奔跑速度。

(2) 走高不走低。

如果不得不越野,应尽量在高处(如山脊、山背)行进,避免在低处(如山谷、洼地)行进。这是因为:①地势高,展望好,便于确定站立点和保持行进方向；②高处通风、干燥,荆棘、杂草、虫害及其他危险少；③人们都习惯在高处行走。因此,像在山脊这样的地方,常常会有放牧、砍柴的人踏出的小路,利用它,便于提高运动速度。

（三）不同地形对运动速度的影响

不同地形对运动速度的影响详见表 7-3-1。

表 7-3-1　不同地形对运动速度的影响（概略值）

每千米用时（分钟）	公路	空旷地	疏林	山地或树林
走	9	16	19	25
跑	6	8	10	14

(四)选择行进路线的方法(举例)

实际上,依靠上述一般原则决定路线的选择是不够的。只有让自己的"感觉"或"估计"变得更具科学依据,才有可能更快地提高定向越野成绩。分析与解决选择路线基本问题的方法有多种,下面仅介绍其中的一种,即经验法。

某人以自己在道路上奔跑 300 米需要 2 分钟的时间(近似值),作为一个标准,通过多次实践,对自己奔跑的速度有了如下了解,见表 7-3-2。

表 7-3-2　不同地形奔跑行进速度和距离参考值

地形类别	每 300 米用时(分钟)	倍率	每 2 分钟的距离(米)
大路	2	1	300
杂草地	4	2	150
有灌木的树林	6	3	100
密林或荆棘丛	8	4	75

那么,他就可以用这样的方法解决问题:假定穿过密林的距离为1(75 米),沿大路跑的距离为4(300 米),则两种选择所用的时间相等;如果他的体力好而定向本领差,那他就应该选择沿大路跑。对于其他选择,可以参照同样的方法进行换算。

五、定向技能技巧的运用

1. 重新定位

当明确自己丢失或者当你在一个区域徘徊了一段时间的时候,这时你需要重新确定自己的位置。你可以这样进行:①确保到达最近的特征物并且确认你刚才在地图上的位置;②尝试找到一些明显可辨认的特征物,例如一些石头或者人工建筑物可以指示在图中的位置。

2. 概略定向

概略定向的方法是:①使用指北针根据磁北线标定地图;②确定自己的站立点;③选择对于自己来说最简单而又最近的路线。

小技巧:沿着你前进的方向折叠好地图,以便更好地拿地图并且不被地图其他区域影响你的注意力。

3. 精确定向

当你接近检查点的时候你要仔细地观察地图上的所有细节,以便能准确地知道你在哪里。

小技巧:用拇指指示你在图中的位置,并且伴随着你的奔跑移动拇指在地图的位置。

第四节 定向运动的训练竞赛与裁判

一、定向运动队的成立及训练

定向运动训练是开展定向运动的一个重要环节。定向运动与传统的体育项目相比,在训练计划、训练设施、训练模式和组织竞赛等方面,无论在形式还是内容上都存在着一定的区别。因此,应当根据定向运动的知识技能结构与功能特点,结合各地的实际情况,科学地组织训练和竞赛。

1. 定向运动员的选材

运动能力的遗传学规律为运动员的科学选材提供了理论依据,教练员可以根据不同专项运动对运动技能的不同要求,将那些从事某些运动具有天赋的青少年选拔出来,并给予科学的训练,使他们先天的能力得到充分的发挥和发展。因此,运动员选材必须根据不同运动员的专项特征,以那些遗传度较高的指标作为选材依据,这样才能使运动员选材科学化。下面简要介绍以下定向运动员的选材标准。

(1)形态:近年来,定向运动员的身高有增大的趋势,选材时应将身高作为重要指标之一。但随着距离的加长,动作频率的加快,身高值相对减小。对体重/身高(千克/厘米)指数没有过高的要求,但去脂体重要大,应有较好的肌肉力量,特别是腿部力量。运动员的体型特点是腿部肌肉发达,臀部肌肉向上紧缩以及大腿肌肉是"马裤型",同时要求运动员腰细、髋窄、跟腱长、足弓高等。

(2)身体素质:有氧耐力是定向运动员最重要的身体素质,通常采用长跑、长游等指标测定,运动时的无氧阈是衡量有氧耐力的重要指标,通常可用血乳酸4毫克/摩尔浓度的运动速度表示。同时,肌肉耐力也是不可忽视的选材指标。

(3)身体机能:最大摄氧量是耐力性运动项目创造优异运动成绩的重要保证。而最大摄氧量的高低取决于心肺功能和骨骼肌代谢水平。选材时要求心肺发育良好,心容量大,心搏有力,脉搏徐缓,特别要求运动员有较大的心输出量和每搏输出量,这些指标均有较高的遗传度。

骨骼肌应有较高的有氧代谢酶活性和有氧代谢能力。骨骼肌纤维应以红肌(慢肌)纤维占优势,红肌纤维越多,有氧代谢能力和抗疲劳能力越强。另外,体内血红蛋白含量的高低直接影响机体的输氧能力,并对缓冲血液酸碱度、维持机体内环境起重要作用,男、女运动员的血红蛋白含量应分别在13克和12克以上。

2. 定向运动员应具备的素质

(1)身心健康,爱好运动,并能得到家庭的支持。
(2)品德高尚,意志顽强,能吃苦耐劳。
(3)性格开朗,思维敏捷,反应灵敏,独立性强,处事果断。

(4)谦虚、善思考,既要遵循教练的指导,又要灵活有主见。

(5)热爱集体,组织纪律观念强。

3. 训练计划制订建议

制订合理的训练计划是保证训练科学性的前提。在进行野外训练时,受训练的目的,练习者的经验,训练场所的环境条件,季节与气候等可变因素影响,接受野外常识培训与野外技能训练的范围和深度相差很大。如以休闲旅游、放松身心、享受大自然风光为主要目的的野外活动,活动者几乎不需要接受专门的野外技能训练,只在出发前或活动过程中进行必要的环保常识教育就可以达到活动目的了;而在进行以提高运动成绩为主要目的的野外训练时,练习者必须熟练掌握相当数量和质量的野外定向知识与技能,才能确保活动者全面地完成预计任务。

定向运动应该以识图用图为基本目标,以学生能够掌握定向技能为提高目标,以学生能够自主组织与开展定向运动为发展目标,全面提高学生的思想品德素质、科学文化知识、体育锻炼的意识与方法、社会适应能力,促进学生身心和谐统一发展。因此,在制订训练计划时,应按照运动技能形成的规律,遵循循序渐进的教学原则,由浅入深、由易到难地分阶段安排训练内容。

二、定向运动竞赛的组织及基本规则

(一)定向行进及打卡常识

具有极强竞争性的定向运动要求以最快的速度探寻各个点标。以最短时间找到所有标点者为胜。下面这张地图上所显示的就是一条典型的定向路线图,如图7-4-1所示。

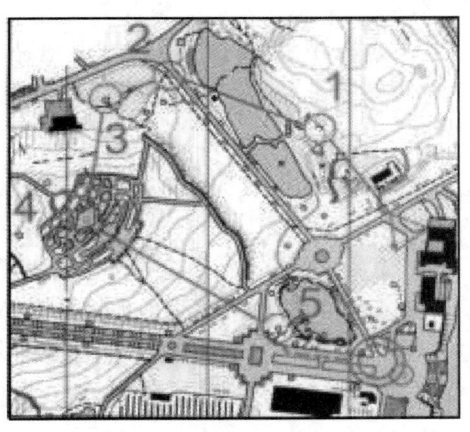

图7-4-1 定向路线图(举例)

三角表示起点,其精确的位置是三角的中心。你所寻找的点标用单圆圈表示,终点则用双圆圈表示。点标之间用直线连接,然而这并不意味着你必须选择直线到达。你可以自己选择道路,但必须按照正确的顺序去找点标,1,2,3,…,n,每个点标处都有一个橘色和白色相间的定向点标旗以及定向打卡器。用在起点所获得的卡在此打卡,以证实你的到访。打卡器有机械打孔或者电子打卡计时系统等多种。

人人参与定向运动比赛有适合各个类型的定向者等级。等级按性别、年龄和定向技巧来划分,通常一次比赛中有很多等级。

(二)永久路线介绍

许多公园设置了永久性的路线。它们通常包括各处有"特征"的柱子,或者是装在树上的10~20平方厘米大小的标志物,或易或难。你可以从公园门口,或 PWT 网页 www.pwtchina.com 得到地图包。在包里,你将找到所有 PWT 地图及相关信息。除了地图以外,你还能得到一些意见和各种不同难度各式各样的路线。这些路线构成了完美的训练场所,也提供了一种很好的方法来向初学者介绍定向运动。

(三)如何制订路线

在比赛中,你需要一张已标明比赛路线的地图。这条路线是由比赛组织者在比赛前制定的。一般来说,最好尽早地制订出比赛路线,以便提前检查那些点标的位置是否合适。

1. 路线中的各种标记

(1)起点,点标,终点和起/终点(有时起点和终点可以重合)。

(2)在图中用彩色标出比赛路线(如用笔画线,用颜色区分笔),这是为了与图上的其他颜色区分开来。

起点在图中用三角形表示,并指向第一个点标。点标用圆圈标出,且点标的具体位置是圆圈的中心。

(3)这个圆圈的直径大约 7 毫米(不要太大也不要太小)。

(4)永远不要把点标设在空旷地带中心,而是放在有明显地物特征的地方。

(5)点标的序号的阿拉伯数字要南北竖直标写(这样不用看地图的顶端也可以知道南北方向)。

2. 制订路线的一般原则

(1)点标的数量并不固定,一般至少要有 4~5 个(图 7-4-2),但要注意:点标之间的距离不要太远,如果超过 5~6 千米就是过长了(这主要是由地域的大小和道路中的障碍物决定)。

(2)对初学者,路线一般不要交叉,因为这样可能使他们混乱,以错误顺序找点。除非使用 Sportident 电子打卡系统,否则最好不要设交叉路线。因为机械打卡器不能识别你是否按顺序打卡,除非点标旁有组织监察员监督。

(3)这里需要强调的是:路线是可以交叉的,只是由于某种实际的原因而尽可能不使之交叉。

(4)点标之间的角度不要小于 90°,以避免那些正在寻点跑的人看见刚从此点标方向跑出的人而得利(图 7-4-3)。

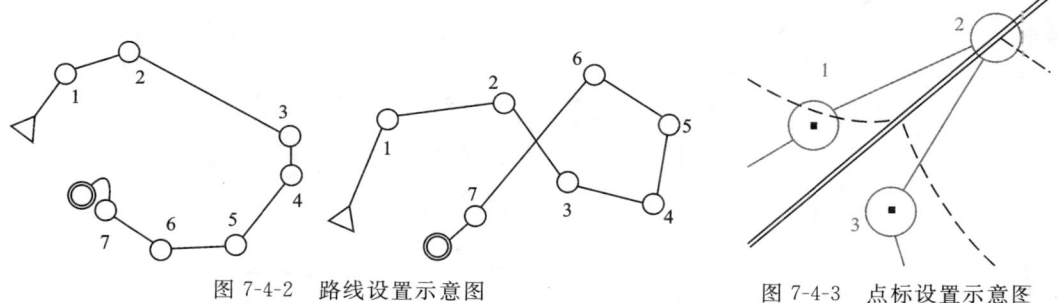

图 7-4-2　路线设置示意图　　　　图 7-4-3　点标设置示意图

(5)路线的长度以直线距离为测量标准,所以必须知道图的比例,通过比例来测量路线的长度。如要求比赛路线是一个确定的长度,那么必须在图中根据比例尺相应地调整路线长度。如果比例尺是 1∶4000,那么图中一条 35 厘米长的路线实际上是 1400 米。

(6)出发点和终点由组织者决定,应根据比赛的类型选择尽可能方便的地点。

大型比赛,起终点要求相对较大的空间(可容观众观看),且交通不太拥挤(人和车),并适合做出一条好路线的地方。在公园和校园中经常会有许多障碍物,比如墙、水塘、建筑物等,需与以上原则做出妥协,但尽可能地遵循这些原则。当然,最好的学习是实践!

3. 一条好路线的特征

(1)初学者青少年:点标明显易找;路线选择少;路线不太长(1~2 千米);点标与点标之间距离较短;路线一般不交叉;点标与点标之间角度大于 90°。

(2)较高水平者:点标不很明显,较难找;路线的选择性强;路线距离长(2~10 千米);点标之间的距离长短不一;前进的方向和角度时常变化。

4. 不同级别的路线

在比赛中一般既有男选手又有女选手,可能需要为不同的性别制定出两条不同难度的路线。

(1)制订一条路线供两个级别共用,但这样再一个一个出发时花费时间太多。

(2)制订两条不同路线,可在同一时间发出两个队员。同时可让两个组别共用某些相同的点标,但不要太多,否则会出现跟跑现象。

(3)有时,在一些大型的比赛中,如瑞典五日赛,在五天的比赛中每天有超过 15 000 名的参与者,这样就会根据年龄、性别和技能设有各种不同的级别。但不必为这些不同的级别分别组织比赛,只需根据需求制订不同的路线,即以在同一时间、在同一场地比赛。因而可选出许多冠军,但通常只有一组水平最高,称为精英组。

5. 点标(检查点)说明

如果在比赛场地上设有许多的点标旗,那么选手如何分清找到的是不是他(或她)的路线上应该找到的正确点标呢(图 7-4-4)?

每一位选手在出发前都会得到一张点标说明(有时也会印在地图的下面或侧边)。这张说明给出了点标的详细信息：包括点标的确切位置和具体编号(当有多条路线时)。

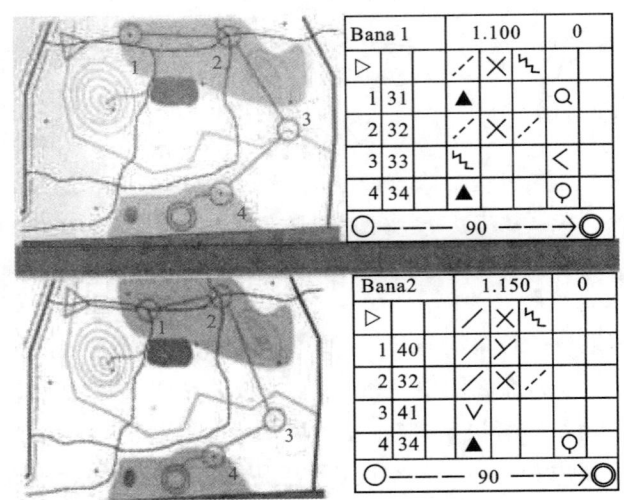

图 7-4-4　点标(检查点)说明示意图

在一些大型的比赛中，如省级或国家级的比赛，应使用 IOF 的标准。

第五节　定向运动欣赏

一、主要国际定向运动赛事介绍

(1) O-Ringen：瑞典五日。世界最大规模的定向运动赛事/旅游节，每年 7 月吸引世界各国 20 000 多名男女老少的定向运动员相聚瑞典。

(2) 世界定向越野锦标赛：最权威的传统定向比赛。每隔一年举行一次。

(3) Jukola：世界最大的定向接力赛。每年 6 月 2000 多个队在芬兰白昼地区持续比赛 24 小时。

(4) Tio-mila：世界最刺激的夜间定向接力赛。每年 4 月末在瑞典举行。

(5) 定向越野世界杯赛。

(6) 世界青年定向越野锦标赛。

(7) 世界大师定向越野锦标赛。

(8) 世界公园定向循环赛：每年在世界各地公园巡回举行的职业精英赛。设总奖金及总排名。只有世界排名前 25 男和 25 女有资格参赛。

二、国内外著名定向运动队和定向运动员

(一) 世界公园定向运动组织

世界公园定向运动组织(PWT)是于 1995 年在国际定向联合会注册的一个国际组织。每

第七章 定向运动

年在世界各地公园举行职业定向精英巡回赛,并设总奖金及排名。它的主要宗旨就是创造一种全新的定向运动概念,即定向运动不仅可以在传统的森林里进行,而且还可以在城市的公园及大学校园里进行,从而将世界上最富有挑战的体育运动带到观众与摄像机的面前,使观众不仅现场感受到定向的动感及激烈战况,还可以使电视机旁的观众一起分享这份刺激与乐趣。定向运动已从森林走向城市。

为推动定向运动的发展,增进人们对定向运动的兴趣及了解,发展新的群体,扩大其在新闻媒介中的影响,并将定向运动引入新的国家,PWT 将大多数世界循环赛设在城市的郊外及公园里进行。而且路程较短,点标设置亦独具匠心,从瑞典的野生动物园到威尼斯的水上迷宫,从芬兰的赌场到奥地利的音乐大厅,从捷克的城堡到奥斯陆的购物中心楼顶。整个赛事紧张激烈,聚集了全球顶级定向运动精英,将定向运动推向更高水准。观众不仅可沿途观赏赛事,还可亲身体验,可谓妙趣横生,乐趣无穷。

PWT 所组织的每一次国际赛事均是与当地的定向俱乐部或本国定向联合会共同组织。一个共同的目的就是使定向运动成为奥林匹克运动比赛项目之一。

PWT 在其短短存在的 4 年里,以其精专的赛事组织安排和现代化的设备技术风靡全球。1998 年已有包括来自南美在内的 30 个国家申办 PWT 世巡赛,征服了数以万计的人们,使他们成为积极的参与者和优秀的定向运动员,使定向运动迈入奥运会踏出了重要的第一步。

PWT 继续将定向运动作为一项挑战智力和体力的运动介绍到全世界。

(二)PWT 在中国

定向运动虽起源于瑞典,但目前已风靡全欧洲,澳洲及北美地区,在亚洲的日本、韩国和中国香港,南美的巴西和智利也已初具规模。1998 年 PWT 来到指南针的发明地——中国。这一亚洲第一体育强国,带着来自全世界 25 个国家最优秀的定向运动员从繁华的国际大都市香港跑到古老的北京城,受到各界的友好欢迎,并在一个 14 亿人口的大国引起了对定向运动空前的热情与兴趣。

1999 年 PWT 共带 12 名中国大学生运动员免费参加了 PWT 在世界各地举行的循环赛及其他主要国际定向赛事,使中国运动员有机会与世界精英学习、比赛、交流。

2000 年 PWT 帮助更多的中国人争取机会到世界各地参加定向赛事、学习与交流。

公园定向运动创始人之一高友远先生和 PWT 组织副主席、定向运动世界冠军岳根强先生都表示:中国人具有从事定向运动极佳的体能和智能,而且中国地域辽阔,自然条件优越,利用山区、森林、郊外、城市公园及大学校园开展公园定向运动是最理想的天然场所。同时也是一种非常好的教育娱乐方式。他们相信通过大家的努力,中国运动员一定会在不久的将来与世界精英同逐世锦赛。

很多地形复杂的公园、植物园、地形起伏不太大的山地都可以作为开展定向运动的好场地。国内举行过定向运动的场所有上海佘山风景区、北京香山滑雪场、北京绿色度假村、北京门头沟区潭柘寺公园(北京市首届"蓝龙杯"定向越野比赛于 2000 年 6 月 17 日)、北京望山森林公园(小西山—西山国家森林公园)等。

三、无线电测向简介

早期无线电通信中,为了接收电台的功率和确保通信质量,人们致力于研究电磁波的定向发射和接收。其中关键部分便是定向天线的研究。定向天线的研究和应用,为无线电测向奠定了基础。

20世纪初,无线电测向的主要设备——无线电测向仪投入使用。限于当时设备的体积和重量,仅用于航海。"二战"中,德国研制成功小型测向仪装上飞机,利用伦敦广播电台的广播导航,实现了对伦敦的轰炸。战争中,交战双方竞相研制和改进机载测向设备,大大推进了测向技术的发展。近些年来,较为先进的助航仪器,如罗兰、奥米伽、雷达被大量使用,它们同测向仪相比,具有操作简便、定向精度高的优点,逐渐在许多方面替代了测向设备。但是无线电测向仪以其独特的优点,直至今日仍发挥着作用。

20世纪20年代,美国的无线电爱好者利用接收到的无线电波来寻找发信电台,开始了业余无线电测向活动。20世纪40年代,挪威、丹麦、英国等地陆续开展游戏性的无线电测向活动。这项活动逐渐流行于欧洲,并增加了一些竞赛性的内容。

为了统一无线电测向运动的方法,国际业余无线电联盟一区批准了南斯拉夫关于制定国际比赛规则的建议,并委托当时测向活动开展最好的瑞典负责起草。此规则于1960年经国际业余无线电联盟一区执委会通过,并于1961年8月在瑞典首都斯德哥尔摩举行了第一届欧洲无线电测向锦标赛。截至1997年,欧洲锦标赛共举办了8次。

1977年,在南斯拉夫斯科普里举行的国际业余无线电联盟第一区无线电测向工作会议上,国际业余无线电联盟决定将欧洲锦标赛扩大为世界锦标赛,并于1979年通过了新的竞赛规则。第一届世界锦标赛于1980年9月在波兰格旦斯克附近举行。参加这次比赛的有德国、瑞典、罗马尼亚、挪威、瑞士、南斯拉夫、苏联、保加利亚、捷克、匈牙利、波兰等11个国家。

中国的无线电测向运动始于20世纪60年代初。1962年,在北京香山举办了第一届全国锦标赛。由此,无线电测向运动逐步在全国开展。1979年河南率先恢复了无线电测向活动,各省市相继开展。1980年国家体育委员会正式列为比赛项目,并被列为1987年和1993年的全运会正式比赛项目。民间也多次举办如:"西湖杯""孔雀杯"等形式的活动。无线电测向运动良好的内涵越来越为广大群众喜爱,引起了社会各界的重视。1993年,相关部门联合发文号召:在全国青少年中开展无线电测向运动,并决定以五家作为主办单位,每年举办全国青少年无线电测向锦标赛。至今,无线电测向运动已在全国范围内广泛开展,数以万计的青少年以不同的形式参加无线电活动,每年一次的全国青少年锦标赛有近千人参加。

第八章 水上运动

第一节 水上运动概述

提起水上运动,人们自然会想到游泳、跳水等。的确,水上运动是根据其特殊的运动环境来命名的,主要指全部过程或主要过程都是在水下、水面或水上进行的各种形式的体育比赛和活动。如人们所熟知的游泳、跳水、水球、赛艇、皮划艇、帆船、帆板等竞技性运动项目。

然而,人类的想象和创造力是无止境的。随着社会的进步与发展,越来越多的人开始关注生活内容的丰富和生活质量的提高,以强身健体、愉悦身心为主要目的的各种水上休闲运动项目应运而生。从徒手戏水征服自然,到利用器材装备挑战风险或极限的程式,就是水上休闲运动成熟、发展的标志。科技化、现代化,给水上运动注入了新的生命。许多项目既有挑战性,又具观赏性,这是最初的创始者所无法想象的。当前在我国正蓬勃开展着的水上休闲运动项目主要有冬泳、天然水域的长游、潜水、赛艇、皮划艇、冲浪、滑水、帆板等,以及由此派生出来的各种新兴水上休闲运动项目。由于水上运动的这些变化,热衷者风起云涌,水上运动如日中天。

第二节 水上运动实用基本技术

水上运动的形式虽然丰富多彩,但其最实用的基本技术是游泳。

游泳是人类凭借自身的动作,使身体在水中游动的一项技能。其本身也是一项集水浴、空气浴、日光浴为一体且对人体十分有益的健身休闲活动。游泳分为竞技游泳和实用游泳。

一、竞技游泳

竞技游泳是指具有特定的技术规格,并按游泳竞赛规则进行比赛的游泳项目。其主要运动姿势有蛙泳、爬泳(自由泳)、仰泳和蝶泳。虽然这些泳姿被划分为竞技游泳,但众多游泳爱好者,仍将其作为休闲、健身的方法。特别是作为水上运动的基本实用技术,其实用价值不容忽视。

(一)蛙泳

蛙泳是模仿青蛙动作的一种泳姿,是人类最古老的游泳姿势之一。蛙泳的特点是游时省力,容易学,掌握动作节奏后很快就能用较少的能量游较长的距离。此外,在游进过程中还便于观察前方,在实用游泳如救生等领域有重要的地位。

1. 蛙泳的动作要领

(1)身体姿势。

蛙泳的身体姿势不是固定不变的,而是随着臂、腿及呼吸动作的周期性变化而不断变化的。在一个动作周期中,两臂前伸、两腿向后蹬直并拢时,身体是几乎水平地俯卧于水中,头部夹在两臂之间,两眼注视前下方,身体纵轴与水平面成5°～10°的角,如图8-2-1所示。这种身体姿势,可以减小游进时的水阻力。在划水和抬头吸气时,上体会向前上方抬起,肩和背部的一部分上升露出水面,此时躯干与水平面的角度较大。如图8-2-2所示。当两臂前伸、两腿向后蹬夹时,随着低头的动作,肩部又浸回水中,身体回复比较平直的流线型姿势向前滑行。

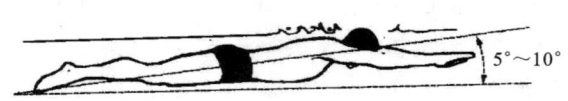

图8-2-1　蛙泳身体姿势(一)　　　　图8-2-2　蛙泳身体姿势(二)

(2)腿部动作。

蛙泳的腿部动作是推动身体前进的一个重要因素。尽管现代蛙泳技术强调以臂部动作为主,但腿部动作的作用不容忽视,对于初学者更是如此。蛙泳腿的技术可以分为收腿、翻脚、蹬夹、滑行4个紧密相连的动作阶段。

①收腿:收腿时两腿稍微内旋,使脚跟分开,膝关节随腿的下沉向前边收边分。收腿结束时,大腿和躯干之间的角度为130°～140°,小腿尽量靠近臀部,如图8-2-3所示,并藏于大腿的投影之中,两膝的距离约与肩同宽,两脚掌几乎是平行向前收,靠腿的内旋使脚跟分开与臀部同宽。如图8-2-4所示。

②翻脚:为了延长蹬水的路线,随着收腿的结束,两脚应继续向臀部靠紧,大腿内旋使两膝内压的同时小腿向外翻,接着脚尖也向两侧外翻,使脚掌内侧正对蹬水方向。整个翻脚的动作是由内收腿、压膝、翻脚三个连贯动作组成。如图8-2-5所示。应当强调的是压膝是指大腿内旋带动小腿外翻的过程。

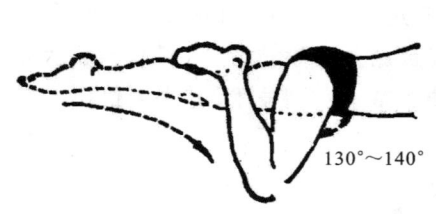

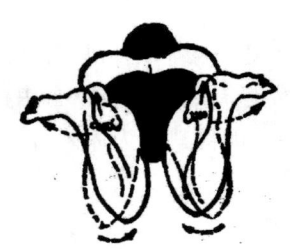

图8-2-3　蛙泳收腿(一)　　图8-2-4　蛙泳收腿(二)　　图8-2-5　蛙泳翻腿

③蹬夹:蛙泳蹬水就像蹬池壁一样,要使蹬水方向向后由髋部发力,带动膝关节和踝关节,然后相继伸直。如用窄蹬动作,能利用小腿内侧和脚掌内侧的合理对水,造成向前的推进作用力。蹬腿过程中脚的动作路线如图 8-2-6 所示。可以看出,蹬腿动作是"蹬"与"夹"的结合,两腿是边后蹬边内夹,当两腿蹬直时两膝也已并拢了,既不是完全向后蹬,也不是向外蹬直了再内夹并腿。

④滑行:蹬腿结束后,腿处于较低的位置,脚距离水面为 30～40 厘米。此时两腿伸直并拢,腰、腹、臀及腿部的肌肉保持适度紧张,使身体形成良好的流线型向前滑行,准备开始下一个腿部动作周期。如图 8-2-7 所示。滑行中,要注意保持两腿较高的位置,若腿部下沉,将会使游进阻力增大,降低游进速度。

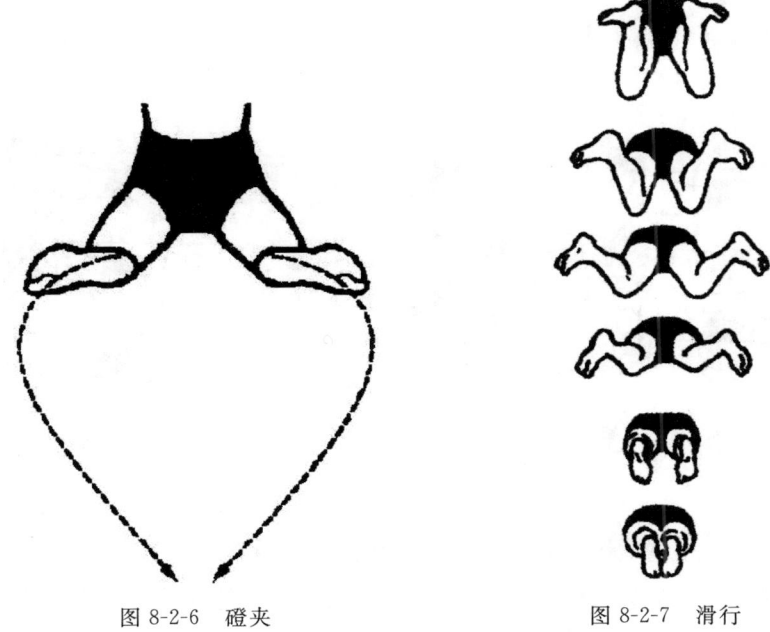

图 8-2-6　蹬夹　　　　　图 8-2-7　滑行

(3)臂部动作。

蛙泳手臂的动作是推动身体前进的重要因素,现代蛙泳尤其重视发挥手臂划水的作用。蛙泳的一个划水动作可分为外划、下划、内划、前伸等 4 个紧密相连的动作阶段。

①外划:外划是从两臂前伸并拢、掌心向下的滑行姿势开始的。外划时两臂内旋,两手掌心转向外斜下方,略屈腕,两臂向外横向划动至两手间距离约为肩宽的两倍之处。如图 8-2-8 所示。外划的动作速度较慢。

②下划:手臂在继续外划的同时,前臂稍外旋,肘关节开始弯曲,转腕使掌心转为朝后下方,以肘关节为轴,手和前臂加速向下、向后划动。在下划的过程中,手和前臂的运动速度快,幅度大,而上臂的移动不多,前臂与上臂之间的夹角迅速缩小。下划结束时,肘关节明显高于手和前臂,手和前臂接近垂直于游进方向,肘关节屈成的角度约 130°。如图 8-2-9 所示。

③内划:内划是手臂划水产生推进力的主要阶段。随着下划的结束,掌心迅速转向内后

方,手臂加速由外向内并稍向后横向划动,屈肘程度进一步加大,肘关节也同时向下、向后、向内收夹至胸部侧下方。两手划至胸前时几乎靠在一起。如图8-2-10所示。

④前伸:当内划接近完成时,两手在继续向内、向上划动的过程中逐渐转为向上、向前弧形运动至颌下。此时两手靠拢,两掌心逐渐转向下,手指朝前。接着,肘关节不停顿地沿平滑的弧线前移,推动两手贴进水面向前伸出。与此同时迅速低头,将头夹于两臂之间。伸臂动作完成时,两臂伸直并拢充分伸肩,两手掌心向下,呈良好的流线型向前滑行。如图8-2-11所示。

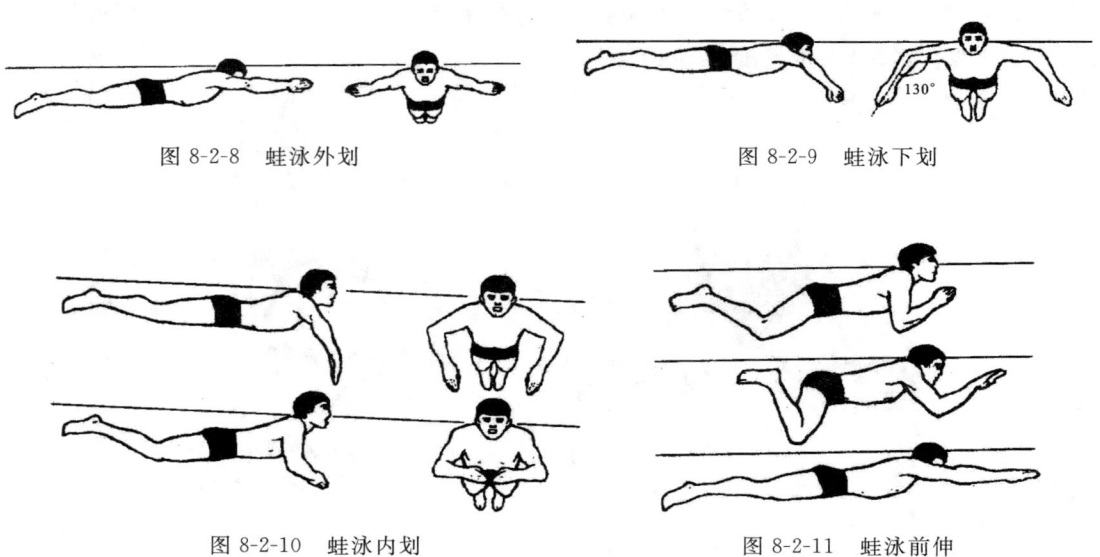

图8-2-8　蛙泳外划　　　　　　　　图8-2-9　蛙泳下划

图8-2-10　蛙泳内划　　　　　　　　图8-2-11　蛙泳前伸

(4)完整配合。

正常蛙泳在一个完整动作周期中一般是采用蹬腿一次,划臂一次,呼吸一次。蛙泳的呼吸是和手臂的划水动作紧紧结合在一起的,主要有"早吸气"和"晚吸气"两种类型。

①早吸气配合技术:两臂开始外划时,颈后肌收缩,开始向上抬头,下颌前伸,使口露出水面将气吐尽;在两臂下划和内划的过程中吸气;两臂前伸时低头闭气;滑行时在水中呼气。早吸气配合技术比较适合初学者采用。

②晚吸气配合技术:晚吸气配合技术没有明显的抬头和前伸下颌的动作。在两臂外划和下划时,身体仍保持较平直的流线型姿势;在两臂内划的过程中,随着头、肩的上升,口露出水面将气吐尽;内划结束头、肩向前上方升至最高位置时快速吸气;两臂前伸时迅速低头闭气;滑行时在水中呼气。运动水平较高者一般都采用晚吸气配合技术。但晚吸气配合技术的吸气时间较短,初学者不容易掌握。

蛙泳臂和腿的配合是一种交替进行稍有重叠的技术。两臂外划和下划时,两腿放松,两膝下沉,开始收腿;两臂开始前伸时,迅速完成收腿并做好翻脚的动作;两臂接近伸直时,开始向后快速蹬腿;蹬腿结束后,全身伸直呈良好的流线型向前滑行。

蛙泳的完整配合技术如图8-2-12所示。

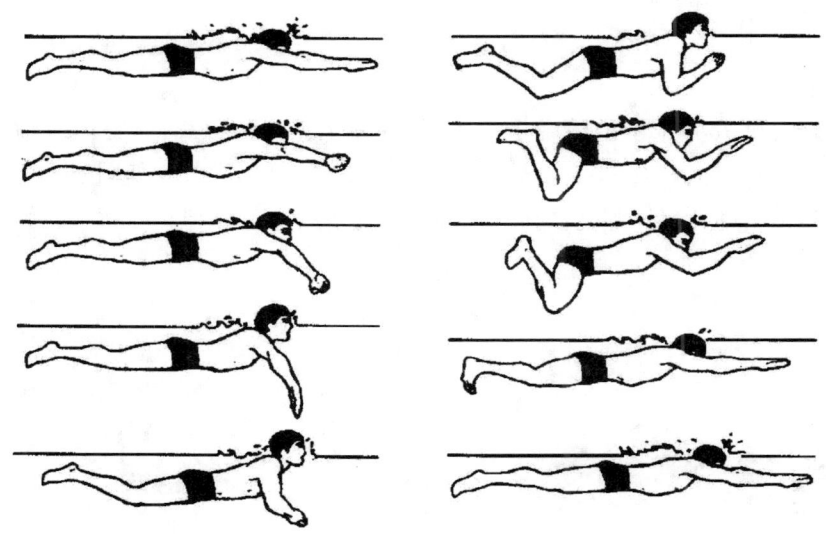

图 8-2-12　蛙泳完整动作

2. 蛙泳的练习方法

(1)陆上练习。

①腿部技术练习方法：a.两脚分开跪于垫上，两膝间的距离同肩宽，勾脚，脚尖朝外，小腿和脚的内侧贴地，两手后撑，慢慢振压。这一练习可以帮助练习者体会翻脚掌的正确姿势。b.俯卧在池边或长凳上，模仿蛙泳腿的收、翻、蹬夹动作。

②臂部技术练习方法：两脚开立，上体略前倾，模仿蛙泳手臂划水动作。基本掌握后可配合呼吸练习。

(2)水中练习。

①腿部技术练习方法：a.手扶池边，俯卧水中，做蛙泳腿的收、翻、蹬夹动作。同伴可在其身后抓住练习者的双脚，帮助体会和纠正动作。b.手扶打水板，两臂前伸，做蛙泳腿动作向前游进。基本掌握后可配合呼吸练习。

②臂部技术练习方法：a.水中原地开立，上体略前倾，两臂做蛙泳划水动作。基本掌握后可配合呼吸练习。b.俯卧水中，大腿处夹打水板，两臂做蛙泳划水动作向前游进。基本掌握后可配合呼吸练习。

③完整配合技术练习方法：蹬壁滑行后继续低头闭气，做臂、腿连贯配合动作。基本掌握后，再配合呼吸练习。

(二)爬泳

爬泳又称自由泳。在自由泳比赛中，规则规定可采用任何一种姿势，因为爬泳的速度最快，所以在自由泳比赛中，一般都采用爬泳这种姿势。爬泳是身体俯卧水中，依靠两臂轮换划水，两腿上下交替打水向前游进。这种姿势的两臂轮换划水很像爬行，所以称为爬泳。

1. 爬泳的动作要领

(1)身体姿势。

游爬泳时,身体几乎水平地俯卧水中,自然伸展呈良好的流线型,身体纵轴与水平面成3°~5°。头部保持自然稍后屈的姿势,水面齐发际,两眼注视前下方。如图8-2-13所示。

在游进中,由于划臂、打腿和转头吸气的需要,身体会围绕纵轴左右转动。转动的角度为35°~45°。如图8-2-14所示。

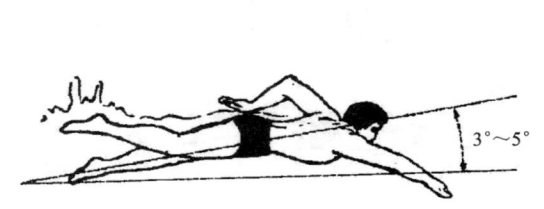 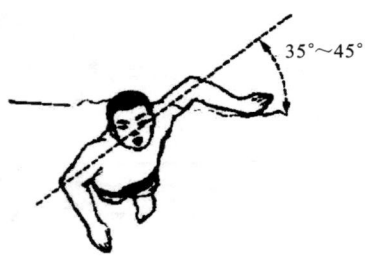

图 8-2-13　爬泳身体姿势(一)　　　图 8-2-14　爬泳身体姿势(二)

(2)腿部动作。

爬泳的打腿,是由两腿交替进行的,由向上打水和向下打水两个阶段构成。主要是起着使身体保持平衡,有利于划水的作用,同时也能产生较大的推进力。

①向上打水:向上打水开始时,大腿带动小腿和脚,直膝上抬,踝关节自然放松。当脚跟抬到与臀部基本处于同一水平面时,大腿停止上移而转为开始向下运动,但小腿和脚由于惯性作用而继续上移。向上打水结束时,脚跟到达水面处最高点,膝关节弯曲约成160°。如图8-2-15所示。

②向下打水:随着屈髋程度的加大,大腿继续发力下压,带动小腿和脚掌向下打水,膝关节逐渐伸直。此时,水的阻力使踝关节、脚掌内旋,形成一个良好的对水面。当大腿下压至膝关节略低于髋部水平时即停止下移而转为上抬。此时,膝关节迅速伸直,小腿和脚继续向下加速运动,完成最后的鞭打动作。向下打水结束时,脚离水面约30~40厘米。如图8-2-16所示。接着大腿又带动小腿和脚,直膝上抬,开始下一个大腿动作周期。

(3)臂部动作。

爬泳两臂的划水是推动身体前进的主要动力。爬泳臂的一个划水周期可以分为入水、划水(抓水、拉水、推水)、出水和空中移臂等几个动作阶段。如图8-2-17所示。

①入水:手臂入水时,手指自然伸直并拢,臂稍内旋,肘关节微屈并高于手,掌心朝外斜下方,使手掌与水平面的角度为30°~40°,以拇指领先斜插切入水中。手的入水点在头前身体中线与同侧肩的延长线之间。这种姿势阻力较小。如图8-2-18所示。

②划水:划水是指手臂从入水结束到提肘出水前在水下的整个动作过程。爬泳时手在水下的划水路线是一条稍微弯曲的"S"形;如图8-2-19所示。现将划水大体划分为抓水、拉水、推水3个阶段。

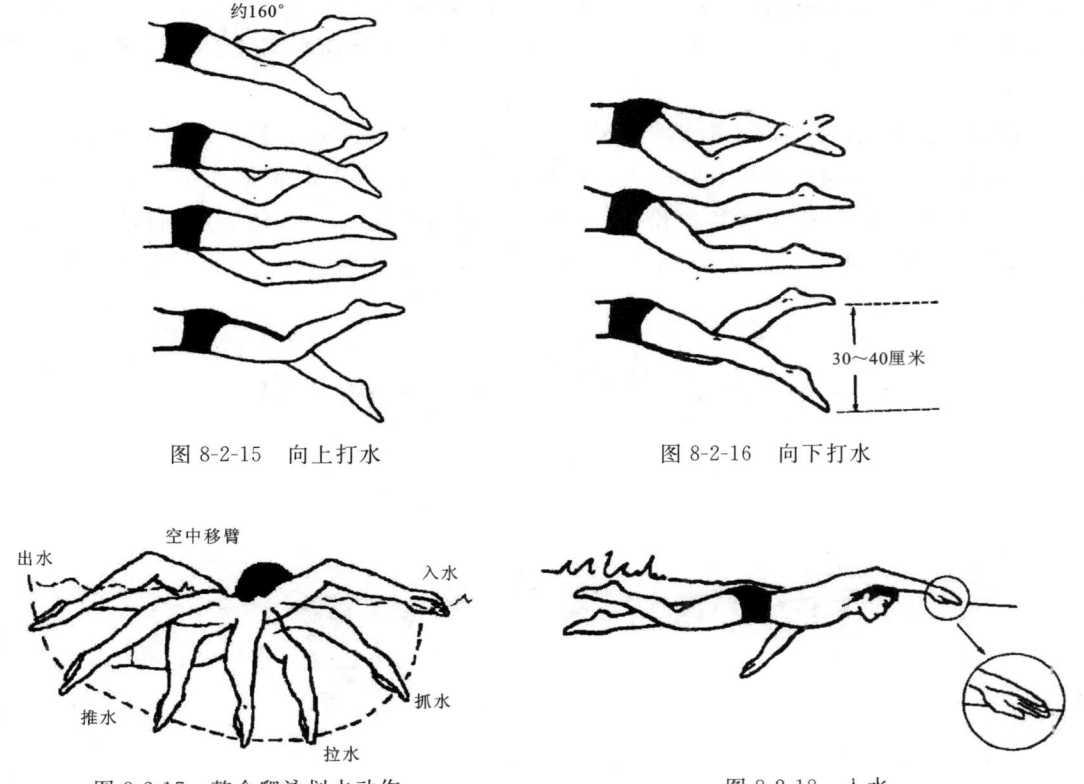

图 8-2-15 向上打水　　　　图 8-2-16 向下打水

图 8-2-17 整个爬泳划水动作　　　图 8-2-18 入水

a. 抓水：臂入水后，手掌从向斜外下方转向斜内后方，并开始屈腕、屈肘，形成肘关节高于前臂和手的姿势，此时，上臂与水平面的角度约为20°，肘关节屈角为160°。如图 8-2-20 所示。在整个划水动作周期中，抓水动作是相对放松和较慢的部分，应避免手过快地滑下或向外滑开。

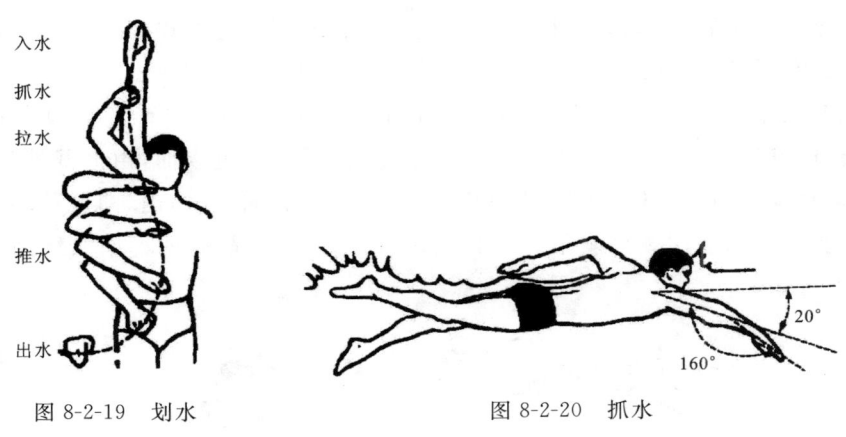

图 8-2-19 划水　　　　图 8-2-20 抓水

b. 拉水：拉水是指手臂从抱水结束处划至肩的横切面这一阶段。拉水应紧接着抱水进行，中间不能停顿。开始时，手臂继续向下并稍向外划动，手掌稍内旋对着后下方；当手向下划至最低点时即转为"内划",掌心转为朝内后方,手从肩的垂直面外侧向内、向上、向后加速划至胸部下方接近或略超过身体中线处,肘关节进一步弯曲至 90°～120°。如图 8-2-21 所示。

c. 推水:当手臂拉水至肩下时,即转入推水阶段。推水应紧接着拉水进行,中间不能停顿。推水的前部分,掌心转为朝向外后方,手掌几乎直接由胸下向腰下推水。当手划过髋部时,肘关节迅速伸展,腕关节稍放松,手掌和前臂的角度为 200°～220°,掌心转为朝向外上后方,手掌保持着良好的对水面,加速向外、向上并向后划动,直至划近大腿侧下方。如图 8-2-22 所示。

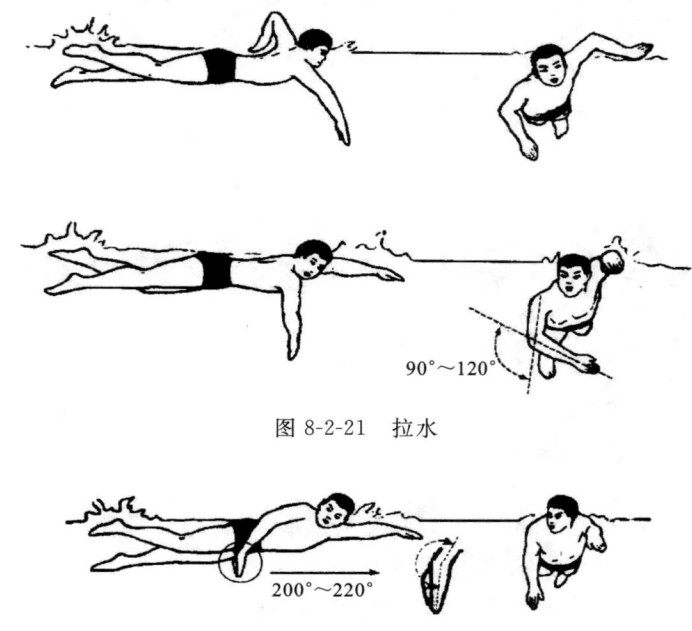

图 8-2-21　拉水

图 8-2-22　推水

③出水:划水结束后,臂借助推水后的速度惯性,将肘部向上方提起,并迅速将臂部提出水面,这时臂部和手腕应放松,手臂不要在体侧停顿。如图 8-2-23 所示。

④空中移臂:是指臂部在一个划水周期中的休息放松阶段。移臂的一般方式是"高肘移臂"。移臂开始时,肘稍屈,手腕放松,掌心朝后上方,手掌接近水面,由上臂带动肘关节向上、向外、向前移动。当手前移过肩的垂直面后,肘关节转为向下、向内、向前移动,前臂和手赶上肘部向前伸出,掌心转朝外斜下方准备入水。在移臂过程中,肘部应始终高于手和肩。如图 8-2-24 所示。

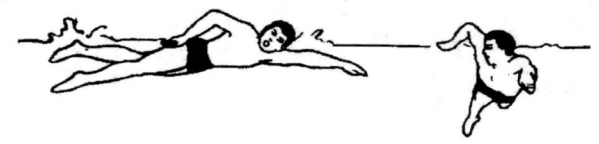

图 8-2-23　出水

图 8-2-24 空中移臂

⑤两臂的配合：通常爬泳的两臂配合有 3 种方法。a.前交叉是指一臂入水时另一臂处在滑下阶段，这是一种带滑行阶段的技术(图 8-2-25)。b.中交叉是指一臂入水时另一臂已经进入划水阶段的中间部分(图 8-2-26)。c.后交叉是指一臂入水时另一臂已经进入划水阶段的后半部分(图 8-2-27)所示。

 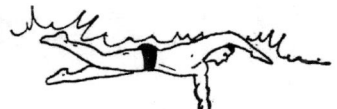 

图 8-2-25　前交叉　　　　图 8-2-26　中交叉　　　　图 8-2-27　后交叉

(4)完整配合。

爬泳时，一般在一个完整的动作周期里采用六次打腿(左、右腿各 3 次)，两次划水(左、右臂各 1 次)，一次呼吸。

游爬泳时，是随着两臂交替划水时躯干绕身体纵轴自然转动而侧转头吸气的。一般是朝自己习惯的一侧转头。转头呼吸的方法是，当吸气侧的手臂入水后，脸浸入水中用口、鼻徐徐呼气。当该臂划至肩下开始向后、向外、向上划水时，随着身体往吸气侧的转动，头也开始往吸气侧转动加速呼气。当该臂提肘出水身体转动达到最大程度时，脸部侧对着水面，口处于由向前游进所产生的头波的波谷中，此时迅速张口吸气。如图 8-2-28 所示。当吸气侧的手臂经空中前移超过肩的横切面准备入水时，躯干开始朝另一侧转动，此时转头还原使脸部浸入水中做短暂的闭气。然后又开始下一个呼吸周期。爬泳的六次打腿和两次划手有着严格的对应配合时间，一臂入水时，异侧腿做第 1 次打水；当手臂前伸抓水时，同侧腿做第 2 次打水；当手臂开始拉水时，异侧腿做第 3 次打水；当手臂开始推水时，同侧腿做第 4 次打水；当手臂推水结束时，异侧腿做第 5 次打水；当手臂出水经空中前移时，同侧腿做第 6 次打水。如图 8-2-29 所示。

2.爬泳技术动作的练习方法

(1)陆上练习。

①腿部技术练习方法：俯卧池边或长凳上，模仿爬泳做上下打水动作。先直腿练习，体会大腿带动小腿和脚的用力方法，然后再逐步过渡到鞭状打腿动作。

②臂部技术及臂与呼吸配合技术练习方法：原地站立，上体略前倾，一臂前伸不动，另一臂模仿爬泳的划水动作。左右两臂轮换练习，初步体会动作后，两臂交替连贯练习。基本掌握后，配合呼吸练习。

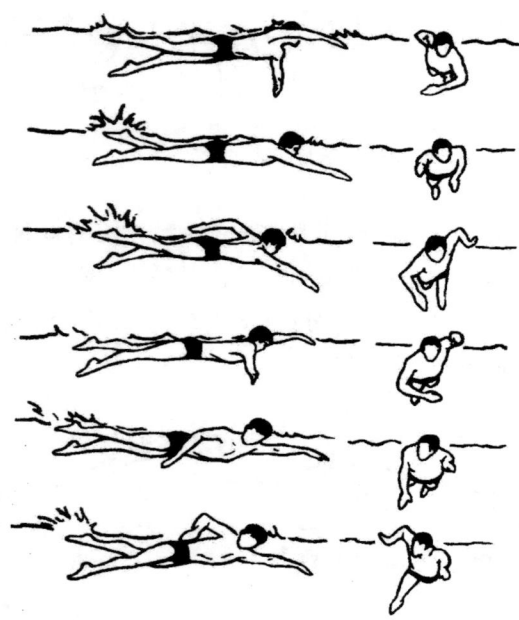

图 8-2-28　吸气　　　　　　　图 8-2-29　爬泳完整动作

③完整配合技术练习方法：原地站立，上体略前倾，两腿原地小踏步，两臂做连贯交替的划水动作，模仿爬泳的臂、腿配合技术。基本掌握后，配合呼吸练习。

（2）水中练习。

①腿部技术练习方法：a. 手扶池边，低头或抬头，做爬泳上下打腿动作。先直腿练习，再逐步过渡到鞭状打腿动作。b. 手扶打水板，两臂伸直，两腿做鞭状打腿动作。逐渐延长练习距离。

②臂部技术及臂与呼吸配合技术练习方法：a. 水中原地站立，上体略前倾，一臂前伸不动，另一臂做爬泳划水动作。两臂轮换练习，然后做两臂交替连贯划水动作。基本掌握后，配合呼吸练习。b. 身体俯卧水中，大腿处夹打水板，低头闭气，一臂前伸不动，另一臂做爬泳划水动作。两臂轮换练习，然后做两臂交替连贯划水动作。基本掌握后，配合呼吸练习。

③完整配合技术练习方法：a. 身体俯卧水中，低头闭气，两腿不停地打水。一臂前伸不动，另一臂做爬泳划水动作向前游进。可配合同侧的转头呼吸。两臂交替练习。b. 身体俯卧水中，低头闭气，两腿不停打水，两臂做连贯交替划水动作向前游进。基本掌握后，配合呼吸练习。

（三）仰泳

仰泳是一种在人类游泳活动中出现较早的泳式。它是依靠两臂交替划水，两腿交替打腿来游进的。由于它的呼吸不受限制，所以是很多游泳爱好者喜欢的泳式。

1. 仰泳的动作要领

（1）身体姿势。

仰泳时，身体接近平直的仰卧水中，头和肩部略高，腹部和两腿在水面下 5～10 厘米，身体纵轴与水平面成 5°～10°,身体形成良好的流线型(图 8-2-30)。游仰泳时,头的姿势非常的重要,要保持相对的稳定,不要上下左右的摇晃。

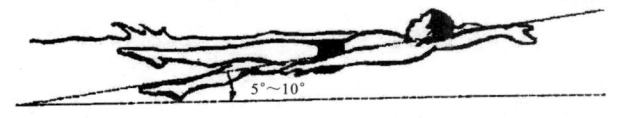

图 8-2-30　仰游

(2)腿部动作。

仰泳的腿部动作主要是维持身体平衡,同时还可以产生推进力,发挥一定的推进作用。

仰泳的腿部动作基本与爬泳的相同,只是卧水姿势不同,打腿方向相反,而且游仰泳时,腿的位置较爬泳低,所以打水动作较深,打腿的幅度和屈膝的程度都要大于爬泳。仰泳的腿部动作是以髋关节为轴,大腿发力,带动小腿和脚,有节奏的上下交替打水。

仰泳腿部动作可分为上踢和下压两部分。屈膝向上踢水时,脚背稍内旋,向后上方踢。但是,不要使膝或脚露出水面,否则会影响打腿效果。下压是打腿的恢复过程,主要是为上踢动作做准备,起着保持身体高度,维持身体平衡的作用。

(3)臂部动作。

仰泳时,手臂的划水是身体前进的主要推进力。仰泳的手臂动作可分为入水、划水、出水和空中移臂 4 个部分。

①入水:入水时,手臂自然伸直放松,掌心朝外,腕关节处稍内收,小拇指领先在肩的延长线前端入水。

②划水:手的划水路线,近似于一个"S"形(图 8-2-31)。手臂入水后,随着躯干向同侧的转动向下向外划动。随后屈腕、屈肘,掌心慢慢转为朝外下后方。接着,前臂内旋,掌心转为朝向后上方,并进一步屈肘,手掌和前臂向后、向上、向内划动。在此基础上,手掌、前臂和上臂同时向后、向下做推压动作,直至手掌划至大腿的侧下方。

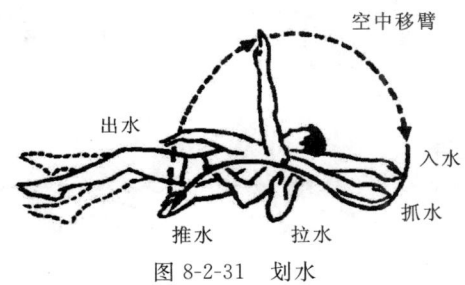

图 8-2-31　划水

③出水:当手臂在做推压动作时,身体已开始回转。随着另一只手臂的入水及身体的继续回转,划水臂的肩转出水面,此时,由肩带动上臂、前臂和手依次出水。出水时手臂自然伸直,为减少阻力,应以大拇指领先出水。

④空中移臂:当臂提出水面后,应迅速沿着肩的纵切面经空中向头前摆动。当手臂移过垂直面后开始内旋,掌心转向外。入水前,肩关节应充分伸展。

仰泳时,两臂的动作始终是交替进行的。当一臂出水时,另一臂入水;当一臂空中移臂时,另一臂划水。

(4)完整配合。

仰泳时,一般在一个完整的动作周期里采用6次打腿(左、右腿各3次),两次划手(左、右手各1次),呼吸一次。

仰泳的6次打腿与2次划手的配合有严格的要求(图8-2-32)。具体的方法是,一臂开始划水时,同侧腿上踢;当手臂划至肩、胸部位时,异侧腿上踢;当手臂做向后推压时,同侧腿再次上踢。随着另一臂的划动,腿部做另外3次打腿动作。

仰泳的呼吸动作相对比较简单,但也要按节奏进行。当一臂经空中前摆时(另一臂正处于划水阶段),用口深吸气;臂入水时吸气结束,做短暂闭气;随着划水的进行,慢慢呼气。如此循环进行。

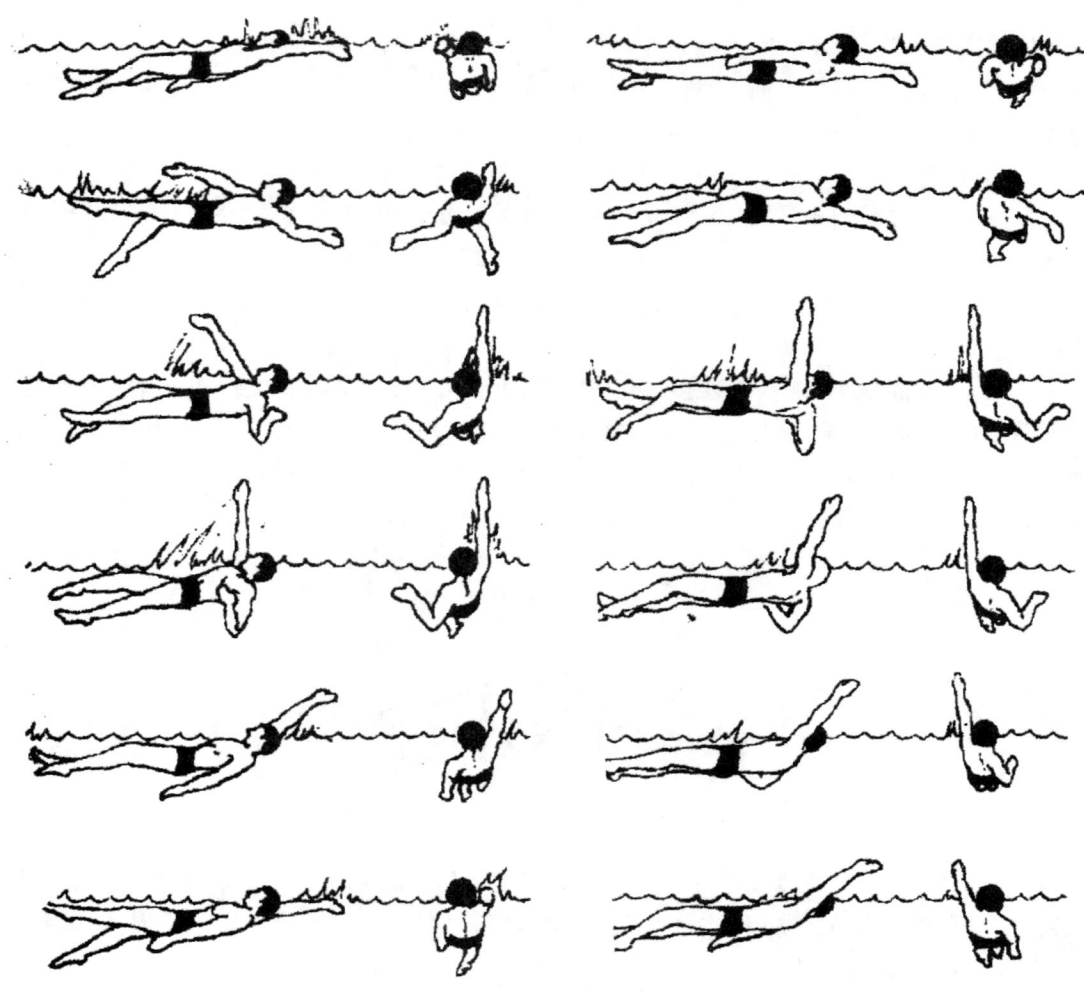

图8-2-32 仰泳完整动作

2. 仰泳技术动作的练习方法

(1)陆上练习。

①腿部技术练习方法:坐在池边,两手后撑,两腿并拢伸直,做上下交替打水练习。先直腿练习,体会到大腿带动小腿的要领后,再做鞭状打水。

②臂部技术练习方法:可原地站立也可仰卧长凳上,模仿仰泳手臂划水动作。先单臂练习,两臂轮换,基本掌握后,再连贯练习。

(2)水中练习。

①腿部技术练习方法:a.仰卧水中,两臂置于体侧,同伴托住头部,做仰泳打腿动作。b.仰卧水中,双手环抱打水板,做仰泳打腿动作。c.仰卧水中,两臂置于头前,并拢伸直,做仰泳打腿动作。

②臂部技术练习方法:a.仰卧水中,同伴托住双腿,做仰泳划水动作。b.仰卧水中,两脚脚踝处或小腿处夹打水板,做仰泳划水动作。

③完整配合技术练习方法:a.仰卧水中,腿部不停地打水,一臂做划水动作,另一臂置于体侧。两臂轮换练习。b.完整配合练习,着重体会,6次打水与2次划水的配合时机。初学仰泳时,呼吸以自然为宜。随着手臂与腿部动作的配合熟练,再做呼吸上的要求。

(四)蝶泳

蝶泳是由蛙泳演变而来的,由于两臂出水时像蝴蝶展翅飞舞,所以被称为"蝶泳"。蝶泳的技术动作比较复杂,对身体的协调性以及腿、臂、腰、腹的力量要求都较高。

1. 蝶泳的动作要领

(1)身体姿势。

蝶泳时,身体俯卧于水中,头和躯干的各部位随着蝶泳臂、腿及呼吸的特殊技术动作而形成波浪式的摆动。但这种起伏不应太大,不然会增加水对身体的阻力,降低游进速度。如图8-2-33所示。

(2)躯干和腿部动作。

蝶泳的打腿动作是由腰部发力,通过髋、膝、踝关节的依次传动,形成鞭状打水。打腿时,两腿自然并拢,两脚掌稍内旋,踝关节放松。

蝶泳打腿的一个动作周期,是从向上抬腿开始的,当两腿抬到脚稍高于臀部时,膝关节开始弯曲,小腿继续向上,脚跟接近水面时,屈膝角度为110°~130°。此时腰部发力,收腹提臀,大腿加速下压,带动小腿和脚向后下方打水。当两腿下打至膝关节接近伸直时,大腿停止下压,开始向上运动,小腿和脚加速向下,使膝关节完全伸直。此时,臀部上升至水面,大腿与躯干约呈160°。此为蝶泳打腿的一个完整周期动作。如图8-2-34所示。

(3)臂部动作。

蝶泳两臂的划水是推动身体向前的主要动力,这种推进力也是四种泳姿中最大的一种。蝶泳的臂部动作是两臂同时在水下向后划水,然后提出水面经空中前摆。蝶泳的一个完整臂部动作可分为入水、划水、出水和空中移臂4个部分。

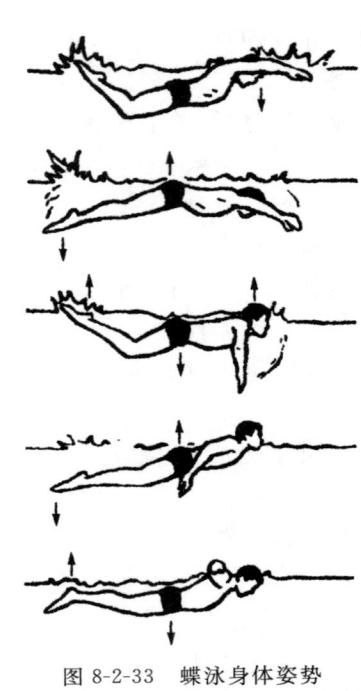 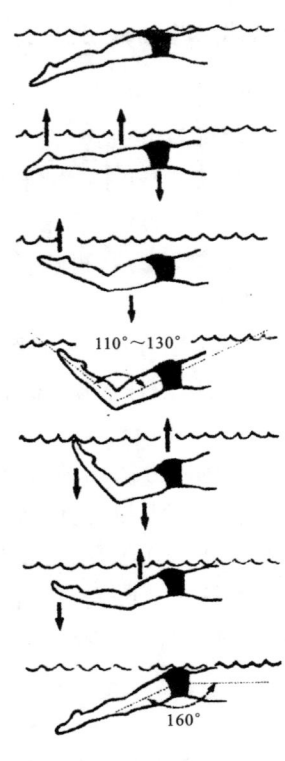

图 8-2-33　蝶泳身体姿势　　　　　图 8-2-34　蝶泳打腿动作

①入水：入水动作是借助空中移臂的惯性完成的。入水时，两手的距离同肩宽，两臂稍内旋，肘关节稍屈并高于手，在肩的延长线前端，按手、前臂、上臂的顺序依次切入水。如图 8-2-35 所示。

②划水：划水时，从入水到出水这一段路线，很像两个相对的"S"形，所以被人们称为双"S"形划水。如图 8-2-36 所示。首先，两手入水后，顺势伸直肘关节，两臂稍内旋并屈腕，手指领先向外划至两倍肩宽处。此时肘关节开始弯曲，掌心转为朝外下后方。接着继续屈肘，手臂向下沿弧线由外至内划动，掌心转为朝内后方，当两手划至肩下方时，屈肘程度最大，两手接近靠拢。紧接着，肘关节用力伸展，两手加速向后、向外、向上划至大腿外侧。

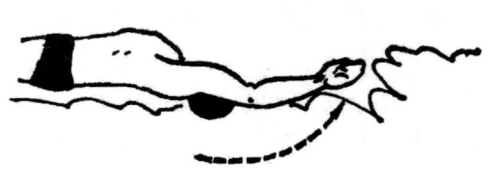 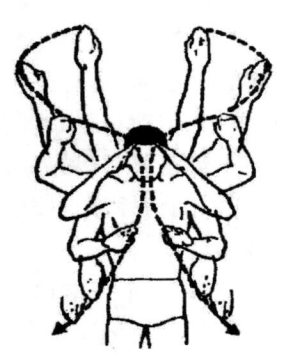

图 8-2-35　蝶泳入水动作　　　　　图 8-2-36　蝶泳划水动作

③出水：推水结束后，借助手臂向上、向外的惯性，提肘，按上臂、前臂、手掌的顺序向上、向外迅速提出水面。如图 8-2-37 所示。

④空中移臂：两臂出水后，沿身体两侧同时向外、向前抢摆。肘关节在抢摆的过程中自然伸直，当两臂摆过肩的横切面后，微屈，准备入水动作。整个动作始终保持大拇指向下姿势。如图 8-2-38 所示。

图 8-2-37　蝶泳出水动作

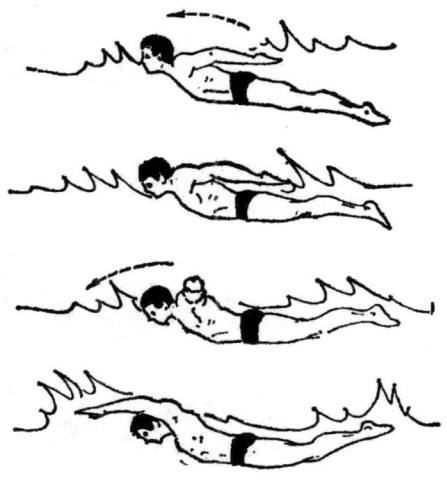

图 8-2-38　蝶泳空中移臂动作

（4）完整配合。

蝶泳的完整配合动作比较复杂。一般在一个完整的动作周期里采用两次鞭状打腿，两臂同时划水一次，呼吸一次。如图 8-2-39 所示。

呼吸必须与两臂的划水动作严格配合。当两臂外划时，头就开始上抬；手划至肩下时，头抬出水面；在两臂向后推水及空中移臂的前半段，张口吸气；当两臂前摆时，闭气并迅速低头，应在手臂入水前进入水中；臂入水后开始呼气。

臂的划水与腿的打水也有严格的配合要求。在两臂入水时，双腿做第一次向下打水，两臂外划时，完成腿的下鞭；两臂由外至内划动时，双腿上抬；在两臂推水时，双腿做第二次向下打水，两臂出水时，完成腿的下鞭；在空中移臂过程中，双腿上抬。

2. 蝶泳技术的练习方法

（1）陆上练习。

①躯干与腿部技术的练习方法：原地站立，两臂上举并拢。模仿蝶泳躯干和腿动作，做波浪式由上而下的前后摆动。可先按三拍分解练习：第一拍，挺髋；第二拍，屈髋、屈膝；第三拍，提臀、伸膝成屈体姿势。基本掌握后，再逐步加速做连贯动作。如图 8-2-40 所示。

②臂部技术及臂部与呼吸技术的练习方法：两脚并立，上体前倾，模仿蝶泳两臂的划水动作，体会双"S"形的划水路线和空中移臂动作。基本掌握后，配合呼吸动作练习。

③完整配合技术的练习方法：两脚并立，模仿蝶泳的两臂划水和躯干、腿的波浪式摆动。如图 8-2-41 所示。

图 8-2-39 蝶泳完整动作

预备　　　1　　　2　　　3

图 8-2-40 蝶泳躯干与腿部技术的练习动作

图 8-2-41 蝶泳完整配合技术的练习动作

(2)水中练习。

①躯干与腿部技术的练习方法：a.站在水中，如陆上练习般做模仿练习。b.两手扶池边，身体俯卧于水中，低头闭气，做蝶泳鞭状打水动作。c.两手扶打水板做打水动作。

②臂部技术及臂部与呼吸技术的练习方法：a.站立水中，上体前倾，做蝶泳两臂划水动作。基本掌握后，配合呼吸练习。b.浅水中站立，两臂向后划水时，双脚用力蹬池底，身体跃出水面，同时抬头张口吸气，两臂经空中移臂摆至肩前时，低头闭气潜入水，身体在水中滑行时呼气，然后还原成站立姿势。如图8-2-42所示。c.身体俯卧水中，大腿处夹打水板使下肢浮起，做蝶泳两臂划水动作前行。先闭气练习，基本掌握后再配合呼吸练习。

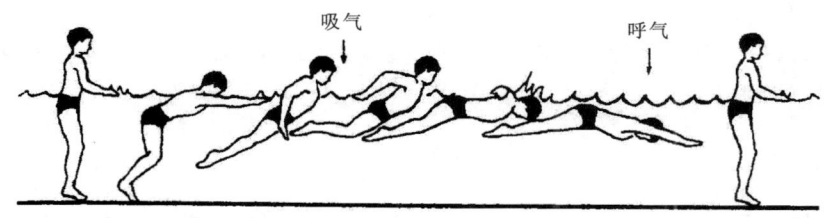

图 8-2-42　浅水中站立动作

③完整配合技术的练习方法：a.一只手扶池边或打水板，另一只手做划水动作，两腿做鞭状打水动作，体会一次划手，两次打腿的配合时机。两手交替练习，先闭气练习，基本掌握后配合呼吸练习。b.在水中做完整配合游进练习。可先闭气练习，基本掌握腿、臂的配合后，再配合呼吸练习。

二、实用游泳

（一）踩水

踩水是身体直立在水中，头部露在水面上的一种游泳姿势。其速度较慢，但比较安全，在遇到落水、呛水等情况时，可运用踩水技术在水中休息、观察、变换方向，而且在必要时可及时躲避激流或抢救溺水者。

1. 踩水的动作要领

踩水时，身体在水中接近于直立，上体稍前倾。两腿膝关节弯曲，收髋，小腿向大腿收拢，收腿后小腿和脚向外翻，勾脚掌，使小腿和脚内侧对水，向下弧形蹬压水，产生上升力使身体能在水中浮立。两腿未完全蹬直和并拢时就要及时收腿，如果两腿完全伸直或并拢，容易使身体下沉。因此，蹬压水动作可做得小些，但要自然、连贯。

腿的蹬压方式有两种：一种是两腿同时蹬压、同时收翻。这种动作比较简单，容易掌握，但身体的上下起伏比较大。另一种方式是两腿交替做蹬压和收翻动作。这种方式对动作的协调性要求比较高，身体比较平稳，没有大的起伏，但会稍微左右摇摆。

臂部动作比较简单。两臂稍屈平举于胸前，两手同时做平行于水面向外、向内的弧形拨压水动作。上臂动作不宜过大，手掌要有压水的感觉。

在整个技术动作中,身体要放松,手腿配合要协调,自然呼吸就可以了。

2. 踩水的练习方法

(1)悬挂在双杠上做脚离地的蹬压水动作。
(2)坐在游泳池边,脚浸入水中,模仿踩水的腿部动作。
(3)在水中,双手扶池边,上体略前倾,双腿做蹬压水动作。
(4)站立在齐胸的水中,两臂做弧形拨压水动作。
(5)腋下支撑水线或同伴用绳子套住腋下拉着做完整的踩水动作。练习者应逐渐摆脱对绳子或支撑物的依赖。
(6)在深水区持续踩水练习,动作尽量放松,在动作熟练的基础上,可逐渐解脱双手,并可练习向前或向侧游进。

(二)侧泳

侧泳是身体侧卧水中向前游进的一种泳姿,是从侧身蛙泳演变而来的。侧泳具有很大的实用价值,常用于长距离游渡,水中拖运物品或溺水者。

1. 侧泳的动作要领

游侧泳时,身体侧卧于水中,稍向胸腹一侧倾转,头的一侧浸入水中,游进时,躯干会随手臂的划动绕纵轴来回转动。

侧泳腿的动作可分为收腿、翻脚和蹬剪三个动作环节。收腿时,靠近水面一侧的腿膝关节弯曲,大腿与水面平行向前提收,而另一侧腿,保持展髋姿势,膝关节弯曲,小腿向大腿收拢。翻脚,当收腿动作接近完成时,靠近水面一侧的腿勾脚尖,将脚底和大腿后侧面向后对准蹬水方向。另一侧腿则绷脚尖,使脚背和小腿的前侧面向后对准剪水方向。紧接着做翻脚动作,靠水面一侧的腿,以大腿的后侧面及脚底与水面平行地向后加速弧形蹬夹。与此同时,另一侧腿,以脚背和小腿前侧面对水向后做剪式打腿,直至两腿伸直并拢进入滑行阶段。

侧泳臂,常用的一种动作是,上侧臂向后划水后经空中向前移臂,类似爬泳的手臂动作,下侧臂是在水中前移,类似蛙泳的手臂动作。两臂的动作是交替进行的。上侧臂在空中移臂时,下侧臂在体下划水;上侧臂划水时,下侧臂前伸。两臂在胸前有一个交叉的过程。

侧泳完整动作配合时,两臂各划水一次、两腿蹬剪水一次、呼吸一次。上侧臂经空中移臂、下侧臂向后划水时,身体侧转,头露出水面开始吸气。上侧臂入水、下侧臂收手时,开始收腿,同时吸气结束,稍闭气,脸随身体转动而浸入水中。上侧臂向后划水、下侧臂前伸时,两腿做翻脚、蹬剪动作,同时口、鼻在水中均匀呼气。上侧臂划水结束贴于体侧时,下侧臂在头前伸直,两腿同时完成蹬剪动作伸直并拢,全身呈良好流线型向前滑行。

2. 侧泳的练习方法

侧泳的练习方法是:①原地站立模仿侧泳两臂不对称动作;②水中手扶池边做侧泳腿部动作;③水中手扶打水板做侧泳腿部动作向前游进;④水中由同伴托下侧腰做侧泳完整动作

练习;⑤水中做侧泳完整动作练习。

(三)反蛙泳

反蛙泳就是翻转过来的蛙泳,也叫蛙式仰泳。反蛙泳呼吸自然,容易学习和掌握,可用于在水中身体疲劳时,做暂时性的休息。在水中拖运物品、抢救溺水者时也常采用这项技术。

1. 反蛙泳的动作要领

游反蛙泳时,仰卧水中,身体自然伸直,脸露出水面。反蛙泳的腿部动作基本和蛙泳腿相同,也分为收腿、翻脚、蹬夹腿三个紧紧相连的环节。收腿时,膝关节弯曲,小腿放松向大腿后面收拢,两腿同时向两侧分开使两膝间的距离约同肩宽。当小腿收到与大腿垂直时开始翻脚,大腿稍内旋,勾脚掌,使小腿和脚的内侧面向后对水。紧接着,大腿发力,用小腿和脚向侧后方蹬夹水。反蛙泳的臂部动作是两臂自然伸直同时经空中前摆入水,然后在体侧同时向后划水。

腿臂配合轮流进行,移臂收腿,划水蹬夹腿,臂腿伸直滑行。

2. 反蛙泳的练习方法

反蛙泳的练习方法是:①原地站立模仿反蛙泳两臂划水动作;②坐在池边模仿反蛙泳腿的收、翻、蹬夹动作;③仰卧水中,双手抱打水板于腹前,做反蛙泳腿的动作向前游进;④仰卧长凳上,模仿反蛙泳腿、臂完整配合动作;⑤腹部戴浮板在水中做反蛙泳腿、臂完整配合动作;⑥在水中做反蛙泳完整动作练习。

(四)潜泳

潜泳是在水下游进的一种游泳技术,分为两种类型:一类是要使用专门的器材,在国际上已被列为竞技体育项目;另一类是指在民间广为流传的,包括潜远和潜深。由于这类潜泳不受装备的限制,简单易行,在意外落水时可运用此技术来躲避风浪,抢救溺水者时也常被采用,故在此节中加以简要介绍。

1. 潜远

潜远的方法主要有蛙式潜泳和长划臂潜泳。

(1)蛙式潜泳:蛙式潜泳就是用蛙泳动作在水下游进,其技术基本与正常蛙泳相同。区别在于潜泳时,为了保持潜泳的深度,避免过早上浮,头的位置稍低,使头和躯干成一直线。收腿屈髋的幅度及两腿向侧分开的程度都比正常蛙泳要小些,而两臂的划水幅度则比正常蛙泳要大些,以产生更大的推进力。

(2)长划臂潜泳:长划臂潜泳的腿部动作及身体姿势与蛙式潜泳相同,只是在划臂的路线上有所加长,两臂推水直至大腿两侧伸直。在收手前伸的同时做收腿、翻脚的动作;两臂向前快伸直时两腿做蹬夹动作;蹬夹结束后,开始划臂,此时两腿自然伸直并拢;划水结束后两臂贴于体侧,掌心向上,身体伸直呈良好的流线型向前滑行。

长划臂潜泳的游进速度比正常蛙泳和蛙式潜泳要快,但由于有相当一段时间是以头部领先的,在水情复杂、水质浑浊、能见度低的情况下采用这种技术应格外谨慎,以免头部撞伤而危及生命安全。

2. 潜深

潜深有两种下潜的方式:头朝下潜深和脚朝下潜深。

(1)头朝下潜深:头朝下潜深是从踩水开始的。下潜之前先深吸一口气,然后迅速低头收腹团身,屈膝提臀,使身体向下翻转成头朝下的姿势。然后,两臂向下伸直并拢,身体伸展,两腿伸直,身体迅速下沉。接着,两腿向上做蛙泳的蹬夹动作以加快下潜速度。当到达一定的深度,身体就可逐渐转成水平姿势。头朝下的潜深速度较快,并且能与潜远自然衔接,但动作比较复杂,有一定的难度。

(2)脚朝下潜深:脚朝下潜深也是从踩水开始的。下潜之前,两腿同时用力蹬夹水至并拢伸直,两臂也同时在体前用力向下压水至体侧伸直,使身体跃出水面,与此同时深吸一口气。紧接着,利用自身的重力快速下沉。当头沉入水中后,两手掌心向上,做由下而上的拨水动作,保持下沉速度。当下到一定深度时,低头团身,就可使身体成水平姿势,继续潜远。脚朝下潜深,动作比较简单,容易掌握,但下潜的速度较慢。

第三节 水上休闲健身运动

一、冬泳

冬泳是冬季在天然水域中游泳的简称。参加冬泳锻炼,不仅能改善人体的体温调节功能,增强体质,提高御寒和抵抗疾病的能力,而且在寒冷的冬季破冰下水游泳更能激发人们战胜大自然的豪迈情趣,有助于培养勇敢顽强的意志品质和坚毅乐观的性格。进行冬泳锻炼,最好是在夏天、秋天游泳的基础上坚持下去,以使身体对气温、水温的变化有个自然适应的过程。

冬泳时,人体的体温调节功能会发生一系列的变化,冬泳者必须对此有所了解。首先是寒冷期,亦称为麻木期。冬泳者在入水后的几分钟之内,体表血管收缩,以减少热量的散失。此时,循环血液量减少,皮肤变得苍白,人体产生第一次冷感,手脚麻木。接着进入温暖期,亦称活跃期。在神经系统的支配下,各器官系统积极活动起来,这时皮肤毛细血管扩张,血液流向皮肤,人有了温暖的感觉。这个时期能持续多长时间,与冬泳者的锻炼水平的高低、运动强度的大小及水温的高低有很密切的关系。一般来说,锻炼水平低、运动强度大、水温低,温暖期持续的时间就短;反之,持续时间就长。出现温暖期后就要根据个人情况及时出水,如果勉强继续,体热消耗过度,肌肉就会出现不自主地收缩,这是机体的一种保护性反射,此时人体产生第二次冷感,也就进入了寒颤期,亦称颤抖期。如果人体继续停留水中,则会周身出现恶寒,全身颤抖,皮肤、嘴唇青紫,严重时会引发肌肉痉挛,甚至导致溺水死亡事故。所以,冬泳应在寒颤期出现前结束。为了保证冬泳顺利进行,应注意以下几点。

(1)在江河湖泊冬泳,应选择容易下水和容易起水的地点。

(2)下水前要做充分的准备活动。一般要求做到身体发热但不出汗的程度。

(3)刚开始进行冬泳时,身体往往会有一些不适的反应,但只要坚持下去,经过一段时间后,就会逐渐适应并恢复正常的。

(4)进行冬泳锻炼要有固定的时间,如早上、上午、中午或下午,以使人体的体温调节功能建立起时间条件反射。

(5)在寒冷的北方破冰冬泳时,要选择冰下水流速度慢的地方进行。下水时不要猛跳,入水后也不要潜泳,以免流入冰下。

(6)冬泳者应根据自己的锻炼水平、运动强度以及水温等实际情况,掌握好锻炼的时间。一般应在身体出现第二次冷感前起水,不可与别人攀比,进行不适当的比赛。

(7)冬泳上岸后,要用柔软的干毛巾迅速擦干身体,穿上保暖的衣服,减少热量的散失,同时预防冻伤。

(8)加强自我医务监督,观察冬泳后的心率、血压、饮食、睡眠情况等,科学地安排锻炼。若有不良反应,如心跳加快、心律不齐、头部胀痛、食欲不振、恶心呕吐等,应请医生诊治,待恢复正常后再进行冬泳锻炼。

二、天然水域长游

天然水域长游指的是在江、河、湖、海等自然水域中,进行长时间、长距离的游泳,如游渡海峡、横渡江河湖泊、沿江河漂流等。其中比较著名的有横渡英吉利海峡、横渡长江和环游鼓浪屿等。

由于天然水域的环境复杂,情况多变,加上长游一般持续的时间比较长,体力消耗也较大,所以参加者应该做好充分的准备,坚持体能锻炼,保证身体健康,体质好,没有心血管等方面的疾病。长游前要对长游的环境进行实地调查,如果是进行横渡海峡活动,一般要选择有海滩,没有珊瑚暗礁和鲨鱼,风浪较小的地方做起点和终点。如果是渡江或沿江河漂流,应查明江中的激流、漩涡位置,是否有暗礁、木桩等;同时要了解当地的潮汐情况,掌握水流运动的规律;还要向气象部门咨询气候情况,确定适宜长游的日期,同时要准备好长游时的必需物品,如太阳帽、护目镜、救生圈和中途需要补充的食物和饮料等。长游时,一般不宜单独行动,最好3~5人一组同游,以便沿途互相关照,并且必须携带一定的救生器材,如救生圈等,以备不时之需。长游者还应戴太阳帽、护目镜,以预防日光灼伤面部和眼睛,必要时,可擦护肤油防晒或防冻。

大型游渡活动时,组织者除了要对长游的环境实地调查、选择好路线外,还应在必经之处用鲜明的标志标明线路,也可设置中途补给站;要对参加者讲明安全注意事项,确定统一的救援信号,如举红旗或鸣笛等,同时要配备救生船只,并沿途巡视。下水前要清点人数,召集全体人员做好准备活动,起水后要认真清点人数,看是否与下水前人数一致。

三、赛艇

赛艇是一项古老而优雅的集体项目,在世界上深得男女老少喜爱。其历史起源于古代的商贸、运输活动及战争。17世纪泰晤士河的船工们经常举行划船比赛。1715年为庆祝国王加冕,英国首次举行了赛艇比赛。但真正带有竞技色彩的比赛则始于1829年,牛津大学与剑桥大学在泰晤士河上的比赛;在美国,世界著名的哈佛大学与耶鲁大学每年也会举行赛艇对抗赛,并已成功举办了超过155届的比赛。世界上不少著名的大学如英国的剑桥大学、牛津大学,美国的耶鲁大学、哈佛大学,澳洲的墨尔本大学、悉尼大学,日本的早稻田大学、庆应大学,我国的清华大学、北京大学、复旦大学、上海交通大学等都有赛艇队。

赛艇是由一名或多名桨手坐在舟艇上,背向舟艇前进的方向,运用其肌肉力量,通过桨和桨架的简单杠杆作用进行划水,使舟艇前进的一项水上运动。舟艇上可以有舵手,也可以无舵手。赛艇全艇艇身狭长而两头尖瘦,状如织布的梭子。最长的八人艇长达17～18米,宽只有57厘米。最小的单人艇也有8米长,而最宽处仅29厘米。

观看赛艇比赛主要要看:①运动员的动作是否整齐划一、协调自然;②桨叶出水是否轻盈、入水是否快捷;③船行走时的起伏是否流畅;④桨叶在水下的做功距离与运动员的身材是否相称;⑤桨频与船速度的关系。

观看赛艇时还可欣赏运动员矫健的体形,整齐划一的动作,漂亮的舟艇在水面划过的轨迹以及旋转的水涡。再加上人体所必需的阳光、空气、水三大要素,无不给人以美的享受。总之赛艇运动魅力无穷,只有深谙此道,才会品味悠长。

四、皮划艇

皮划艇最早是由独木舟发展而来的,是海岸和岛屿之间的简单便捷的水路运输工具。开放式的皮艇过去主要被用于北美、南美和南太平洋的温带地区,而封闭式的划艇主要是生活在北极的爱斯基摩人和因纽特人使用。十九世纪的苏格兰人约翰·麦克格雷戈制造了第一条现代意义上的皮划艇,他利用皮划艇于1864—1867年游遍了英国的海域。

皮划艇运动所使用的是一种船身狭小的船只,靠一人或多人使用划桨前进。比赛者在平静垂直的水面上进行比赛。不同于赛艇的是,运动员面向前进方向,同时皮划艇所使用的划桨也并不固定在船身上。皮划艇运动可分为皮艇和划艇。皮艇和划艇两个重要不同之处在于选手划桨的位置和所用划桨的种类。划艇选手单膝跪地,持单片划桨划水。划桨选手仅限男性。皮艇为封闭式船只,选手坐在艇内划水,用脚操纵一个机械舵来控制船体,所用的划桨两头均有桨片。

随着社会的发展,人们生活水平的提高,回归自然、挑战自我已成为时尚。惊险刺激的皮艇障碍回旋、激流皮划艇、探险皮划艇漂流等休闲运动也就应运而生,并深受广大旅游者和探险者的喜爱。但这些运动大都在急流险滩中进行,惊险、刺激的同时也存在一定的危险因素。因此开展皮划艇休闲运动,一定要配备必要的装备,如头盔、救生衣等,同时还需要进行自救训练,熟悉线路情况、水流速度等。

五、滑水运动

滑水运动最早起源于20世纪初的美国,并迅速在欧美等发达国家普及开来。中国的滑水运动起源于20世纪60年代。所谓滑水就是人借助动力的牵引,在水面上"行走"的水上运动。所谓动力又分成好多种,有用摩托艇的,有用电动索道的,甚至有用汽车、直升飞机的,总之,前面有东西拖着你,你又在水上滑,就是滑水。滑水运动既可以使人感受高速滑行带来的刺激,又能使人体会翻、转、跳、跃带来的"玩"的快乐,让人充分享受夏日蓝天碧水的温情以及体育运动带给人的无穷乐趣。

滑水者通常要穿着"水鞋",即滑水板(水橇)在水面上完成各种特技动作。滑水板长 1.52～1.83 米,宽 0.77 米,质量 9～32 千克,前端两边分别拴有两根短绳,后端为一片粗糙的脚垫,由一根 15～22 米长的牵引线与摩托艇拖挂,牵引速度为 32 千米/小时左右。行驶中,滑水者须在两脚之间交替转移身体重心来控制滑水板,两手牵拉短绳帮助维持平衡。

滑水运动分为花样滑水、跳跃滑水和常见的艺术滑水等。艺术滑水是将多种滑水单项以艺术化形式表现出来的滑水运动的综合体,有着极高的观赏性。与竞技滑水的个人比拼最大的不同点是,艺术滑水通常是多人组合,在比赛和表演过程中,滑水者穿着艳丽多彩的服装,配以背景音乐和现场解说,场面宏大而热烈,就像看演出。艺术滑水所展示的项目通常有:多人罗汉(4 层甚至是 5 层)、特技跳跃、水上芭蕾、多人赤脚、多人特技空翻等十几个项目。

近几年新兴的一种滑水运动名叫尾波滑水,并迅速发展、普及开来。尾波滑水者的加速度更快,并在越过滑水牵引艇产生的尾浪(专业称尾流)斜坡后取得更高的高度,给予滑水者更大的空间和时间完成难度更大的翻、转、跳、跃、旋等一系列动作。尾波项目因此也成为滑水运动中最具有观赏性的项目,人们可以同时领略高台滑雪、自由体操、跳水等一系列运动项目在水面上的精彩瞬间。另外,由于板体在水中的面积较大,稳定性较高,比较适合初学者学习新动作,尾波板因此也成为滑水运动中发展最快并具有巨大发展潜力的项目,深受广大爱好者特别是青少年的喜爱。

滑水运动在世界各地发展很快,据不完全统计,全球有 3000 万名以上的滑水爱好者。相信随着社会经济的不断发展,越来越多的人会参与到滑水运动中来,感受这种独特的水上运动所带来的无穷乐趣。

六、帆板运动

帆板起源于 20 世纪 60 年代末世界冲浪胜地夏威夷群岛,1970 年 6 月由美国一位冲浪爱好者电脑技师修万斯设计制造出世界第一条带有万向节的帆板,并获专利权,此后在当地很快兴起帆板热,不久便流传到欧洲、澳洲和东南亚一带,现在全球性的帆板热方兴未艾。

帆板运动是介于帆船和冲浪之间的新兴水上运动项目,帆板由稳向板的板体、万向节的桅杆、帆和帆杆组成。运动员利用吹到帆上的自然风力,站在板上,通过帆杆操纵帆使帆板产生速度在水面上行驶,靠改变帆的受风中心和板体的重心位置在水上转向。因和冲浪运动有密切关系,故又被称为风力冲浪板或滑浪风帆。

帆板运动的运动器材简单,由滑浪板和风帆组成。质量不超过 30 千克。滑浪板是用轻便坚实、耐水浸泡的木材制成。造价较低,便于制作,其存放、搬运和组装都很方便。另外,帆板运动的场地也很简单,只要水深 1 米、直径在 100 米以上的天然小水湾就可以开展帆板运动了。

帆板运动可分为单人、双人和多人操纵的长距离滑行、障碍滑行、三角绕标滑行和自由滑行等。帆板的动力主要是风,帆板的使用主要取决于运动员的操作技巧和体力。滑行时,运动员站立在帆板上,根据需要,巧妙地借助不同的风向、风速和风力,快速前进。同时,可利用自身重心的相对位置的改变以及帆板、帆杆来进行转向。

第三篇

时尚健身休闲运动

第九章 极限休闲运动

极限(休闲)运动是指人类借助于现代科技手段在大自然中挑战自我的娱乐休闲体育运动。它强调参与和忘我的勇敢精神,追求在跨越心理障碍时所获得的愉悦感和成就感,已被世界各国誉为"21世纪运动"。与传统体育健身项目相比,极限休闲运动更富有超越身心极限的自我挑战性、观赏性和刺激性。由于极限休闲运动的项目许多都是近几十年刚诞生的、方兴未艾的体育健身项目,尚无具体的划分标准。按照运动领域所涉及的"海、陆、空"多维空间,本章将其划为山野和空中极限运动、陆地极限运动、水上极限运动以及水陆两栖型的铁人三项运动。更有无法分类的极限运动,如英国冒险家贾森·刘易斯历时13年(1994年7月至2007年10月6日,从一个27岁的青年"运动"到跨入40岁的壮年),完成了全靠人力横跨五大洲三大洋的环球旅行。尽管路途遭遇过车祸(双腿骨折并面临左腿截肢的危险)和翻船事故,遇到过鳄鱼袭击,还差点被当成间谍送入监狱,但他仍以惊人的毅力,采用步行并借助自行车、脚踏船、皮划艇、滑轮(旱冰鞋)等人力运动方式,历尽千难万险,完成了7.36万千米这个几乎无人企及的征程。刘易斯的单人环球跨越壮举不仅震撼了世界,更是超越或延伸了极限运动的范畴。此外,还有一些暂未归类的新兴的极限运动亦令人心驰神往,如2007年10月,西方国家有人发明了一种在海边悬崖峭壁上伸出跳板,在该跳板上进行扑克牌竞赛的"极限扑克"运动,参赛选手身上毫无保护装置,进入赛场或异地入厕均需借助吊车完成,虽然这种"极限扑克"的参赛规则与常规扑克比赛无异,但仅凭参赛者能在百丈深渊之上的狭窄跳板上打扑克,其心理素质和镇定自若的勇气已让人肃然起敬和叹为观止了。为便于大家学习和掌握,这里介绍的极限运动主要包括:攀岩、滑翔、小轮车、轮滑和激流皮艇等。

第一节 山野和空中极限运动

一、攀岩运动

攀岩是从登山运动中衍生出来的竞技运动项目,迄今已有100多年的历史。早在1865年,英国登山家埃德瓦特,首次使用钢锥与绳索等简易装备,成功地攀上险峰。早期的攀岩运动是军队中作为一项军事训练项目而存在的。1974年攀岩运动被列入世界比赛项目。进入20世纪80年代,以难度攀登的现代竞技攀登比赛开始兴起并引起广泛的兴趣,1985年在意大利举行了第一次难度攀登比赛。

攀岩作为一项日益流行的运动,充满了惊险刺激。在攀岩中如何将力量灵活、协调地分配利用,需要良好的肌肉力量、平衡能力、柔韧性以及协调能力,离不开系统的专项身体素质训练。

1. 攀岩运动分类

按照竞赛形式不同,攀岩一般可以分为三种。难度攀岩:运动员下方系绳保护,带绳向上攀登,并按照比赛规定有次序地挂上中间保护挂索的比赛。高度的获得(如果是横跨,则指沿路线轴上最长距离)将决定运动员在每轮比赛的名次。速度攀岩:指上方系绳保护,运动员按指定路线进行速度攀登的比赛。根据每位运动员完成比赛路线所用的时间来决定每轮比赛的名次。大圆石攀岩:大圆石攀岩区别于速度攀岩和难度攀岩比赛。岩石高度不会超过4米,每条路线也不会超过12个支点。攀登时运动员不系绳保护,每次比赛需要选择10条路线攀登。

2. 攀岩基本技术

在攀岩过程中,最基本的技术就是支点固定攀登法。结合岩壁上不同的支点情况,这种基本技术大致可以将攀岩过程中的用力情况归纳如下。

抓:用手抓住岩石凸起部分;

抠:用手抠住岩面上的棱角、台阶和裂缝;

拉:抓住前上方牢固支点,小臂贴于岩面,用力下拉使身体上攀;

撑:利用裂缝或其他地形,以手、掌和臂的力量使身体向上移动,或左右移动;

推:利用侧面、下面的岩体或物体,以手、臂的力量使身体向上或左右移动;

蹬:用脚掌内侧或脚趾的蹬踏力把身体支撑起来,减轻上肢的负荷;

跨:利用身体柔韧性避开难点,寻求有利于攀登的支点;

挂:用脚尖或脚跟挂住岩面凸起或下凹处维持身体平衡或使身体移动;

踏:利用脚前部下踏较大的支点,蹬身体移动,以减轻上肢的负荷;

摩擦:利用岩石鞋与岩壁形成的合理角度所产生的短时摩擦力,向上或左右移动。

3. 攀岩保护方法

在攀岩中,都需有一根直径8毫米以上的尼龙绳,主要用于确保安全。一般保护分为上方保护和下方保护两种方式。上方保护指保护绳索通过被保护者上方的固定物或固定点,保护者在下方进行保护;或保护者在被保护者的上方(如岩顶、冰雪坡的上部)直接进行保护。下方保护指保护绳索通过被保护者下方固定物或固定点进行的保护。

另外,在野外登山活动中经常采用结组保护、一般一个结组为3~4人。通过一条40~50米长的保护绳索连接在一起,在通过困难、危险地段时相互保护通过。一个结组必须要有两个以上有攀登和保护经验的人。进行岩壁攀登时,有经验的攀登者可采取下方保护方式,即攀登者自己在向上攀登过程中将保护绳索挂扣在保护支点上,保护者在下方进行保护。对没有经验的攀登者,尽量采用上方保护方式。

二、蹦极运动

蹦极起源于几百年前南太平洋岛瓦努阿图的一种成年仪式:将满成人年龄的男青年用藤条捆住双腿,从35米高的木塔上往下跳,在快接近地面时停止,然后全村男女围住他载歌载舞,庆祝他成功通过了"死亡跳"。1988年新西兰成立了世界上第一个蹦极协会,并首次向社会公开展示,使蹦极成为一项真正的极限运动。1997年5月1日,蹦极跳首次传入中国。

蹦极就是跳跃者站在三四十米以上高度的桥梁、塔顶、楼顶甚至热气球上,把一端固定的橡皮条绑在踝关节处然后两臂伸开,双腿并拢,纵身跳下。绑在跳跃者踝部的橡皮条很长,跳跃者在空中可享受自由落下的刺激感。橡皮条被拉开、绷紧,阻止人体继续下落,当到达最低点时,橡皮绳再次弹起,人被拉起,随后又落下,这样反复多次直到橡皮绳的弹性消失为止,全过程即是刺激的蹦极运动。

1. 蹦极方式

(1)绑腰后跃式:绑腰站于跳台上采用后跃的方式跳下,此跳法为基本动作,弹跳时仿佛掉入无底洞,约3秒钟时突然往上反弹,反弹持续4~5次,整个过程约5秒钟。

(2)绑腰前扑式:近似于绑腰后跃式,但弹跳者为面朝下,真正感受到视觉上的无助感,当弹跳绳停止反弹时能真正享受重生的欣喜。

(3)绑脚高空跳水式:将装备绑于脚踝上,弹跳者站于跳台上面朝下,弹跳者于倒数后即展开双臂,向下俯冲。

(4)绑脚后空翻式:难度最高的跳法。将装备绑于脚踝上,弹跳者站于跳台上背朝后,弹跳者于倒数后即展开双臂,向后空翻,需要强壮的体魄与足够的勇气。

(5)绑背弹跳:被称为最接近死亡的感受,弹跳者将装备绑于背上,双手抱胸双脚往下悬空坠落。

此外,按地点分类,蹦极大致可分桥梁蹦极、塔式蹦极以及火箭蹦极等几种;按操作方法也可分绑腰、绑背和绑脚三种不同方式。每种玩法都会让你有不同的感受。

2. 蹦极注意事项

蹦极对身体素质要求较高,凡是有心、脑病史的人均不能参加。凡是高度近视者要慎重,因为硬式蹦极跳下时头朝下,身体以9.8米/秒的加速度下坠,很容易脑部充血而造成视网膜的脱落。跳下前应充分活动身体各部位,以防扭伤或拉伤。着装要尽量简练、合身。跳出后要注意控制身体,以避免颈部或胳膊被弹索卷伤。

三、滑翔伞运动

滑翔伞起源于1984年,是由法国一批热爱跳伞、滑翔翼的飞行人员发明的一种飞行运动,目前在欧美和日本等地非常流行,在我国台湾地区也掀起了一股热风。滑翔伞与传统的降落伞不同,滑翔伞本身毫无任何动力,它之所以能够飞行,除了伞衣充满空气后显出特殊的形状外,全靠飞行员控制,结合大气特性飞行。滑翔伞在空中飞行过程中会产生速度和升力,而且它的速度和升力远远大过它的阻力。在构造上,滑翔伞伞衣内层结构设有气囊,在没有充满空气前,滑翔伞没有实质的棱角,一旦内层气囊充满空气,滑翔伞的前沿就会出现棱角。这样,滑翔伞在空中飞行时将相对的气流由翼面上下分别引开流动,阻力与对方的风力平行,重量与翼上方空气相结合,使滑翔伞产生动力而前进。

1. 滑翔伞控制要领

滑翔伞的伞布是一种特殊防裂尼龙布料制成的伞衣,共分为三部分:伞衣、吊绳主提索和套带。滑翔伞前组主提带左右各有一条控制绳,飞行员利用它可控制方向转弯,操作上较容易,但动作必须柔和。在飞行中要左转时,只要将左边的控制绳轻轻往下方拉,转至需要的方向再轻轻放回;要向右边转时,就将右边的控制绳轻轻下拉,直到转至你需要的方向时再轻轻放回。切记在进行左右转时,动作必须柔和,徐徐放回,不可猛拉猛放。滑翔伞是一种高性能滑翔工具,如果由经验不足或不了解正确控制技巧的人员来飞行,危险性极大。因为滑翔伞具有高性能滑翔特性,因此飞行员在飞行前必须了解它的特性和控制技巧以及在复杂气流(俗称乱流)中飞行的控制技巧。倘若控制绳失效时,要借助后面两条主提带,操作要领和控制绳相同。

2. 滑翔伞着陆方法

在10~15米的高度时,必须面对风向,控制绳拉至肩部,距离地面约1米时,徐徐将两边控制绳拉至腰部以下,这样就可以轻松着陆了。如果着陆过程中,伞有些不稳,那就是乱流的缘故。这时需将两脚并拢,膝盖并紧,准备进行滚翻,着陆的要领是利用身体肌肉较为发达的部位先去接触地面,以达到安全着陆的目的。

3. 滑翔伞装备要求

滑翔伞飞行时,除伞以外,还有一些必需的装备,包括飞行服、紧急伞、安全帽、鞋、手套、护目镜、仪表、套带等。

飞行服:必须要准备滑翔伞运动专用的飞行服,飞行时,可以保护身体。

紧急伞(备用伞):在做热气流盘旋或高飞行时,有时会遇到一些特殊情况。因此,携带紧急伞比较安全,紧急伞的大小尺寸有所不同,应根据每个人的体重来选择合适尺寸的紧急伞。

安全帽:安全帽是在起飞和着陆时保护头部的必需装备,尤其是练习时,一定要戴安全帽。飞行时选用质轻坚固的安全帽即可,自行车、攀岩、溜冰用的头盔都可用。如选用摩托车安全帽则应选用比较轻巧的一类,且帽前的防风护目镜则应当取下,以免受到撞击后碎裂而伤及脸部。为了能清晰地听到空中的风声和周围的声音及地面人员的引导,耳朵部分一定要开孔。

鞋:鞋的选择应以质轻坚固为原则(避免附有挂钩),在有坡度的斜坡上使用时以较易吸收冲击力且预防挫伤的滑翔伞专用鞋为最佳选择。

手套:为了避免手部受伤,在参加滑翔伞运动时,应戴手套。在夏季选择薄且耐用的手套即可,冬天可用滑雪手套。注意选择哪一种手套都不要有挂钩。

护目镜（太阳眼镜）：在参加滑翔伞运动最初的学习阶段可不用护目镜，但对于佩戴隐形眼镜的人来说，则应戴护目镜。

仪表：滑翔伞运动所需的仪表包括风速仪、高度计、升降仪等。在做高空飞行时，必须使用。初学阶段只需配备风速仪即可。

套带：套带是用来连接滑翔伞和飞行员，吊在伞下的一条带子，因为它直接关系到飞行员的安全，所以在选择时必须依照自己的体重而慎重选择。

第二节　陆地极限运动

一、滑板运动

滑板运动发源于20世纪60年代初的美国，由冲浪运动演化而来，是水上滑板向陆地的延伸。滑板运动不同于传统运动项目，不拘泥于固定的模式，只有靠滑行者自由发挥想象力，在运动过程中创造，以创造力来运动。滑板运动富有超越身心极限的自我挑战性与观赏刺激性。

1. 滑板的结构及名称

轴距：即前后轮间距离。这一参数影响到一块板的整体感觉：轴距越长，感觉越稳，但速度越慢；反之亦然，通常轴距为50厘米左右。

板面：通常一块可用的滑板由7层枫木碾压而成。有些板的底部有一层特殊化学物质构成的平滑层。

脚窝：是指板面上弯曲凹下的部分。除自由式的板子外，现在流行的板都有脚窝，是为了滑板者能够更好地控制滑板。

板头板尾：由于现在的板大多数是双翘，所以两者看来差不多。一般来说，板头比板尾要长，有时角度也更大。

轮子：以前最流行的尺寸是60～70毫米，自由式的轮子则通常为57毫米。一般地说，大轮子有利保持速度和越过小的障碍物，但加速则无小轮子快，另外也太笨重。小轮子则适合于玩技巧性大的动作。

硬度：一般说来，轮的硬度与反弹成反比，硬轮速度也要快些，但若路面太差则不行。

桥及其标准：安好后位于同一桥上的两只轮子的距离不应该大于板的宽度，反之将影响板的转弯与做动作。

基座：系指桥与板面接触的部分，铝合金被证明是最好的基座材料。

主螺钉：那根用来将桥轴与基座结合（结合处有PU垫）的螺钉。

主架：是桥的主要部分，做动作时用来滑的部分。

枢轴：即主架前端与基座的结合处，其中有塑料的PU垫。

桥垫：即放于基座与板面间起缓冲作用的塑料或其他物质做的垫片。

砂：即置于板面用于加大摩擦力的砂。一般为黑色，不过也有带图案的砂。

轴承:即置于轮内用以支持滑行的东西。它分为双封与全封两种,其中双封对于滑板爱好者来说应是更好的选择。

2. 滑板鞋的要求

大部分运动鞋都可用作滑板运动,但滑板鞋与一般运动鞋仍有一些不同的地方,滑板鞋在功能上特别强调足部保护,提供抗磨、避震以及绝佳的抓地力,后脚跟采用可见式气垫的设计,给予足部所需的避震保护,置于鞋中段的稳定片也提供了所需的支撑力及抗扭转性,让滑板者能随心所欲地行动,而不必担心扭伤。

3. 滑板的方式

(1)马路式:马路式是滑板的最基本方式,人行道、台阶、护栏是最好的场地。马路式的特点在于随机性大,观赏性强,可以充分利用地形,无所不往,无障不越,滑手陶醉在无拘无束的自我表现里,观者沉浸在极大的感官刺激中,各得其所。

(2)下坡式:在盘山公路或其他有坡度的地形上,可进行类似高山滑雪的活动。

(3)半管式:又称 U 形池,因场地像半个庞大的管子而得名。由于运动中的高位能和滑板的低阻力,滑手可以获得足够的高度做出空翻、转体、倒立等技术动作。

二、小轮车运动

小轮车(bicycle motocross,BMX)运动起源于 20 世纪 60 年代的加利福尼亚,在很短的时间里它便以其独特的魅力征服了全美国。对越野摩托车可望而不可及的青少年而言,这项运动可以使他们体会到在自建的越野跑道上驾车飞驰的美妙感觉。虽然使用的是自行车,但不妨碍他们充分体会撞击所带来的刺激与兴奋。对于青少年来说,BMX 的费用相对低廉。20 世纪70 年代初,美国建立了最早的 BMX 组织,这也被认为是 BMX 成为正式运动项目的标志。在其后的十年间,小轮车运动又传入了其他一些国家。1981 年 4 月国际 BMX 联盟正式成立,1982 年举行了第一届世界 BMX 锦标赛,此时 BMX 这一独特的运动项目便在全球范围内迅速发展起来。由于这项运动与自行车运动有较多的相似,1993 年 BMX 正式成为自行车运动大家庭的一员。

(一)小轮车运动的基本技巧

1. 基本动作一

(1)右脚放在地上,抓住前闸。
(2)把你的前叉向前倾斜,捏住闸并尝试让你的脚离开地面。
(3)当掌握"(2)"的平衡时,尝试用右脚向后戳动前轮,在这个过程中要放一点点闸,接着回到"(2)"再次抓住前闸。
(4)戳动—停止—戳动,戳动—戳动—戳动—滑行,捏闸。

2. 基本动作二

(1)把右脚跨过车把放在前轮上,左脚站在地上。

(2)捏住闸,左脚跨上左边的火箭筒,当左脚碰到火箭筒时放开一点点闸,然后右脚开始前后移动戳轮。

(3)向前戳轮并且不捏闸,向前戳轮时必须把前叉向后倾斜。记住要用鞋来控制车轮。

3. 180°旋转

180°旋转即只提升前轮旋转180°的技巧,是骑着车旋转180°最简单的技巧。这个技巧过了关,进行Mini Ramp旋转时就很有用。进一步来说,也是进行Banny Hop 180°,Banny Hop Rock Walk、360°、540°、720°、900°等旋转技巧的基础。

(二)自行车的调整

要进行旋转,车胎的空气压要高些。首先练习45°旋转,然后练习180°。不懂操作"提升前轮",将很难进行该旋转,因此先练习好"提升前轮"操作。脚踏放水平,或者前脚踏稍高的状况下,用前轮和体重,将握把转向要旋转的方向,扭转整个身体,手要伸直,注意力放在前脚踏的脚上,以向前推似的一口气旋转。旋转时车子对旋转轴的中心稍斜时较为安定。注意:脖子的转向要足够。该练习不怎么会向后摔倒,若怕摔倒最好戴上头盔。

三、直排轮滑运动

轮滑是在旱地穿带轮子的鞋滑跑的运动,包括速滑、花样滑和轮滑冰球,全世界有8000万名轮滑爱好者。直排轮滑这个创意已延续了300年之久。最初是有一位17世纪的荷兰人尝试将木制滚轴钉在木片上,并装在自己的鞋子下的方式,而在夏天享受溜冰的乐趣。第一双专利的直排轮滑,在1819年于巴黎由佩蒂布拉德注册。在1979年,有一位名叫奥森的年轻冰上曲棍球选手在一家运动器材商店发现了一双老旧的直排轮滑鞋。他认识到这个设计的潜力,于是搭便车到芝加哥买下溜冰鞋公司停产的直排轮滑设计并予以改进。他将新公司命名为ROLLERBLADE,也就成为现在直排轮滑的同义词。自那时开始,直排轮滑变得在全世界非常流行。单单在美国,直排轮滑市场自从它被引进后,一年内便以22.6%的数字稳定地成长。今日,直排轮滑是美国排名前五大最多人参与的运动,同时也是6~17岁男性最常参与运动的首位。

随着直排轮滑运动的迅速发展,各类赛事也随之出现,并因为其特有的惊险刺激而成为极限运动的一员,与滑板、特技单车一起成为极限运动会的项目。目前,国际轮滑联合会下设国际速滑、国际花样滑和国际冰球三个委员会。主要赛事有每两年一次的世界轮滑锦标赛、每年两次的世界花样轮滑锦标赛和每年一次的世界旱冰速滑锦标赛(分场地赛和公路赛)。中国轮滑协会于1980年9月加入国际轮滑联合会。

1. 轮滑的基本姿势

首先必须掌握滑行前的基本姿势：两脚张开，与肩同宽，两膝稍微弯曲。两手抬起，置于正前方以取得身体的平衡，重心应该放在自己身体的前方。若地形平坦，双足平行站立，若地面倾斜，则双足呈"V"字形站立，以保持身体的稳定。

2. 轮滑的基本方法

(1)"V"字形走步：基本掌握了站立姿势后，在滑行前要有意识地向前迈步。同时，两手向前伸出，以取得平衡，在不破坏"V"字形平衡姿势的前提下滑行。慢慢向前滑去，重心放在单脚上且弯曲膝盖。

(2)倒地方法：首先两膝着地，接着两手着地。但中止滑行时，如果手突然张开，身体朝前，那就不能马上刹住。着地时，应当让触地的膝盖与身体一同向前伸展，呈直线状。如果手先碰地，自身的体重压于肩上，容易受伤。初学者应戴上质量好的护套，练习膝、手、肘陆续着地的正确倒地方法。

(3)基本起立方法：倒地后的站起，首先，膝盖着地呈膝盖支立的状态。左右膝盖都可以站起来，双手按在竖起的膝盖上，上身向前伸，两手压着膝盖站起来。动作幅度太大，容易朝后倒下，站起时不要太猛，慢慢进行。

(4)基本滑行方法：练习滑行时，可以从最初的走步开始。延长走步的时间，做一些慢动作。从基本姿势开始，在上身保持平衡后，双脚交替踢腿，一般小步前进。为了取得身体平衡，两手伸向前方，稍稍弯曲。刚开始时，步子小一点。一只脚向后甩步，另一只脚载着身体滑行。熟练后，再放大步子。身体稳定在单脚上，停留较长时间。掌握一切要领后，滑行速度自然会上去。

(5)停止：后跟停止法是最基本的停止方法。直列式溜冰鞋中的一只后跟部分附有橡胶制成的制动器，它只要接触地面便起刹住作用。起步后，两脚平行向前移动。接着，稍稍向前伸出装有制动器的那只溜冰鞋，脚尖慢慢向上，后跟的制动器就能接触地面。体重慢慢压在制动器上，制动器就会起作用。

(6)画八字：先加速，然后两只脚前后放置，脚尖对着脚跟，呈"一"字形，手的动作是交警允许通过的动作，双手水平指向同一个方向通过上身的转动来带动脚，滑圆弧，交替地使用内外刃就可以实现滑八字。

(7)跳跃：在跳之前先膝盖弯曲，重心放低。起跳时膝盖瞬间伸直，身体往上拉，等到脚离开地面后，膝盖尽量往上提，愈靠近胸部愈好。落下时两脚前后分开着地，重心较稳。

(8)下楼梯：分前溜下梯与后溜下梯。前溜时先加速到适当的速度，快到楼梯时呈高跪姿，身体挺直，不要往前或往后倾，顺势溜下。膝盖微蹲，两脚前后分开，脚尖对脚跟先要倾斜约45°下去，保持一定的速度，膝盖要放轻松，两脚的距离要保持一定，先从一阶开始，然后两阶、三阶、四阶，有机会再把角度修正，注意膝盖的柔软，以免造成运动伤害，初学一定要佩戴护具。一般来说后溜下比前溜下更稳，记得一定要佩戴护具。加速到适当速度，快到楼梯时转成后溜，脚一前一后呈弓箭步，顺势溜下。重点是脚要撑住，无论发生什么状况都不可以合并双脚。

第三节 水上极限运动

一、冲浪运动

冲浪即运动员站立在冲浪板上,或利用腹板、跪板、充气的橡皮垫、划艇、皮艇等驾驭海浪的一项水上运动。不论采用何种器材,都要求运动员有很高的技巧和平衡能力,同时要善于在风浪中长距离游泳。冲浪运动以浪为动力,要在有风浪的海边进行。海浪的高度要求最低不少于30厘米。

冲浪运动的历史沿革可追溯到200多年以前。在1778年,英国探险家库克船长在夏威夷群岛就曾见过当地居民有这种活动。1908年后冲浪运动传到欧美一些国家。1960年后传到亚洲。近一二十年冲浪运动有了较大发展,北美洲、秘鲁、夏威夷、南非和澳大利亚东部海滨等都曾举行过大型的冲浪运动比赛。

第二次世界大战后,塑料工业的诞生产生了轻便的塑料冲浪板,促进了冲浪运动的发展,由此,冲浪运动才真正在世界许多国家开展起来。随着冲浪运动逐渐普及和提高,其运动便向着竞技方向发展了。澳大利亚经常举行冲浪比赛。冲浪运动首届世界锦标赛于1962年在澳大利亚的曼利举行,其后每两年举行一次比赛。比赛主要根据冲浪者在规定时间内完成的冲浪数量和质量,采用20分制进行评分,如在30分钟内冲3个浪或45分钟内冲6个浪,再根据冲浪运动员冲浪的起滑、转弯、滑行距离和选择浪的难易程度等进行评分。

1. 冲浪器材要求

最初使用的冲浪板长5米左右,质量50~60千克。第二次世界大战后,出现了泡沫塑料板,板的形状也有改进。现在在用的冲浪板长1.5~2.7米、宽约60厘米、厚7~10厘米,板轻而平,前后两端稍窄小,后下方有一起稳定作用的尾鳍,为了增加摩擦力,在板面上还涂有一种蜡质的外膜。全部冲浪板的质量只有11~26千克。

2. 冲浪基本技巧

冲浪运动是运动员先俯卧或跪在冲浪板上,用手划到有适宜海浪的地方作起点。当海浪推动冲浪板滑动时,运动员使冲浪板保持在浪峰的前面站起身体,两腿前后自然开立,两膝微屈,随波逐浪,快速滑行。

冲浪时每个人在海上的距离应保持两个冲浪板的长度。注意下水前要检查装备,安全绳、救生衣检查好。冲浪最好的浪是中间崩溃往两边斜面推进的海浪,但也是最危险的。

二、摩托艇运动

摩托艇运动起源于19世纪末的英、德、美等一些工业发达国家。世界上第一艘摩托艇是由德国人在1886年建造的,1922年国际摩托艇联盟在比利时布鲁塞尔成立,1924年舷外发动机出现后,有力推动了这一运动的发展。1978年澳大利亚人沃比驾驶无限制的喷气式(发动机)艇创造了每小时 511.11 千米的速度纪录。1980 年美国人泰勒设计建造的一艘以火箭为动力的快艇,达到了每小时 563 千米的速度纪录。中国于 1956 年开展摩托艇运动。

摩托艇运动集竞技、刺激、欣赏于一体,也是一项富有现代高科技特征的水上速度运动。比赛的场面壮观激烈、惊心动魄,它是具有较大影响力的竞技体育项目之一。

中国于 1956 年 7 月开展摩托艇运动,同年派出代表队参加了在波兰吉日茨科举行的第一届国际航海运动竞赛,获得汽缸工作容积 350 毫升 164 千米竞赛团体第 1 名、汽缸工作容积 350 毫升 10 千米环圈赛团体第 4 名。1957 年在保加利亚举行的第 2 届国际航海运动竞赛中,中国队又获得了金质奖章 1 枚、银质奖章 3 枚、铜质奖章 3 枚。1958 年 8 月在武汉市举行了第 1 届全国摩托艇竞赛。1959 年、1963 年、1964 年、1975 年、1979 年、1980 年曾举行过全国摩托艇竞赛和表演活动。

(一)摩托艇运动基本技术

速度是竞赛摩托艇的特征,不论何种类型、等级和竞赛项目,其成绩都由航行的速度高低来决定。它要求运动员不仅能把机械操纵和驾驶技术紧密地糅合在一起,还要具备在气候恶劣的水面和弯曲、狭窄、复杂的航道等情况下灵活应变和保持高速或长距离航行的能力。因此,对摩托艇运动员除进行全面身体训练外,应特别着重加强腰部、腿部和臂部力量训练;另外为了应对竞赛中瞬息万变的情况,还应加强耐力训练和灵敏果断等意志品质的锻炼。

1. 起航

摩托艇竞赛有多种起航方法,环圈赛多采用"行进起航",即在起航前一定时间运动员可以驾驶船艇在自由水面航行,等待起航。起航区是特别标准的 100 米长方形水面。运动员按起航钟的指示时间,适时进入起航区通过航线投入竞赛。行进起航可分为全速起航和变速起航两种。

(1)全速起航:船艇进入起航区后,全速冲刺通过起航线。运用全速起航,必须在竞赛前的试航练习中测出该艇全速通过起航区的时间。在起航前运动员应时刻注视起航钟时间的变化,控制艇速向起航区行驶,在起航钟余下的时间和测定时间相符时,进入起航区并全速通过。全速起航的技术关键有:测定艇通过起航区的时间要精确;驶入起航区的时间要恰当;选择理想的航道;加速冲刺的时机要掌握适宜。

(2)变速起航:进入起航区后,变速接近起航线,然后加速通过。运用变速起航时,可以按起航钟时间提前进入起航区,在起航区的前段距离变速前进,然后根据起航钟余下的时间、离起航线的距离和艇的加速性能及时加速通过起航线。变速起航的技术关键有:提前进入的时间要恰当;在起航区内变速的距离不应过长;加速冲刺的时机要掌握适宜。

2. 绕标

绕标是指摩托艇在竞赛中沿着航线的各种规定标志所进行的转向动作,它是竞赛中的一项重要技术组成部分。绕标由许多紧密连贯、协调配合的动作组成。它随艇的速度、浮标间组成的角度、单艇或多艇绕标以及水面情况的变化而变化。根据具体情况灵活运用熟练的绕标技术,在竞赛中可以起到下列作用:在航行中超越对手,变被动为主动;缩短航行时间,提高航行速度;在多艇同时绕标中,避免碰撞,保证航行安全。绕标可分为全速绕标和变速绕标。

(1)全速绕标:整个过程均用全速进行,在绕钝角标、无风浪水面以及外舷超越时采用。

(2)变速绕标:变速绕标时艇速是在变化中进行,可以在提前打舵的同时或之前减速,在绕标转向的同时或在绕标后回舵的同时加速。变速绕标是在绕锐角标、有风浪以及内舷超越时采用。无论全速或变速绕标均要求稳定性高,绕标的时间短和有较小的横距与横移。

(二)摩托艇航行注意事项

摩托艇的高速特性,对航行有着严格的要求。航行时注意力应高度集中,随时观察水面情况,及时改变航向避开漂流物体及水下浅滩暗礁等障碍。对正在航行的船只,应判明其前进方向,估计其航行速度并注意它是否拖带其他物体,切忌从拖带的船只和物体间通过。在竞赛时的航行中,艇只较多时应错开航道航行,不要前后紧跟,以免在前面艇减速、停机、转向或突然翻艇等情况下来不及躲让,严格按照航程规定绕过航道上的各种标志,严守航行规章。整个航行过程中要求保持沉着镇静,避碰波浪时要灵活勇敢,才能应对出现的复杂情况,保证顺利航行。

三、探险性漂流运动

漂流最初源于爱斯基摩人的皮船,印第安人的树皮舟,中国的竹筏、木筏……这些当时都是为了满足他们生活、交通及战争的需要,而真正现代意义的漂流运动,是在"二战"之后才开始发展起来的。"二战"后,一些退役的充气橡皮艇,被一些喜欢户外活动的人发现,他们开始买来自娱自乐,后来,随着战后经济的复苏,户外休闲活动有了较大的市场,他们便着手改进橡皮艇的规格,完善各种装备、器材,不断提高技术,经营起商业性的漂流旅游。

1. 漂艇的结构与救护要求

漂流是一种体能与胆量的挑战,在你寻求刺激、享受快乐的同时,要注意安全,并掌握一些技巧。乘员必须全程穿着救生衣,防止在不注意中漂艇翻沉,以确保安全。

现代漂艇为高分子材料制作,有三个独立的气仓,在正常使用下不会有漏气问题,由于溪水并不深,即使出现问题,也能及时上岸,救护人员实行全程跟踪。

2. 探险性漂流应急措施

(1)倾覆:是由大的漩涡、波浪或障碍引发的事故,首先应跳开,以避免撞击到障碍物上,如果确定不会陷入船与石头之间的逆流中,应该尽量地浮在水面上,另外还可上岸避开这一段急流水域。尽量保持与你的同伴一起行动,确保每个乘员的安全。由于从倾覆的船内游向岸边非常困难,应该在远离急流的平静水面来操作。救援船只逆水接近,捞起倾覆船只的一条缆绳,再把它牵往岸边,其余船只也应该沿途搭救落水者并尽可能快地清点人数。

(2)靠岸:急流与瀑布是不可避免的,在无人的急流区系上救生绳以帮助船驶过,并在岸上对船保持密切的控制,切记不可将绳索套在你自己身上,在绳上打个结或将绳绕在树上都可帮助你实现对船的控制,靠岸的时候务必带上所有东西。

(3) 险滩:到达险滩前,可先预测一下顺流而下的大致方向;然后招呼大家收桨,将脚收回艇内并拢,双手抓紧船沿上的护绳,身体俯低,不要站立起身,稳住舟身重心保持平稳,一般就能安然渡过。

(4) 漩涡:河道水流较深时,常会出现漩涡,此时应尽量避免被卷入,绕行而过。如果被卷入的话,要保持镇静,让艇顺着涡流旋转,等转至漩涡外围时,大家全力划桨即可冲出困境。

(5) 冲撞:保持平稳、避免冲撞是漂流过程中须恪守的原则。实在避无可避时,要将舟身控制在正面迎撞的角度,乘员抓紧绳索。冲撞后舟身会与岸平行,此时这一侧的乘员要注意收脚以免夹伤。有时艇与艇之间会靠得很近,为免冲撞双方要相互配合往反方向划桨或抵开船身。

(6) 搁浅:水道变窄,水深变浅,水流变急时容易发生搁浅。此时可用桨抵住石头,用力使艇身离开搁浅处。或者派人下水,从旁侧或拉或推让艇身重入水流,而拉艇的人则要眼明手快,注意安全。

(7) 落水:不小心落入水中,不要惊慌失措,救生衣的浮力足以将人托浮在水面上,而艇上的同伴应当伸出划桨让落水者攀抓。若落水者离橡皮舟较远时,要想办法上岸或停留在石头的背水面(迎水面水流强且容易被橡皮艇撞到)等待救援。

(8) 翻船:翻船多发在水流湍急的区域,往往是因为有人落水而造成橡皮艇重心不稳。翻船后应保持镇定,先将艇身扶正;重新登艇时注意两侧受力均衡,一侧人员爬上艇时另一侧要有人压住。掉落的划桨要及时拾回,否则到缓流区就只能用手划水了。

(9) 气室破裂:这是最糟糕的情况。此时要调整艇上人员的位置,破裂气室的位置不要再坐人;设法保持橡皮艇稳定并靠岸等待救援。

四、潜水运动

我国拥有悠久的潜水历史。距今 1700 年前的中国史书《魏志倭人传》中,就已经有了海边渔夫在海里潜水捕鱼的场面描写。到了 1720 年,一个英国人利用一只定做的木桶潜到水下 20 米深的地方成功地进行海底打捞。而今天职业潜水的前身,则要算 160 年前英国的郭蒙贝西发明的从水上借水泵运送空气的机械潜水,也就是头盔式潜水。这种潜水于 1854 年首次在日本出现。1924 年开始使用玻璃做潜水镜,即水肺潜水器材的前身。"二战"期间,开发了一种特殊军事用的"空气罩潜水器",采用的是密闭循环式,并有空气瓶的装置。"二战"末期,法国开发了开放式"空气潜水器"。近几年来由于潜水器材的进步,带动潜水运动蓬勃发展,投身于潜水和喜欢潜水运动的人也越来越多。

1. 潜水运动装备要求

要潜水就需要用到潜水装备,简单来说,潜水装备可以分为轻装备和重装备两类。轻装备指的是面镜、呼吸管和脚蹼,你在浮潜时有这几件装备就可以了,而水肺潜水则还需要有重装备,指的是浮力调节装置、呼吸调节器、潜水仪表、气瓶等。潜水装备有多种款式和颜色,可以根据潜水的形式、目的、自己的喜好和身体特点来选择不同特性的装备。

(1)面镜:一般的面镜由强化的安全玻璃镜片、贴合脸型的橡胶或硅胶群边及可固定位置的调整头带组成。强化的安全玻璃镜片可以防止破碎成有高度危险的细长玻璃碎片。群边的材质硅胶要强于橡胶,这是因为硅胶比橡胶耐用3~4倍,不容易使皮肤过敏,更为柔软和舒适。有些面镜设有排水阀,有个单向活门用来排除面镜内的积水。选择面镜的最重要的两点就是合适和舒适,其他器材也是如此。一个不合适的面镜可能会漏水还可能引起过敏,减少很多潜水的乐趣。

(2)呼吸管:在浮潜时,呼吸管更是必需的装备。一般的呼吸管设计是一端开口,另一端是有咬嘴的弯管。呼吸管的上半部通常是半硬的塑料管,下半部的咬嘴多由硅胶制成。一个合适的呼吸管要有适当的曲度,内径2厘米左右,长30~35厘米。合适的呼吸管除了舒适外还要呼吸容易。

(3)脚蹼:脚蹼宽大的面积能提供给你强大的动力,使你不必靠划动双手以产生动力,使得双手能解放出来从事其他工作。脚蹼主要分为无跟和套脚型两种。其中套脚型脚蹼一般用于温暖水域或浮潜。无跟脚蹼要与潜水靴一起使用。大而坚硬的脚蹼使用起来速度快,但容易疲劳和抽筋;小而柔软的脚蹼缺少推动的力量。脚蹼有不同的材料、设计和特点。脚蹼的设计包括:龙骨,用来增加脚蹼的硬度和平衡;排水孔,减低对脚蹼的阻力以增加效率;导流沟,让水平滑地滑过脚蹼,增加速度。选择脚蹼要根据你的体型、体力和潜水的环境,重要的是舒服和合适。

2. 潜水运动注意事项

(1)紧张是导致初次潜水不会一次就成功的第一大祸首,紧张使人的动作变得僵硬、反应迟钝,思维敏捷度下降,呼吸急促,高度紧张时有可能会忘记呼吸。听从专业教练的指导和对教练的信任,是排除紧张最好且最有效的方法。

(2)因为从没用过调节器进行呼吸体验,所以少数人一开始并不适应。应在岸上先适应练习后再用调节器进行呼吸。

(3)下水后,对于初次体验潜水者来讲,开始下潜后做耳压平衡是最为重要的一个程序,但是往往大多初次体验潜水者由于紧张,或者是其他某些因素(被水下景物所吸引),忘记做耳压平衡或做得不到位,导致耳膜疼痛,无法继续下潜。解决方法:下潜之前应在大脑中先形成做耳压平衡的意识,知道做耳压的重要性。下潜后,每下潜1米应做耳压一次,耳压平衡应在耳朵无不适时提前做。

(4)初学潜水者嘴含调节器的方法不正确,造成调节器进水流进嘴里,不会排出调节器里的水,而产生害怕呛水的畏惧心理。此时用牙轻松咬住牙托,用嘴唇包住调节器的咬嘴,就不会进水了。如果调节器里有水,可以猛吹呼吸管把调节器里的水吹出去。

(5)面镜排水不熟练。面镜进水后会害怕,不知道该怎么样做耳压。应先将面部尽量向上,然后用手压住面镜的上沿,用鼻子排气,根据压力的原理就可以把水从面镜下方排出。

第四节 铁人三项运动

铁人三项运动是充分融合在大自然中的户外运动项目之一，属于新兴综合性运动竞赛项目，比赛由天然水域游泳、公路自行车、公路长跑三个项目按顺序组成，运动员需要一鼓作气赛完全程。

铁人三项起源于美国。1974年2月17日，一群体育官员聚集在夏威夷群岛的一个酒吧里争论：世界上究竟哪一种体育运动项目最具有刺激性、挑战性；最能考验人的意志和体能？他们各抒己见，争论不休。最后，美国海军准将约翰·克林斯提出：谁能在一天之内在波涛汹涌的大海游泳3.8千米，再环岛骑自行车180千米，最后跑完42.195千米的马拉松全程，中途不得停留，谁就是真正的铁人。克林斯的想法得到大家的支持，于是第二天就有15人参加了比赛，其中还有1位女选手。结果有14人赛完全程，就这样一项挑战自然、战胜自我的新型体育运动项目就在这种充满戏剧性、冒险性的情况下诞生了。该比赛第一名的成绩为11小时46分。该次比赛后人们就把这项一次连续组合完成游泳、自行车和长跑，并在运动员体能、速度和技巧上提供挑战的综合性体育运动项目称为"铁人三项"，并追认该次比赛为首届世界铁人三项锦标赛。

鉴于铁人三项运动在世界各地发展迅速，奥运会、友好运动会、泛美运动会、英联邦运动会、世界军体大会、亚运会、中国全国运动会都将铁人三项列为正式的比赛项目。铁人三项是于1994年被国际奥林匹克委员会正式列入奥运会大家庭，2000年悉尼奥运会万众瞩目的第一个比赛项目就是女子铁人三项。

1. 铁人三项的比赛距离

随着这项运动的广泛开展，铁人三项运动产生了下面几种距离的比赛：
奥林匹克标准距离(51.5千米)：游泳1.5千米，自行车40千米，长跑10千米。
超长距离(225.195千米)：游泳3.8千米，自行车180千米，长跑42.195千米。
长距离(148千米)：游泳3千米，自行车120千米，长跑25千米。
短距离(25.75千米)：游泳0.75千米，自行车20千米，长跑5千米。

2. 铁人三项运动的特点

铁人三项是将游泳、自行车和长跑这三项各自本身已经具有悠久历史的运动结合起来，而创造的一项新型的体育运动，他具有这三个运动项目所不具有的特点。

(1)项目综合性：铁人三项是连续一次完成游泳、自行车、长跑的综合性体育运动项目。

(2)灵活多变性：比赛场地可因地制宜，灵活多变，距离可长可短，项目设置可两项或三项，可以有多种形式的设计便于推广。

(3)广泛参与性：目前能够完成铁人三项奥运标准距离比赛的运动员年龄最小仅8岁，最大的达94岁。在竞赛分组上设专业优秀组和业余分龄组，使比赛既有优秀专业运动员的竞争，又满足了广大业余爱好者的对挑战极限的喜好。

(4)公平竞争性:铁人三项比赛赛程长、难度大、连续性强,便于排除人为因素干扰比赛的进行。

(5)体能挑战性:铁人三项是一项耐力与毅力相结合的运动项目,运动员通过比赛完成对自然和自我的挑战,需要极强的体能和心理素质,因此具有强烈的刺激与挑战性。

(6)大众观赏性:比赛在室外进行,风雨无阻,赛场既可设置在海滨城市、风景名胜城市,也可设在山区乡村,具有较强的大众观赏性。

(7)市场商业性:铁人三项运动已被评为当今世界最具魅力和最具商业价值的十大体育运动之一。

3.铁人三项运动的战术

游泳时尽量保持中快速游进;途中跟随合适对手;冲刺要根据赛时条件发挥优势,加速游完赛程。从水里上岸后,运动员要马上转入自行车的赛程。在自行车赛段中,整个赛程必须骑自行车完成。但是如果车胎出了问题,运动员可以带车跑到换胎站换胎。在出发时控制好自行车,保持稳定骑行;途中尾随骑行,借助前车骑行造成的气流带动可节省体力,并根据风向调整,在出发、追赶或超车时运用猛冲技术;距终点30~50米处发起冲刺,争取赶前到达。

长跑比赛是铁人三项比赛的最后一项比赛,在经过1.5千米的游泳比赛、40千米的自行车比赛之后,再开始10千米的长跑比赛,对于运动员的体能是个极大的挑战。因此铁人三项的佼佼者们,通常更能在长跑比赛中凸显其实力。由于经过了一个多小时的室外比赛,运动员身体水分流失非常严重。因此工作人员在长跑赛道旁为运动员发放纯净水,但是由于在跑步中不适合多饮水,大部分运动员都是将水倒在自己身上,以此缓解中午的日晒和身体流失的水分。运动员在长跑赛段中必须穿鞋和运动服。跑步中为了节省体力,应尽量采用匀速跑,以保持身体大部分时间处于有氧代谢状态。

第十章　健身休闲运动

第一节　匹克球运动

一、匹克球概述

该游戏于1965年在华盛顿班布里奇岛的乔尔·普里查德的避暑别墅中创建，后者后来在美国国会任职并担任华盛顿副州长。Pritchard和他的两个朋友Barney McCallum和Bill Bell因设计游戏和制定规则而受到赞誉。

匹克球是一项室内或室外球拍/球拍运动，两名球员（单打）或四名球员（双打）使用实心球拍在36英寸高（0.91米）的网上击打一个穿孔的空心聚合物球。网两侧的对手来回击球，直到一方犯规为止。匹克球是1965年在美国华盛顿班布里奇岛发明的一种儿童后院游戏。2022年，匹克球成为华盛顿州的官方体育项目。

说匹克球是网球、羽毛球和乒乓球的混合运动，那是最恰当不过了。在身体的活动量和活动度上，匹克球比乒乓球的活动度和活动量大，所以在锻炼身体上比乒乓球好。匹克球的活动量和运动量比羽毛球和网球要小，打不太动羽毛球或网球的人就适宜于打匹克球作为经常运动的锻炼项目。匹克球适宜于各种年龄。尤其是过去打网球、但是失去了继续打网球的条件（有人戏称匹克球是老人的网球（seniors' tennis)，或者打乒乓球、羽毛球的人，想寻找更为激烈些的运动项目，匹克球就是极好的选择。此外，由于匹克球要求的场地、器材比网球的便宜，所以有人戏称匹克球是穷人的网球（poormens' tennis)。

1965—2020年，它成为美国太平洋西北部的一项流行运动，同时开始在其他地方发展。2021—2022年，这项运动被体育与健身行业协会评为美国发展最快的运动，拥有超过480万名玩家。匹克球已经成为中学体育课经常的运动项目，在年轻人和老年人中已经逐渐普遍。人们对这项运动的兴趣日益浓厚，这归因于几个因素，包括学习曲线短、适合各种年龄和健康水平的人群，以及低启动成本。现在全美国有数千场匹克球比赛，包括美国全国锦标赛和美国公开赛，还有两场职业巡回赛和一场职业联赛。匹克球也在美国以外的其他几项国内和国际比赛中取得了进步。在中国，匹克球运动也逐步发展起来。2017年10月18日，深圳市匹克球协会成立，标志着中国匹克球运动拉开了在全国普及、推广的序幕。

二、匹克球运动基本技术

正确的握拍和施力技巧是学习打匹克球的基础。球员应该能够使用正确的技巧来打出不同力量、速度、落点和旋转的球。不正确的握拍或施力方式可能会限制球员的技术水平提高,并可能导致受伤。

1. 持拍手法

匹克球拍柄可以划分为八个侧面。按照虎口所对拍柄不同位置,大致可以分为四种持拍方式:大陆式(中性)、东方式、半西方式、西方式持拍,如图10-1-1所示。

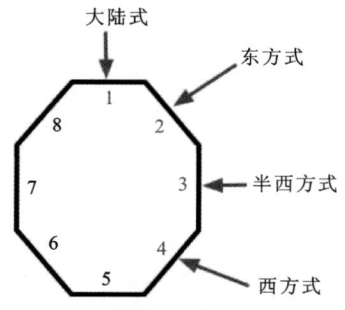

图 10-1-1　虎口所对位置

各种持拍方式的特点总结如下:

(1)大陆式:虎口面向1号位置,即类似握手或握锤子的姿势。右手持拍时,伸直手臂后正手拍面正对左侧。大陆式持拍无论正手还是反手击球都很容易发力,可以快速进行正反手转换,但不利于制造摩擦。大陆式持拍可以用在大部分场景中。

(2)东方式:虎口面向2号位置。右手持拍时,伸直手臂后正手拍面略向左下方倾斜。相对大陆式持拍,东方式握拍正手可以打出更多的上旋动作,往往用在正手抽球或吊球中。

(3)半西方式:虎口面向3号位置。右手持拍时,伸直手臂后正手拍面向左下方倾斜。相对东方式握拍,半西方式持拍正手可以打出更多的上旋动作和击球角度,但很难打出下旋球。半西方式持拍可以用在正手位的后场抽球或前场截击中。

(4)西方式:虎口面向4号位置,即所谓的招财猫握拍。右手持拍时,伸直手臂后正手拍面朝向地面。西方式握拍是一种极端的握拍方式,完全放弃了反手位。因此,除了偶尔用于正手位网前高球扣杀,很少在正式比赛中出现。

推荐球员采用大陆式握拍和东方式握拍方法为主,并在比赛中根据具体情况随时进行调整。持拍时手掌应该适当放松,手心留空,如果10分为满分,做到3分即可。正手抽球或吊球时,可以采用东方式持拍。食指可以轻搭在拍面上,以辅助感觉拍面角度。反手击球时,可以采用大陆式握拍。拇指可以抵在7号位置,以辅助发力和保持拍面稳定。

2. 如何击球

球员需要时刻保持身体朝向球,并将球拍放在胸前,拍头可以指向正前方或略微偏向反手位置,以随时准备击球。由于匹克球和球拍表面相对光滑,难以通过摩擦来控制球的飞行轨迹,因此稳定地击球至关重要。

首先,要使用球拍的甜区来击球。在甜区击球可以确保球的飞行方向与拍面方向一致,并且使击打的力量充分传递到球上。非甜区击球会导致球的角度不稳定和击打力量的非线性损失。其次,在击球瞬间,手指要握紧球拍,以确保力量稳定地传递到球上。此外,在击打球后,胳膊要沿着球的飞行方向持续发力,以确保球稳定地飞出去。

初学者应时刻关注来球,眼睛跟随球的运动。熟练掌握后,注意力应该分别放在对手当前位置和球上,并预测对手可能的回球和移动。通过练习击球,球员应逐渐感受和掌握匹克球不同的力量、速度、落点和旋转。

3. 如何发力

球类运动的力量的根源在于腿部,而非胳膊。这可能有些出人意料,但是如果你曾经在滑冰场上试图打球,你就会感受到很难发力。以右手持拍为例,正手抽球时,右腿向后迈出,身体重心位于右脚,身体转向右侧。

在准备击球时,右腿用力蹬地,逆时针转动腰部,并挥动胳膊。此时,蹬地转腰的力量通过胳膊传递到球拍上。在击球瞬间,手指抓紧球拍,进一步增加击球力量,并稳定拍面的方向。最终,整个身体产生的力量击打到球上,将球送出。此时,身体重心转移到左脚。从顺序上看,你需要依次转动脚、腿、腰、躯干、肩膀、上臂、前臂、手,逐级加力,并最终将合力传递到球拍上。

请注意,在转腰挥动胳膊的过程中,身体各部分(特别是胳膊和手指)应先放松,发力瞬间才收紧。通过由松到紧的过程,你可以使用较小的动作产生很大的力量。在诸如吊球或截击等场景下,你不需要进行蹬地、转腰、挥拍的完整发力过程,但其核心仍然一致,需要使用源自身体的力量,并通过由松到紧的过程发力。

4. 击球训练

以下是一些针对增强击球能力的训练:

(1)蹬地转腰练习:每组 20 个,每天 3 组。这个练习是为了锻炼腿部和腰部力量,以便更好地发挥球类运动的力量来源。建议逐渐增加练习的次数和组数,但要注意适度,以免造成过度疲劳或受伤。

(2)颠球体会手指发力:正手、反手、正反手各 100 个。颠球是提高手部协调能力和手指力量的有效练习方法。建议逐渐增加颠球次数和练习难度,例如采用不同节奏和速度颠球。

(3)正手/反手多球击球训练:每组 20 个,每天 3 组。这种练习可以提高手臂和肩膀的力量和协调性,以及对球的控制能力。

以上练习需要坚持长期训练才能够取得显著的效果,同时要注意保护身体和适度休息,以免因过度疲劳或不正确的练习姿势造成伤痛。

三、匹克球运动的比赛与欣赏

1. 场地

匹克球的场地和羽毛球的场地完全相同,如图 10-1-2 所示。使用的球大小如网球,为硬塑料制成的薄壳中空球,有 26 个直径约 1 厘米的孔。横握的球拍形如较大的乒乓球拍,最初是木制的,有较轻的玻璃纤维、EVA、PE 材料、蜂窝纸、混合材料和碳纤维板。

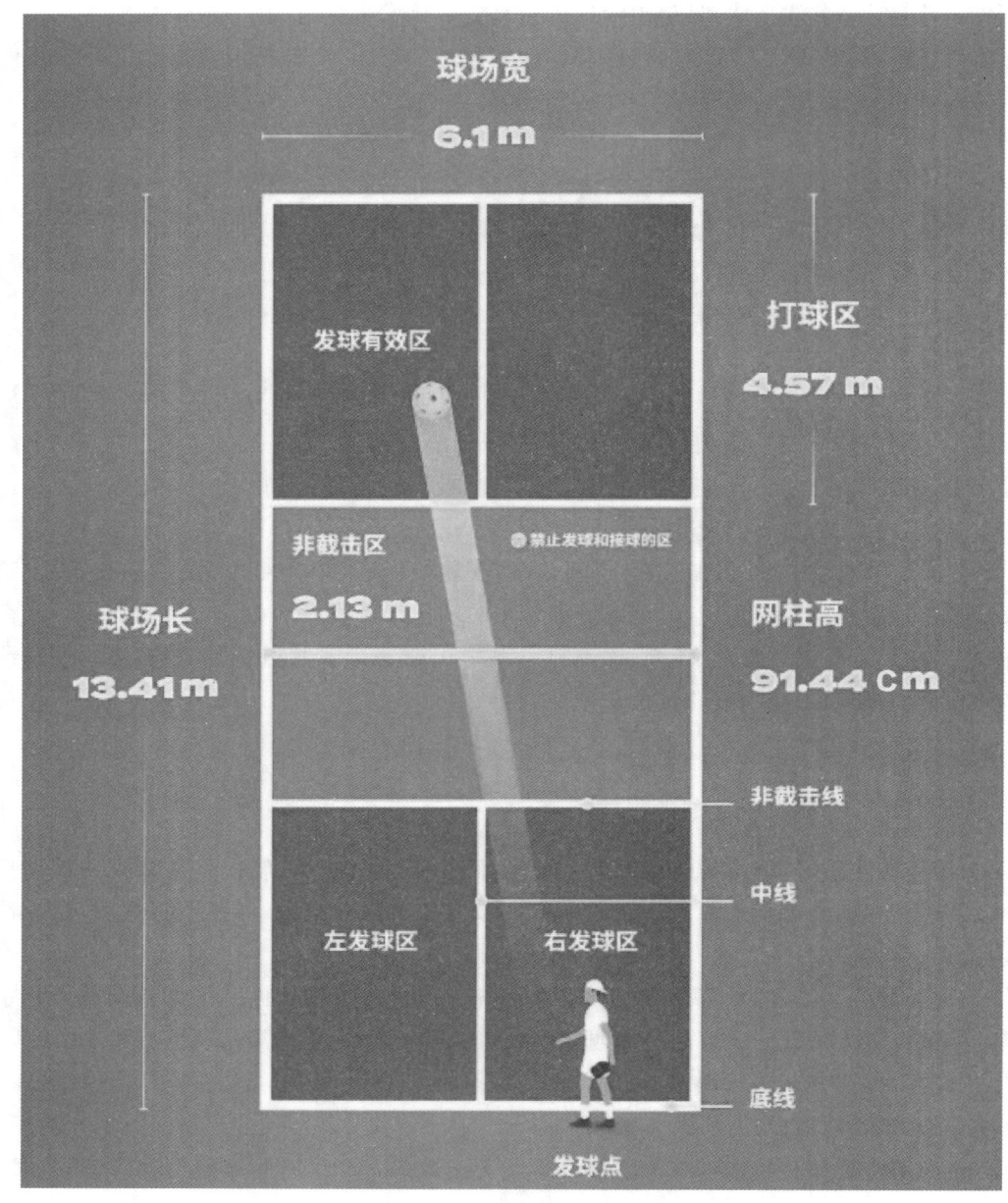

图 10-1-2 匹克球场地尺寸图

2. 规则

1) 发球

匹克球发球,必须以下投手势发球,球与球拍的接触面(发球点)位于腰部以下。下投手势:手臂必须以向上沿圆弧方向移动,而且球拍接触球的点必须低于手腕(球拍不包含手柄的那部分,球拍的最高点不可高于手腕),如图 10-1-3 所示。

图 10-1-3　发球姿势

2）双反弹规则

发球之后的第一个回合，接球方必须先让球在本方场地落地反弹一次后，才能击球；同样的，发球方在接对方回球之前，也必须先让球在本方场地落地反弹一次后，才能击球，如图 10-1-4 所示。

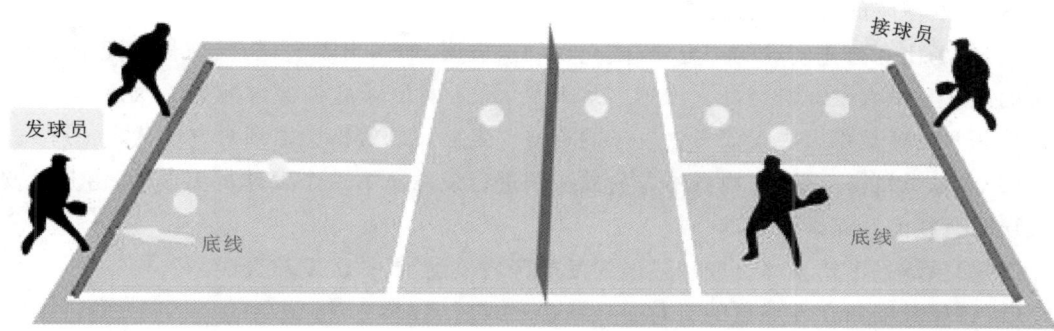

图 10-1-4　双反弹规则

3）发球站位

发球时，双脚必须站在底线外。球必须在落地前用球拍击出。球必须落在斜对面球场的打球区，且不可压到非截击线，如图 10-1-5 所示。

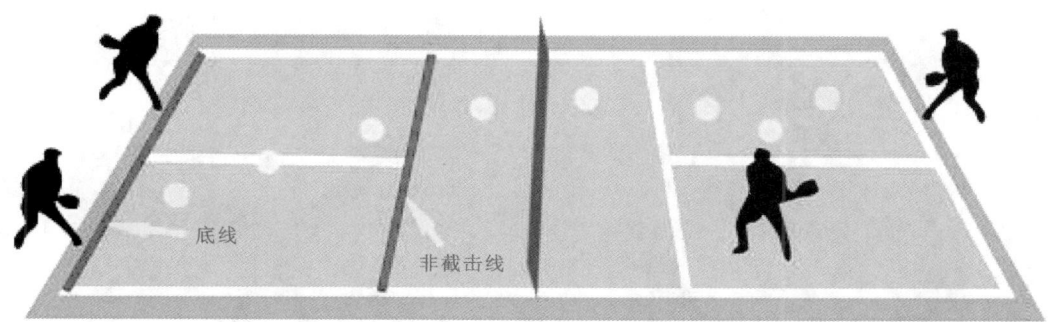

图 10-1-5　发球站位

4）发球顺序、选边、站位和换位

首先，以抛硬币等方式决定胜负。获胜一方，具有优先选边或选择接发球的权利。如果胜方选边，那么由负方选接发球。如果胜方选接发球，那么由负方选边。每局比赛结束后，双方发球顺序、球场位置互换。

单打：

在每局比赛开始时，首先由右侧球员开始发球。如果该球员一直保有发球权，则在得分后轮流在本方左右侧发球。球员在右边发球时，发球队的得分总会是偶数（0、2、4、6、8、10…），球员在左边发球时，发球队的得分总会是奇数（1、3、5、7、9…）。

双打：

（1）发球永远是从右手边的球员开始，如果该球员能保有发球权，则一直在左右发球区轮流发球。

（2）发球必须落在斜对面的打球区内，且不能压非截击线。

（3）发球员在右侧发球时，发球队的得分总会是偶数（0、2、4、6、8、10…）。发球员在左手边发球时，发球队的得分总会是奇数（1、3、5、7、9…）。

（4）每场比赛首先发球的一方，只能允许一次失误，如果出现失误，发球权将交给对方，发球员的队友是没有发球机会的。由第二球开始，每队两位球员将各自拥有一次发球机会，直到该球队两位球员都因失误而失去发球的资格。之后发球资格会回到对方球队。

（5）发球员每得一分，应换到本方另外一侧进行发球。第一个发球员失误后，由其队友从他失误时所在的一侧继续发球。

（6）如果球是由错误球员或从错误的发球区域发出，算一次发球失误。

（7）接球员要站在发球员的斜对面且站在底线后面。

（8）接发球时，只有接球员才可以把球击回。如果由其队友把球击回，那么发球队将得分。接球员的队友，可以站在球场内外的任何地方。

（9）接球方在接发球时，队员不可以交换位置。在对打过程（发球后和失误之前的连续对打）中，接球方队员可以互换位置。对打结束后，球员必须返回原位，如图10-1-6所示。

图 10-1-6　发球规则

5)得分、比赛与赛制

得分:只有发球队可以得分。在符合规则情况下,发球后对手没有接到球,或在对打时出现失误,发球队就得分。

比分呼叫:比分呼叫包含3个数字。正确的比分呼叫顺序为:发球队的分数-接球队的分数-1号发球员或2号发球员(只限于双打)。例如,一场比赛开始前,比分呼叫是:0-0-2(0比0,2号发球员发球)。

赛制(标准比赛的形式):每局比赛第一个得到11分,而且至少领先了2分的球队获胜。如果双方都得10分,比赛应该继续,直到某一方领先了2分。比赛一般采用三局两胜制。

6)犯规和失误

在以下情况会被判犯规或失误:①发球触网;②击球出界;③违反"双反弹"规则;④违反发球规则;⑤对打中的球在球场上反弹之前,击中任何永久物体(灯、天花板、墙体等);⑥过网击球。

第二节　高尔夫球运动

一、高尔夫球运动概述

高尔夫球运动是指球手站在宽阔的绿草地上,利用长短不一的球杆,从一系列开球台上把球依次击打入洞的户外运动。"高尔夫"一词最早出现在14世纪苏格兰议会的文件中,率先涉及打高尔夫球的是苏格兰北海岸的士兵,后来逐渐引起宫廷贵族和民间青年的浓厚兴趣,最终成为苏格兰的一项传统运动。由于打高尔夫球最早在宫廷贵族中盛行,加之高尔夫球场地设备昂贵,故有"贵族运动"之称。

中国古代的"高尔夫"球运动最早记载于泰山岱庙出土的宋代石刻画——捶丸图上。元代又出版了被称为世界上最早的关于高尔夫球运动的专著——《丸经》。捶丸是我国古代一种以球杖击球的体育运动。类似于高尔夫球赛,故被称为中国古代的高尔夫球运动。今天,宋代的捶丸运动已开始穿越时空再现泰山,少年演员们身着宋代服饰,按照古代规则复原"高尔夫"比赛场景,只不过是以独特的表演赛形式与较高的参与性、趣味性而受到游客的追捧罢了。

高尔夫是一项看似非常简单、枯燥的运动,其参与者在全世界却以惊人的速度增加,它的诱惑力和健身价值主要是因为高尔夫球场大部分是利用大自然的地形加以改造而成的,环境优美,是健身、休闲和交友的好去处。高尔夫对自身体力、智力和大自然也是一种挑战,并可以提高个人判断力、思维能力和忍耐力等。高尔夫还是一项终生运动,每一个球手不论年龄、性别、体能、技术的差异,均可以同场竞技,这对身心健康是极其有益的。高尔夫运动最可贵之处在于它是一项绅士和诚实的运动,高尔夫礼仪始终贯穿在整个运动中,而且它是世界上唯一自我裁判的运动。

二、高尔夫球运动基本技术

高尔夫球运动的技术因不同的地点,不同的杆法和不同的人有差异。这里只以右手为例介绍一些基本技术。

1. 瞄准

瞄准也就是设立"目标线"。"目标线"是球到目标之间的一条假想线。要瞄得准,杆面的前缘应当和这条线成直角。

2. 握杆

根据用手指握杆的方式可以分为自然式握法、互锁式握法和重叠式握法,不管何种握杆法都要尽量缩小双手的缝隙,使其成为一个整体。

(1)自然式握法:双手手指分开,十个手指自然地握在握把上。这种握法比较适用于力气较小的人。优点是能够更好地利用右手手臂的力量。如图 10-2-1 所示。

(2)互锁式握法:也叫交叉式握法,是左手食指与右手小指交扣的握法,给人一种整体的感觉。这种握法比较适用于手指比较粗短的人,也适合女士、小孩和身体较弱的男士。如图 10-2-2 所示。

(3)重叠式握法:这是比较常见的握法,是将右手小指放置于左手食指与中指间上方的握法。重叠式握法可以减弱右撇子在挥杆中增大右手及右臂力量和动作幅度的影响,从而使左右两边尽量保持平衡。如图 10-2-3 所示。

注意正确握杆的基本原则是握杆时不要用手掌去握,应该用手指钩住握把。

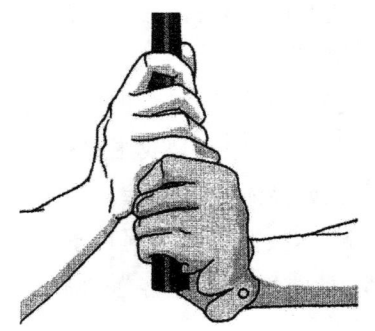
图 10-2-1 自然式握法

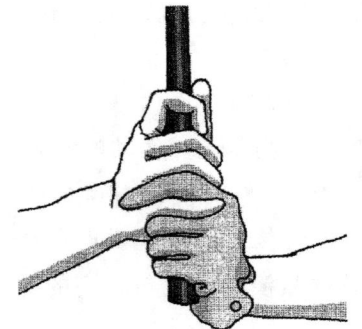
图 10-2-2 互锁式握法

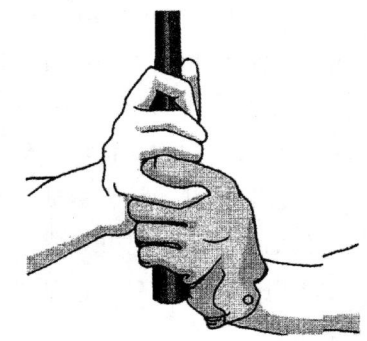
图 10-2-3 重叠式握法

3. 击球准备姿势

击球准备姿势是指身体各个主要部位的协调安排,它们中的任何一环对于球飞行的距离、方向和轨道路径都有重大影响。主要技术环节包括球位、脚位和站姿。

(1)球位:球位是指球员做好准备击球姿势时,高尔夫球被打出前的位置。一般球位是在两脚间连线的垂直平分线稍偏左的位置,偏离距离大约为一个球身大小。球离两脚连线的距离因球杆不同而不同。但球位是根据球员使用的球杆和个人经验等方面的不同进行调节的。

(2)脚位:脚位是指球员准备击球时两脚站立的位置。一般分为三种。①正脚位是指球员两脚尖与准备线、击球线路平行的脚位,较易完成挥杆动作,适用于任何一种球杆。这是比较理想的脚位;②开脚位是指球员左脚稍后于右脚的脚位,常用于短铁杆击球;③闭脚位是指球员右脚稍后于左脚的脚位,常用于木杆开球或在球道上击远球。

脚位的宽度因身高和体格而有所不同。但对所有球员来说,球杆的长度缩短,脚位也应当稍微变窄。

(3)站姿:一般来说先将球放置于目标线上,然后确认包括杆面、肩膀、腰部、膝盖及双脚是否与目标线平行,并以球为中心,垂直与目标线站立,最后先固定左脚,右脚向右移开直到身体感觉比较稳定,体重均匀分布在两腿上,重心保持在前脚掌上,并确定双脚宽度及脚位。注意保证手背方向和杆面方向尽量与目标线保持平行。完成站姿的基本步骤如下:①在确定好球位和脚位以后,身体站直,双臂放于两侧;②屈膝向下看鞋带,直至看不到鞋带为止;③臀部后退,背部要直,头朝球的方向移动。下颚抬起,不要触胸;④握杆时双臂下垂,握把后端指向肚脐位置。左肩稍微向上倾斜,确保身体重心落在前脚掌上。

4. 挥杆

挥杆是打高尔夫球最终的目的,挥杆动作的全部内容包括后摆杆、上挥杆和上杆顶点、下挥杆、击球、送杆及收杆动作等。整个技术是一种围绕纵轴的旋转运动,身体基本上没有向右或向左的横向运动,也没有向前或向后的俯仰动作。如图10-2-4所示。

图10-2-4 挥杆动作

(1)后摆杆:后摆杆是上挥杆的起始部分。使左臂与球杆成为一个整体,不要屈腕、肘,保持两臂与肩构成的三角形,左肩、左臂和左手与球杆形成一体,以左肩依次带动臂、手、球杆,将球杆沿着目标线向后推30厘米左右,要有推上去的感觉。不能用手臂举起球杆。注意摆杆动作要柔和,保证杆面正对球。

(2)上挥杆和上杆顶点:上挥杆时,身体按肩部、腰部、腿部的顺序转动。左膝随上杆动作略微转向右侧,顶住右膝及右臀,身体重心转移到右侧。身体保持两臂与肩构成的三角形至右裤兜位置时,右臂肘部开始弯曲,左臂运杆,右臂基本不用力,靠臀部旋转来带动手臂挥杆,头部保持不动。

注意挥杆与身体一定要有整体感。上挥杆动作是通过转肩及转体完成的,而不是用手臂挥杆。并且根据不同的击球距离,上挥杆的幅度是不同的,有全挥杆和半挥杆之分。

当臀部转到最大时,下肢继续保持站位时的姿态,双膝微屈,球杆移向挥杆顶点,左肩转到右脚内侧,右臂形成"右肘90°"。双手保持屈腕位于右肩上部,左脚、左腿、左肩与球杆大体在一条直线上。此时,自然屈腕。注意正确的屈腕动作应是拇指一侧的手腕向上弯曲。

(3)下挥杆:下挥杆是由臀部转动开始,向身体左侧移动重心,带动手臂挥杆完成的。头部仍然保持与上挥杆相同的位置,左膝带动左臀向目标侧转动。接着肩膀转动,左臂带动球杆下沉,右肘贴着身体下移,手臂同时向下挥杆,击球瞬间杆面对准球位。整个动作如同放松上紧的发条。注意右手的屈腕动作应维持到击球瞬间。

(4)击球:击球是指挥杆时,杆面与球接触的瞬间。从击球开始,右手要做翻腕动作,身体的姿态犹如倒过来的英文字母"K"。击球动作的核心是身体左侧如何顶住身体右侧在上挥杆时积蓄所有能量的释放。注意击球瞬间,不应刻意用力,不是用手臂去打球而是在将球杆挥出去的过程中,杆头击中了球而已。右肩也不能跟向目标方向,头部应留在球的后面且眼睛要盯住球位。

(5)送杆及收杆:送杆是击球后的身体姿势。右臂向目标方向伸直,右手翻过去的同时,尽量向前伸,使杆头画出更大的圆。注意送杆阶段比较重要的是重心转移、身体平衡以及能否将杆头彻底挥出去。

收杆是在充分完成送杆后,将球杆举起,杆头从左耳与左肩之间翻向身体的后侧。这时90%的体重压在左脚上,双肩转过90°以上,身体指向目标方向。

三、高尔夫球运动竞赛与欣赏

(一)高尔夫球运动的场地与器材

1. 场地

高尔夫球场呈带状,一个标准的球场球道全长7~8千米之间,宽度不限,占地面积一般为60~100平方千米。虽然高尔夫的宽度和地形障碍不尽相同,但梯台、球道、长草区、沙坑、水障碍、果岭和球洞是必须具备的。这里只介绍梯台、球道和果岭。

(1)梯台:梯台也叫开球台,是每洞开始打球的区域。每个球场的梯台形状不尽相同,但梯台上都规定有合法的开球区域,如果超出这个合法开球区,就要接受罚杆。

(2)球道:球道是球场中间面积最大的部分,是连接发球台与果岭之间的击球区域,与球洞之间的距离相当。球道上设有18个球洞,分前9洞和后9洞。球洞挖在一块平整的草坪上,用一个标志旗示意球洞所在。洞内有一个供球落入的金属杯,其内径为10.8厘米,深10厘米。每个球洞周围都有天然的或人工设置的种种障碍。球被击进洞后,该洞所在的草坪即变成新的开球草坪。

(3)果岭:果岭是为了用推杆推球而将草剪得很短且管理得很好的区域,也叫推击果岭。果岭上设有球洞,为了增加攻旗杆的乐趣,球洞的位置是经常变换的。当从果岭上击球入洞时,需拔出旗杆。

2. 器材

高尔夫的器材很多如高尔夫球、球杆、球座、标记、修钗、球杆袋以及各种个人用品等,这里只介绍高尔夫球和球杆。

(1)高尔夫球:高尔夫球是一个质地坚硬、富有弹性的实心小球。规则规定高尔夫球的直径不得小于 4.267 厘米,质量不大于 45.95 克。

(2)球杆:高尔夫球杆由杆头、杆身和握把三部分组成。一般分为三种,一种是追求距离而使用的木杆,一种是追求准确度而使用的铁杆,另一种是在球洞区附近使用的推杆。球手可以有多根个人的球杆以适合不同的位置击球,但规则规定比赛中所携带的球杆不能超过 14 支。

(二)高尔夫球运动竞赛的主要规则

(1)高尔夫球比赛是指球手从发球区开始,依次打完 18 个洞为一场球。高尔夫球比赛有球洞数和杆击数两种最基本的比赛形式。杆击数比赛是指所有参赛选手完成一场或几场比赛后,以累计杆数少者为胜。职业球手、国际大赛等正式比赛均采用这种比赛方式。

(2)高尔夫球比赛是自我裁判的比赛,主要遵循两条基本原则:①保持球的现状来打球,除了规则规定的情况以外,不能动球。如果是被自己或同方球员及自己的球童移动了球,将球放回原位外,还要接受 1 杆的处罚。如果打错了(障碍区除外),比赛判该洞负,比杆赛加罚两杆。②比赛要在公平的条件下进行,不要只考虑对自己有利的情况,并如实上报自己的比赛情况。

(3)高尔夫球比赛的计分方法:球员击球入洞的杆数与标准杆相同,称为"帕"(par),记为 0;低于标准杆一杆为"小鸟"(birdie),记为 −1;低于标准杆二杆为老鹰(eagle),记为 −2;低于标准杆三杆为"信天翁"(albatross),记为 −3;高于标准杆一杆为"搏击"(bogey),记为 +1;高于标准杆两杆为"双搏击"(double bogey),记为 +2;高于标准杆三杆为"三搏击"(triple bogey),记为 +3。

(三)高尔夫球运动的礼仪规范

高尔夫规则的第一章就是礼仪,所以与其他项目相比高尔夫运动是时时、处处都应具备绅士风度。

1. 球道上的礼仪

(1)首先确认是否安全。在击球或练习挥杆之前,应当确认以下地方及其附近是否无人站立:球杆可能击到的地方;球可能落到的地方;因挥杆或击球而被球、石头或树枝等打到的地方等。

(2)其次是速度。为了大家的利益,球员要加快打球的速度。球员在找球时,如果发现球不容易找到时,就要示意后组迅速通过。找球时间不能超过 5 分钟。在后续球员通过并走出球的射程范围之前,该组球员不得继续打球。打完一洞后,球员应立即离开果岭区。如果一组球员在球场上行进迟缓并落后前面的球员整一洞以上时,应该让后续的一组先行通过。

(3)在打球者正在站位和击球的整个过程中,其他打球者不能说话或移动,也不可以站在球洞附近或击球线上。

2. 球场上的优先权

(1)无特殊规则时,两人组较三人组或四人组有优先通过的权利。单独的球员没有此项权利,而应当让任何其他组先通过。任何打整轮的组有超越打非整轮组(打部分球洞)的权利。

(2)有优先权的球员应被允许在其他对手或同伴比赛之前先发球。

3. 球场上的保护

(1)在离开沙坑之前,球员应仔细地平整好其在沙坑内造成的所有坑穴和足迹。

(2)在球道上,除梯台、障碍区及果岭以外的区域,击球留下的草痕要及时修补。

(3)在果岭上,球员在放置球包和旗杆时要小心,不要损伤果岭。另外果岭上的球痕要认真修补,而鞋钉留下的伤痕要等该洞击球结束后才能修补。

(4)插、拔旗杆和取球过程中不能损坏洞杯。离开果岭时一定要把旗杆插上并扶正。

第三节 门球运动

一、门球运动概述

门球运动起源于日本,它是由"槌球"运动衍生而来。槌球运动始于法国,1882年美国成立了全国槌球协会,健全了比赛方法和规则。1947年12月,槌球传入日本北海道,经过铃木和伸的改良和精简目前已成为风靡日本的门球运动(gate ball)。

门球运动是一项不受年龄、性别限制,经济简便,讲究集体配合,温文尔雅,妙趣横生的集体体育项目。门球运动场地器材简单,比赛中没有身体接触,动作简单易学。其健身价值体现为门球是在室外进行,阳光充足,空气新鲜,参加者通过不断的弯腰、摆臂、击球、随球走动,使上下肢肌肉得到锻炼,促进血液循环,加强肺泡弹性,促进消化吸收。而且门球要打好,不仅要有技术,还要会根据场上形势,寻找出最佳的战术配合,这就可以提高记忆力、想象力和敏捷的思维能力。

二、门球运动基本技术

门球技术动作简单,易于接受。按其动作方法,主要分为击球和闪击两大类。

1. 击球

击球是门球技术中的核心。它是指队员用球槌的头部平面部分击打自球的过程。在比赛中,可以通过击球达到过门,撞击终点柱,送位,撞击他球等目的以获得得分,或者是阻击对方以及为同伴创造有利的击球条件等。

击球动作主要包括侧向式击球法和纵向式击球法两种方法。下面主要介绍右手的纵向式击球法,俗称"直打式"。其技术动作构成包括球槌的握法、站位、瞄准、度力和击球。

(1)球槌握法:首先将球槌的击球端置于体前,右手在下,左手在上,相距10~20厘米,两手掌心相向自然贴握在球槌后侧面,使球槌能作垂直于两脚连线的前后摆动。

(2)站位:球员面向自球后部站立,两脚平行与肩宽或稍宽于肩,与球成等腰三角形,脚尖与自球约30厘米,两脚连线与球被击出后滚进的路线垂直,身体重心在两脚之间,双膝微屈,两眼注视自球即将被击打的部位。注意站位时,可根据个人的具体情况两脚前后开立。

(3)瞄准:瞄准要求"一选点、二成线"。"选点"就是选目标的瞄准点,"成线"是指目标、自球、槌头前、后端中心点在一条直线上。在击球前要注意平心静气地控制好自己的呼吸和情绪,击球的瞬间应全神贯注,心无杂念。

(4)度力:度力必须根据场地平整度、干湿、沙子粗细和距离的多少来决定力度的大小,以达到控制球落点的目的。它是技术精湛的重要标志,俗话说"送球到位是组织各种战术的基础,是战术运用的灵魂。"注意:力度是需要在多次练习中才能获得的。

(5)击球:击球动作是由后拉、前摆、击球、顺势前送等技术构成。后拉要慢,保持槌头在"成线"上;后拉距离要适当,一般以20厘米左右为宜。前摆方向准确,力度适当,不管距离多远,挥棒要匀速平稳,不要过多利用手腕力量击球。击球时球槌头部的行进方向要和自球的中心保持平行,切忌"上挑"或"横扫",两眼也要注视自球和球槌的击打部位,直至球被击出。顺势前送要注意球槌不能左右摆动。

2. 闪击

有效撞击发生后,自球与被撞击的球停在界内,击球员获得闪击权。闪击是指放置好他球后,通过击打自球产生的冲击力使他球产生移动的过程。闪击与击球一样都要求准确性,即方向准确性和距离准确性,其中瞄准和度力跟击球是基本相同的。本节以右手为例介绍它们主要不同之处,如球槌握法、站位和击球方面。

(1)球槌握法:左手除大拇指以外的四指与球槌方向垂直相交,自然地握在球槌柄部的后面,大拇指自然抓握。右手用同样的方法在紧靠左手前握球槌,小拇指和无名指扣住左手的食指和大拇指,双手同时略向身体内侧稍稍旋转用力。

(2)站位:面对自球站立,两脚自然分开与球成一等腰三角形,用左脚掌内侧2/3的部位踩住自球,外侧1/3踩住他球,以球不滑离脚下为宜,人体重心落在自球上。

(3)击球:闪击是通过击打自球而产生的振动力将置于自球前的他球击出,那么在击打自球时,就应该准确地击打自球,以免击在自己的脚上或地上,而未使他球不动或移动的距离不超过10厘米。

三、门球运动的竞赛与欣赏

(一)门球运动的场地与器材

1. 场地

门球场地为长方形,由限制线圈定,平整且无任何障碍物;比赛线长 20～25 米,宽 15～20 米;原则上,比赛线为带状,宽 1～5 厘米,限制线和其他线要清晰可见。

球门包括第一门、第二门、第三门。球门两立柱间的连线叫球门线,线宽 1 厘米,球门柱应钉在地面上。每个球门的位置见上图。球门用直径 1 厘米的圆形金属物制成"门"形,高于地面 20 厘米,门柱间宽 22 厘米。如图 10-3-1 所示。

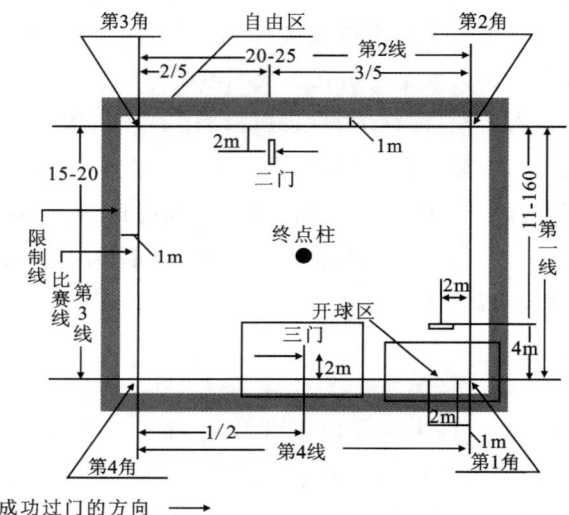

图 10-3-1　门球场地尺寸图

2. 器材

(1)球:球是由合成树脂制成的且质量均匀的圆球体,直径为 7.5 厘米(±0.7 毫米),质量 230 克(±10 克)。球分红、白两色,各 5 个,共有 10 个。红球标白色奇数号码,为 1、3、5、7、9;白球标红色偶数号码,为 2、4、6、8、10。号码大小为 5 厘米×5 厘米,标在球面对称的两侧。

(2)球槌:球槌由槌头和槌柄组成,呈"T"形,重量及材质不限。槌头长 18～24 厘米,原则上为圆柱形。槌柄长 50 厘米以上,固定在槌头中间,槌柄可以是弯曲的。

(3)终点柱:终点柱是直径为 2 厘米,垂直竖立于地面 20 厘米的圆形金属圆棒。

(二)门球运动竞赛的主要规则

(1)比赛形式是在两队之间进行,采取 5 人对 5 人制。一方为单号,另一方为双号。球员佩戴与自球号码相同的号码布,按顺序号依次上场击球。

(2)赛前,双方队长在裁判员的组织下进行"挑币",猜中方挑选先攻或后攻,另一方挑选替换席。

(3)每场比赛时间为 30 分钟。若 30 分钟到,应遵循让后攻方完成比赛的原则,结束比赛。

(4)比赛开始时,裁判宣布 1 号球员开始过第一门,如进门失败,则轮到 2 号过门,直到 10 号打完为止为第一轮。第二轮未过一门的球员重新击球过第一门。如果通过第一门,作为通过球门的权利,可获得一次续击权。

(5)每个队员必须从开球区依次将球击进一号门、二号门和三号门,最后碰触终点柱,该队员的比赛活动才全部结束。

(6)得分是通过一门、二门、三门均为 1 分,撞柱得 2 分。个人满分为 5 分,全队满分为 25 分。

(7)闪击过程是拾起他球,踩自球,放他球贴于自球旁,然后击打自球,将他球振出脚下,再抬脚离开自球的整个过程,它必须在 10 秒内完成。

(8)比赛结束时,各队每名队员所得分值相加为该队总分,以总分多者为胜。若先攻队取得满分,在待下一号后攻队员完成击球后,比赛结束。若后攻队率先获得满分,待该队员完成击球后,比赛结束。

第四节 台球运动

一、台球运动概述

台球也叫桌球、弹子球,最早出现于 16 世纪的法国,后经逐步改进,现已发展成为一项寓动于静,高雅文明的室内球类运动。台球运动具有娱乐性、趣味性、技巧性、休闲性和竞技性等特色,同时也需要一些物理学和几何学的知识。它的健身价值主要体现在:它是一项全天候运动,所需场地少,运动量可自行调节,便于开展。同时它可以开发智力,在切磋球艺时,还可增进友谊,培养高尚的品德,并且运动过程引人入胜,规则较少且清晰,结果不可预知,具有很高的观赏价值。

现代台球可分为无袋式和落袋式两大类。其中斯诺克 snooker(彩色落袋台球)和美式台球(彩色号码落袋台球)更为盛行。本节只介绍斯诺克台球。"snooker"一词译为"障碍"之意。就是人为地设置障碍,使对手击不到球而被罚分。

二、斯诺克台球运动基本技术

1. 握杆

(1)手杆架:非握杆手(前手)五指分开,拇指紧贴食指,并略有上翘,其余四指分开。指尖腹部支撑台面,掌心自然拱起,与拇指形成一个球杆支架,也叫手桥。可以根据比赛的需要做不同的手竿架。

(2)握杆：握杆手（后手）自然握杆，虎口朝前，握杆点一般定在球杆终点后端10厘米左右处。注意握杆要因人身高臂长的不同而变化，人矮臂短朝前握，反之则后握。

2. 击球的基本姿势

右手为例的正确击球基本姿势是右手握杆，面对主球。左脚向前斜跨一步，微弯曲，右腿在后。身体与球台保持45°左右，上体前屈，向前平伸，抬头，下颌与球杆相贴，目光沿球杆方向前瞄。击球时，后手、下颌和前手三点应成一条直线。当手架杆击不到主球时，可借助架杆支撑球杆击球。如图10-4-1所示。

图10-4-1 击球的基本姿势

3. 击球的基本方法

握好杆后，保持正确的击球姿势，目测球袋中心到目标球中心连上一条想象的直线，并确定主球和目标球的撞击点。瞄准后，向回抽杆，注意握杆手的肘部要稍下沉，以腕为轴后转，稳定后加适当的力前送击球。

斯诺克台球须按规则将目标球击入袋内方可得分。因此，为了使主球停留在理想的位置，以便连续击球，就出现了几种控制主球的方法，如定位球、推进球、跟进球、后退球等。

(1)定位球：白色主球与目标球相撞后，停在原地不动的为定位球。击球时水平持杆，主要依靠手腕的抖动力量发力，击球的中部稍微偏下一点的击点。定位球对于主球选位和避免主球同时落袋具有很好的作用。

(2)推进球：白色主球与目标球相撞后，主球只是缓缓跟随目标球前进，前进距离不大为推进球。击球时，采用中杆击球，依靠小臂前后的运动带动腕部将球杆推出，击打球的中心点、中左点或中右点。注意用力要适中，否则会变成跟进球或定位球。

(3)跟进球：又称"高杆"。是白色主球与目标球相撞后，目标球向前运动，主球在原地稍停后靠自旋力量加速向前跟进，跟进距离较远的为跟进球。击球时水平持杆，运用小臂的力量，同时抖动腕部，击打球的中上点、左上点或右上点。

(4)拉杆球：白色主球与目标球相撞后，主球稍作停顿后，靠自旋力量向后运动。击球时水平持杆，用小臂向前运动，当杆头即将接触主球时，猛抖腕部向前推杆，用球杆击打球的中下部,当杆头与球接触的瞬间,腕部迅速向后抖动,同时小臂拉杆向后收。

(5)击旋转球:要求杆头对准主球中心点偏左或右部位,可使主球向左或向右滚去,形成侧旋。

三、斯诺克台球运动的竞赛与欣赏

(一)斯诺克台球运动的场地与器材

1. 场地

斯诺克台球的球室总面积必须满足该运动需求的活动范围,可通过计算来确定。简便的计算方法是:在球台四周加上一根球杆的长度(约1.5米),再加上击球时球杆活动所需要的距离。此外,还必须考虑要留出一定的附加面积,如人员的来往走动及休息座椅的放置等,可依具体条件和设置加以安排。

2. 器材

(1)球桌:斯诺克球桌的台面由5厘米厚的平整石板、台面绿色呢绒和包裹呢绒的橡胶台岸构成。标准的斯诺克球台(用于冠军赛)高在85～86厘米之间,内沿面积为3.6米×1.8米。在长边和角上设有6个网袋。靠近开球区两端的称"底袋",远离开球区的称"顶袋",两侧边岸的称"中袋"或"腰袋"。

(2)球:现在常用的球是由树脂聚合物制成的。斯诺克由15个红球,6个彩球(黑、粉、蓝、棕、绿、黄)和1个白球,共22个球组成。其中它们的入袋分值分别为黑色球7分,粉色球6分,蓝色球5分,棕色球4分,绿色球3分,黄色球2分,红色球1分。

(3)球杆:球杆由优质木材制成,其重量和长度是由个人的身体状况决定,一般认为一个球员的球杆长度应比球员的肩低5厘米左右,但不能短于91厘米。球杆一头粗一头细,细头为杆头。杆头用皮革或合成材料制成。击球时可涂抹适量的防滑粉,增加对球的摩擦力。

(4)架杆:又可称为器械式杆器。它是为主球远离球台,不便于手杆架击球时所借助的器械。它有长杆(长、中、短)和高架杆(低、中、高)之分。

(二)斯诺克台球运动竞赛的主要规则

比赛前将15个红球按"5、4、3、2、1"的形式靠拢用三角框框成三角形摆在红球区,其他彩球按其颜色,摆在各自的置球点上,白球可在开球区内任选一点放置。

开球时,决定开球权的方式是以双方各自向岸边击一空杆球,球从底边反弹回来距离岸头较近者先开球。开局第一杆必须在开球区内击向红球,以后击球者必须在主球停止时的位置上击球。

每次必须先击入一个红色球入袋,下一杆才可以击打任何一个非红色的彩球,击彩色球入袋后则再击红色球,如此反复进行。红色球如被击落袋中或被击出界外,则不再是局中球,不必取回;当彩色球被击入袋中,须立即取出放回其对应球位(红球未击打完时)。当最后一个红球被击落时,可再击打任意一个彩色球,然后则按 6 个彩色球的分值由低到高顺序击打,此时彩色球落袋则不必取出,直到将黑色球击入袋中。

每击入一球则按分值记入该击球员的得分,以最后得分多者为胜方。

斯诺克台球比赛得分与罚分并用,一方所罚分值记为另一方的得分。

击球运动员的身体、球杆及配饰碰到台面上任何球、击红球时先碰彩球、同时击中多个球(多个球都为红球时除外)、误击其他彩球时均为犯规,按所碰目标球最高分值罚分,低于 4 分按 4 分计算。

击不中球、主球落袋、击球时双脚离地、使用非球杆尖端击球或触球,均罚 4 分。

错将其他球当主球击出、连续击打红球或在红球尚未全部击打入袋时连续击打彩球,均罚 7 分。

允许运动员运用正当方法,给对方制造障碍。如对方没有击中目标球,则罚分,罚分后制造障碍的一方有权要求对方再次击球,如再犯规,则再罚分。

(三)斯诺克台球运动的礼仪规范

作为绅士运动之一的台球运动源于贵族,在经过上百年的发展与完善,已经具有自己的文化内涵。所以,我们在锻炼自己的同时,更应把自己培养成具有高尚台球文化修养的人。

(1)锻炼者注意衣着整洁合体,不能袒胸露背,也不能赤脚或穿拖鞋上场。
(2)语言文明,不能高声谈话和喧哗。
(3)严禁在场内吸烟,更不允许叼着烟打球,或酗酒后打球。
(4)尊重对手,在对手击球时,不许做出有可能影响对方注意力的任何动作。
(5)心态平和,不以输赢来左右自己的言行。
(6)击球员击球时必须有一条腿始终着地,在场内也不允许随意挥舞球杆。
(7)观球者在观球过程中不要干扰击球者独立思考和击球的情绪。

第五节　壁球运动

一、壁球运动概述

壁球运动是在用墙壁围起的场地内,按照一定的规则,用拍子互相击打对手击在墙壁上的反弹球的一项竞技体育运动。壁球起源于 19 世纪初期英国伦敦的"舰队监狱"。当时的犯人为了锻炼身体、打发枯燥乏味的囚禁时光,爱玩一种对着墙面击打小球的运动。后来这种游戏在英国著名贵族学校哈罗中学得到改进和发展。目前壁球运动可分为英式壁球(squash)和美式壁球(rackets)两种,在本节只介绍英式壁球。

壁球运动体现的是耐力、技术与策略相结合的运动。它的特点有自娱性,与其他挥拍的运动相比,一个最显著的特征就是参与者可以一个人进行,同时它具有高效率性,用时少、高速度、高强度,可以在短时间内达到较好的锻炼效果。另外,它简单易学性,初学者只需了解基本规则和动作要领,就可上场练习。

二、壁球运动基本技术

1. 握拍

手握在拍柄的中部,虎口呈"V"字形,虎口对着正手位时球拍触球面的上沿,食指高于拇指,拍面稍后仰。击球过程中这个握法应保持不变。

2. 击球的方式

壁球击球的方式主要有正手击球和反手击球两种。

(1)正手击球:在壁球运动中,正手击球是最基本的击球动作。正手击球能很好地控制球的方向,而且击出的球很有力量。但正手击球时应注意控制好球拍,使其振幅不要太大。练习方法与步骤如下。

①准备姿势:以右手持拍为例,面向前墙,两脚开立,略宽于肩,双膝微屈,上体稍前倾,右手握拍于体前,左手可扶于拍上,重心落在两脚掌的前部。

②上步引拍:移动至来球的位置,最后一步是左脚前,右脚后,双膝微屈,双眼注视来球。然后,向头的右上方引拍。

③挥臂击球:击球时应注意以下几点:球拍触球时手腕要固定,拍面稍向后仰;用拍面的中部击球;小臂和腰部随身体的转动向前方协调配合用力,身体重心从后脚移至前脚。

④进移重心:击球后,球拍要跟着球的路径直至到一个较高的位置,身体重心随之移向击球方向。

(2)反手击球:反手击球也是一种有力量的击球动作,反手击球的最终目的是将球击到紧贴场地地面的角落里。反手击球需要良好的控制能力,而且必须保证击出的球要飞过场地且不伤及对手。

3. 发球与接发球

(1)发球:发球可根据在发球区的不同分为右发球区和左发球区两种技术。

①右发球区:发球时,发球员右脚站在发球区内的左前角位置,左脚站在"T"区接近前墙的位置。左肩对着前墙,把球抛离身体,同时挥拍,将球击出。

②左发球区:左发球区发球的方法与右发球区的发球相同,主要的不同是发球时球拍接近场地的中间位置,由于球需要一个角度较小的飞行轨迹,所以击打的目标应是前墙偏右1/3的位置,高度也比在右发球区发球时要低。

(2)接发球:接发球时肩部斜对着前墙,站在发球区对角线的延长线上,距离发球区的脚有一大步的位置,眼睛看着发球球员,判断球的飞行情况。

总之,在练习或比赛时运动员都试图将球击向场地下方,而且球在触墙前的飞行过程中不能碰到地面或对方运动员。

三、壁球运动的竞赛与欣赏

(一)壁球运动的场地与器材

1. 场地

壁球的场地一般分单打和双打,本节不涉及双打方面的内容。世界壁球联合会(WSF)所规定的标准单打场地是长 9.75 米,宽 6.40 米,高 4.57 米,由四面不同高度的垂直墙体和水平地面围成。其后墙一般是用玻璃做的,或者四周全用玻璃制成。如图 10-5-1 所示。

练习者从门(门一般开在后墙上)进入球场可看到对面墙上有上界线、发球线和下界线三条水平线。下界线以下的部分叫"响板",通常它是由金属片或木板覆盖,以便球打在上面能发出特殊的声音。两边的侧墙还各有一条斜线叫出界线。

壁球场地的地板对角线的长度是 11.665 米。距离后墙 4.26 米有一条线穿过球场,这条线叫"短线",中间有一条线叫"半场线"。短线与半场线交接的区域叫"T"区。由短线与半场线分成在场地后部的两个大长方形的区域叫"后四分之一区"。在短线的两端,各有一个内侧边长 1.6 米的正方形格子叫"发球区"。

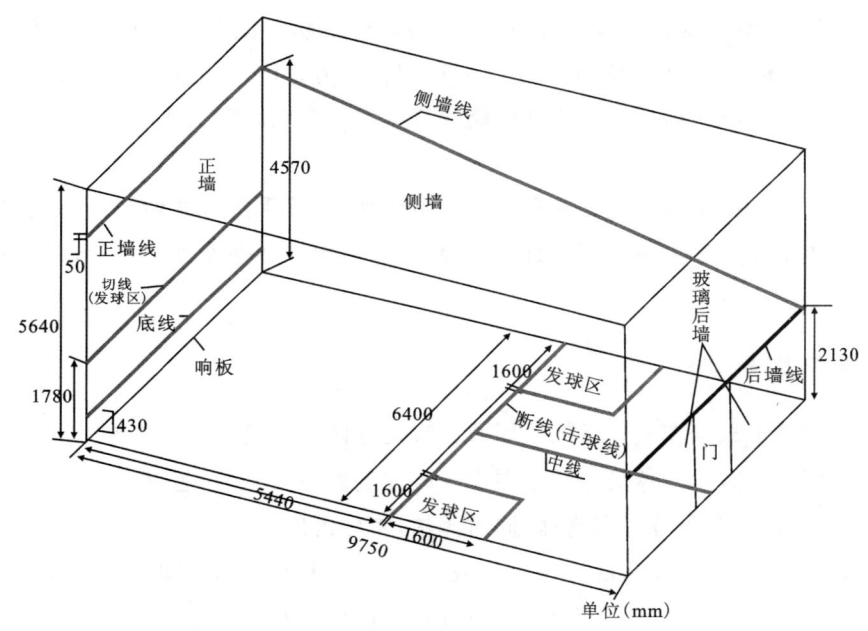

图 10-5-1 壁球场地

2. 器材

(1)壁球:壁球直径通常为 39.5~41.5 毫米,质量为 23~25 克。从壁球的颜色上就能看出选手的层次。球的颜色一般都是黑色,球的表面上印有彩色的小点表明球的球速。黄点代表极慢,属于比赛用球;白点代表慢;红点代表中速;蓝点代表快速,适用于新手。壁球内填充有惰性气体,当壁球被击打时,气体因摩擦受热膨胀,使球的飞行速度极快。

(2)球拍:壁球的球拍比网球的小,但球柄要长,长度以不超过686毫米、质量不超过255克为宜。球拍的框架通常用石墨合成物制作而成,用线将石墨材料织成双层的方形图案。

(3)鞋和眼罩:壁球运动对鞋有特殊要求。不能穿黑色鞋底和鞋底有硬物的鞋上场,并要选用品质较好的鞋和袜子以防止身体和脚部受伤。

眼罩,在正式的比赛中都要求运动员戴上符合国家标准的眼罩来保护眼睛。

(二)壁球运动竞赛的主要规则

1. 发球规则

(1)壁球比赛开始是通过转动球拍的方式来确定的,猜中生产厂家标志方先发球。取得发球权的一方可以任意指定发球区,并持续发球直到失误或失分为止。其中每得分以后,必须交换发球区。

(2)若发球方失误或失分,由对方获得发球权或得分,可重新选择在左边或右边发球,得分后须再换边发球,依此类推。下局比赛的发球权归上局的胜利者所有。

(3)发球者至少一只脚踏在发球区内(不能踩线),发出的球必须直接击在前墙的发球线以上、上界线以下。弹回的球除被接球者截击外,必须落在相对的后1/4区内。

2. 比赛过程规则

(1)运动员通过合理击球致使对方不能根据规则要求正确地做出回击形成死球,就可得分或是获得发球权。

死球包括以下几种情况:①球未被发球方或击球者正确击打;②击球者击球前球已触地一次以上;③球触及击球者的身体或衣着;④球被击球者击出弹回后,又从该击球者两腿之间穿过。

(2)若裁判员裁定妨碍确实发生,可判奖励对手一球或判和球。

3. 计分规则

(1)比赛由主办单位决定"五局三胜制"或"三局两胜制"。

(2)每局有两种计分方法:一种是"球权得分制",每局9分;另一种是"每球得分制",每局15分。

(3)若在"球权得分制"中,出现8比8时,先得8分的一方在接下一次发球前,有权选择加1分或加2分球。若在"每球得分制"中,出现14比14时,先得14分的一方在接下一次发球前,有权选择加1分或加3分球。

(三)壁球运动的礼仪规范

如果你在进场时另一人已在场内热身了,应在他(她)的击球间歇时才能开门进场。

同样,如果你在场内练球,发现有人想进来,应主动停止练球,等他(她)进来。

对于观众来说应关闭手机的铃声,并在球员击球时,勿离开座位或晃动。

球未停定在地上时,请勿喝彩欢呼。

禁止用闪光灯拍照片。

主要参考文献

曹光,等,2003.保龄球[M].北京:北京体育大学出版社.
陈瑜,方信荣,尹红松,2005.不多走一步路·定向越野[M].南京:东南大学出版社.
陈智勇,2004.现代大学体育教程[M].北京:北京大学出版社.
丁贤龙,2003.象棋七日入门[M].长沙:湖南人民出版社.
古桥,2000.健美理论与实践[M].北京:人民体育出版社.
何晓知,汤万辉,2005.定向运动[M].长沙:湖南大学出版社.
胡小明,虞重干,2004.体育休闲娱乐导论[M].北京:高等教育出版社.
黄利,2003.中国徒步穿越[M].西安:陕西师范大学出版社.
加斯·黑廷,2006.攀岩[M].济南:明天出版社.
克里斯·布杰,2006.休闲研究引论[M].田星,董建新,等译.昆明:云南大学出版社.
李远乐,2005.户外运动[M].长沙:湖南科学技术出版社.
梁勇,王霖,2005.壁球[M].北京:北京体育大学出版社.
林峰,2004.国际象棋初阶[M].太原:山西人民出版社.
刘胜,张先松,贾鹏,2010.健身原理与方法[M].武汉:中国地质大学出版社.
刘望,张国利,李龙,2004.台球技巧图解[M].北京:北京体育大学出版社.
卢锋,2005.休闲体育学[M].北京:人民体育出版社.
卢元镇,2004.社会体育导论[M].北京:高等教育出版社.
梅雪雄,1999.游泳[M].北京:高等教育出版社.
门球竞赛规则编写组,2005.门球竞赛规则裁判法[M].北京:人民体育出版社.
莫星,1990.世界体育项目欣赏手册[M].长沙:湖南教育出版社.
裴勇,2006.精彩高尔夫绝妙点拨突破90杆[M].北京:人民体育出版社.
乔杜里,2003.最后的潜水[M].北京:中信出版社.
吴英诚,2002.滑翔伞飞行[M].北京:人民体育出版社.
《街头极限运动》编写组,2005.街头极限运动[M].北京:赛迪电子出版社.
沈凡,2004.实用钓鱼技法[M].北京:北京体育大学出版社.
沈文益,1993.游泳[M].北京:人民体育出版社.
唐宏贵,2006.体育健身原理与方法[M].武汉:湖北人民出版社.
田里,张盛海,张先松,等,2004.健身私人教练理论与实践[M].北京:北京体育大学出版社.

王勇,丁朝阳,1999.桥牌入门[M].哈尔滨:黑龙江科学技术出版社.
吴新华,2004.棋牌简明教程[M].福州:福建科学技术出版社.
相建华,田振华,邓玉,2006.高级健美训练教程[M].北京:人民体育出版社.
相建华,王莹,2004.中级健美训练教程[M].北京:人民体育出版社.
相建华,杨润琴,尹俊玉,2003.初级健美训练教程[M].北京:人民体育出版社.
许愿,2006.户外疯狂[M].北京:农村读物出版社.
于开明,2004.围棋教室:初级教材[M].成都:成都时代出版社.
俞继英,2004.奥林匹克射击[M].北京:人民体育出版社.
张波涛,江雯,2003.运动无极限[M].呼和浩特:内蒙古人民出版社.
张国帆,张德平,2006.定向运动与野外生存[M].天津:天津大学出版社.
张惠红,肖秋平,郁东,2006.山水觅踪·定向越野[M].南京:江苏科学技术出版社.
张先松,1992.现代健美大全[M].武汉:湖北科学技术出版社.
张先松,1998.健身健美指南[M].武汉:湖北人民出版社.
张先松,2005.健身健美运动[M].北京:高等教育出版社.
张先松,2009.健身健美运动[M].武汉:华中科技大学出版社.
张先松,2011.强身健美立体健身处方[M].武汉:中国地质大学出版社.
张先松,刘胜,2008.大学体育学(上册)[M].北京:北京体育大学出版社.
张先松,张颜,2015.男性形体塑造攻略[M].武汉:中国地质大学出版社.
张先松,张颜,2015.少儿形体塑造攻略[M].武汉:中国地质大学出版社.
张先松,张颜,王丽君,2014.减肥瘦身立体健身处方[M].武汉:湖北人民出版社.
张先松、何珍泉,1999.实用长寿全书[M].武汉:湖北人民出版社.
张颜,张先松,2015.女性形体塑造攻略[M].武汉:中国地质大学出版社.
赵晓玲,段黔冰,2005.形体训练[M].北京:科学出版社.
中国飞镖协会,2002.中国飞镖竞赛规则与裁判法[M].北京:人民体育出版社.
周兵,赵全,郑旗,等,2000.休闲体育[M].桂林:广西师范大学出版社.